著名
语文教育专家
特级语文教师
鼎力推荐

诸葛老师
教作文

——青藤阁作文教学札记

诸葛建军　著

【中小学作文读物】

九州出版社
JIUZHOUPRESS

图书在版编目(CIP)数据

诸葛老师教作文:青藤阁作文教学札记/诸葛建军著.
北京:九州出版社,2009.8

ISBN 978-7-5108-0127-3

Ⅰ.诸… Ⅱ.诸… Ⅲ.作文课-中小学-教学参考资料
Ⅳ.G634.343

中国版本图书馆 CIP 数据核字(2009)第 119933 号

诸葛老师教作文:青藤阁作文教学札记

作　　者　诸葛建军　著
出版发行　九州出版社
出 版 人　徐尚定
地　　址　北京市西城区阜外大街甲 35 号(100037)
发行电话　(010)68992190/2/3/5/6
网　　址　www.jiuzhoupress.com
电子信箱　jiuzhou@jiuzhoupress.com
印　　刷　廊坊市恒泰印务有限公司
开　　本　787×1 092 毫米　16 开
印　　张　16
字　　数　180 千
版　　次　2009 年 10 月第 1 版
印　　次　2009 年 10 月第 1 次印刷
书　　号　ISBN 978-7-5108-0127-3
定　　价　32.00 元

做一个追梦的人(序)

认识诸葛已经有十多个年头了。从一个毛头小伙子成长为一位衢州市名师，我一直关注，并清晰地看到他成长的轨迹。

诸葛会写写文章，散文诗歌小说是他业余的爱好；也会画点画，虽不能说能纵情笔墨，但足可自娱自乐。他原先普通话不是太好，但是他努力。每次上课前，先要对课文反复诵读十几遍；凡是公开课，都敢于大声地范读；他还经常请教普通话好的老师，让她们给纠正语音，指点情感表达。正是这种对语文教学的敬业追求，才逐步形成了他谈吐机智幽默拓展有序有度的课堂教学风格，获得了大家的肯定。

诸葛善于创新。他对家庭作业的改革给我很深的印象。他提倡“创意休闲作业”，做不做让孩子自己做主，做多少让孩子自己决定。他自由洒脱放手的教学，恰恰激发了学生的自我学习能力。因此，多年来，他任教的班级不会拘泥于分数的追求，而是着意于学习兴趣的培养和真正素质的提升。

诸葛善于“尝新”。他自知自己的长短，立足自身优势，以小学生写作教学为研究重点，十几年如一日，这是很不简单的。从最早的活动作文，到如今的网络作文教学研究，从做青藤阁网站到指导学生做个人博客，每一次的尝试都让他走在了别人的前头。尝试让他看到教学改革的力量，更让他尝到了教学的甜头。如今他所教的班级，学生拥有个人博客的占了80%，批改作文的形式也由传统的纸笔批改转为网络评点，学生学习的积极性大为提高，更是推进了作文评价模式乃至于教育教学模式的转变。

诸葛善于积淀。看了这本书，虽然没有名人大家的著作条分缕析的论证，但是书中给孩子们的信、教学案例、教学研究论文以及那些精彩的学生博文，都是在短短两年中实践的结果，而这正是一个基层教育工作者的睿智所在，避开理论研究的“短”而扬起基层实践的“长”，自然就有了自己的积淀和成果。

我是个教研员，经常到学校听课。在到龙游西门小学听课的多次活动中，他陪我听课，陪我评课。有一次他主动请缨，成就了我与他之间的师徒情缘。听了他很多课，看着他逐步成熟并开始在作文教学领域有了自己的研究成果，我倍感欣慰。

诸葛请我为他的书写几句话，我非常乐意。

希望诸葛在今后的教学生涯中，不断努力，不断积累，用自身的优势去努力开拓属于自己的研究空间，提升自己的品位，为教育事业做出自己的贡献。

“学乃身之宝，儒为席上珍。君看为宰相，必为读书人。”愿诸葛做读书人，习教书艺，成为一名语文教学的领头人，成为一个执着追梦的人。

赖正清

2009 年 5 月 19 日

（赖正清：浙江省语文特级教师，浙江省小语会副会长）

有梦的地方就有风景(自序)

今天看了一本杂志,其中有这样一个故事:有一位老人,年轻时候满腔热血,对未来充满了憧憬并为之奋斗,他渴望幸福,有着许多希望和梦想。但是因偶然因素被投入到大牢。审判后,他成了“死缓”!

老人说:我被单独关在一间阴暗、潮湿的号子里,所有的希望和梦想都灰飞烟灭了。那时候,他最羡慕的是“有期徒刑”享有放风的自由。老人的希望和梦想由此产生了质的变化:所有的梦想成了“可以到监狱的院子里转转”。

幸而老人两年后获得了减刑,终于可以到院子里转转了。时间一长,老人又有了新的梦想:能够和其他的减刑犯到农场插秧割麦子。相对于普通农民而言,这是劳累的活计;但在老人的心中,却是充满了阳光和活力!

两年后,他又获得了减刑,于是他感到幸福和喜悦。由此他又萌生了新的梦想:像百姓一样能上街逛逛。三年后,老人被无罪释放。在回家的途中,他足足在街上溜达了6个小时。(《读者俱乐部》2004年第23期)

这是一个特殊年代的故事。但是它给我带来的是震撼和深思。我不是社会的顶层人物,不能把握生活的必然规律,但是我相信努力和梦想都是生命所不可缺少的。我们已经不会重复老人的痛苦生活,但是另外一种更加危险的情绪困扰着我们——麻木!我们可以看到,像我一样芸芸众生中的一名教师,面前明明有希望,但是我们看到的是自己和别人的差别。这样的差别让我们陷入的是抱怨和不满;我们明明有未来,但是我们看到的更多的是别人已经拥有的更加美好的未来,于是我们有了很多郁闷和牢骚;我们明明有一份不错的工作,但是我们没有看到那些汗牛木马般艰辛劳作的农民,我们看到的是烟草、财税、供电等更好的部门,羡慕他们丰厚的报酬和轻松的工作。于是我们心态失衡……

想想这位老人的悲惨际遇,我们应该感到幸运:至少我们拥有自由的空气和阳光,至少我们拥有追求的权利和希望,至少我们每月拿到工资和菲薄的奖金,至少我们还被称为“太阳底下最光辉的职业”,被称为“人梯”、“春蚕”、“蜡烛”……拥有一种平和的心态是一种难得的幸福;而抱怨让我们变得单薄和苍白。

我是一个穷小子出身,我最初的理想是当一名作家。后来我发现自己所教的学生大多和我一样喜欢写作。于是我把自己的梦嫁接到他们的身上，希望他们来实现我的理想。1991 年参加工作以来的 18 年中，我努力学习钻研各种作文教学方法，从“五步法作文教学”到“生活作文”，从“想象作文”的实践到“创拟作文”的尝试，从“话题作文”到如今的“网络作文”，我努力着，身体力行着；我实践着，我记录着。于是最初的文学著作成了如今的梦想：写一本作文教学的书。

也许我会贻笑大方，但是谁能说成为大家的都不是从小事做起的呢？既然目标是地平线，留给世界的只能是我的背影！生活有时候需要一点义无反顾，平凡如我，也许更需要。每天晚上写 500 字，不多，但贵在坚持！

想想那位痛苦的老人，我会更加努力而不虚度光阴。教书十载时，曾经撰写小诗一首自勉：

龙游浅渊终不甘，燕栖高枝始觉寒。

声名终非文章著，愿耕翰海一沙田。

如今八载已逝，终究明白教书著文，虽难有空灵之魂，然多少减了份浊气、躁气；与孩子们牙牙共语，亦无福禄财喜，但多了份平心静气。走出书斋，我愿是学生的良友；走进书卷，我愿是一快意书虫。时代脚步匆匆，网络时代来临，在朋友的帮助下，建《青藤阁》以延揽贤友，共议教书育人事；发美文榜求学子佳作，让孩子家长共析赏。虽夜夜灯火阑珊，倦影独吊，然其乐融融，其趣陶陶！

是为序。

诸葛建军

2009 年 6 月 1 日

目录

第一章　写给孩子们的信

第二章　教学案例

第三章　作文基本功训练

第四章 作文教学理论探索

第五章 学生网络作文选粹

第一章　写给孩子们的信

1.1　为什么会怕作文?

——写给孩子们的信

亲爱的小朋友们:

在我教书的18个年头里,我遇到了很多在语文方面很有天赋的孩子,他们只要老师稍加点拨,就能融会贯通;当然我也遇到了很多在语文学习方面没有什么天赋的孩子,他们讲到语文就在脸上写满自卑。每逢这个时候,我的内心就非常难受。为什么会怕语文呢?应该说,语文是我们的母语,我们每天讲话都用到它,我们每天的生活都离不开它,但是偏偏就是怕它?难道它真的就是一个不可亲近的巨人吗?我想,不是的。

抛开语文不说,单讲作文,情形大概是差不多的。一说到作文,眉头紧皱的不会是少数。是我们真的不能写好作文吗?也不是的。

我在教学的生涯中,积累了很多教学案例,也转化过很多害怕作文的学生,自己也写过很多的下水文,有很多的感受,因此给你们写信,希望你们看了我的信,能在作文方面有一个转变,甚至爱上作文,那就是我的希望了。

这一封信,就让我和你们谈谈为什么怕作文的原因吧。也许知道了自己的"病因",你们才能对症下药,才能真正地改变你们怕作文的心理呢。

我想,怕作文的心理大概是这么几个方面原因造成的。

首先是对自己的期望过高,造成你心里对自己的评价是"我不行",这是非常有害的。

老师举个例子。有一个非常健康的人,被一位心理学专家挑选为心理测试的对象,当然他自己是不知道的。专家让他的五个同事在不同的地点和时间,都和他说同样的话:咦,你的脸色不对,最近是不是没有休息好?注意身体呀!

第一个人说过之后,他不以为然,笑笑说还好的呀;第二个人说过之后,他开始有点狐疑了,开始照镜子;第三个说完之后,他明显有了忐忑不安的举动,如不断地摸自己的脸,不断地起身坐下等;到了第五个人说完之后,他就马上去医院检查身体了。

这个例子充分说明了心理对人的暗示作用是巨大的。如果你一味地以为自己就是不行,那么你就是不行的了。长期这样下去,你在语文的学习上就会积累越来越多的不自信,从而产生了恶性循环。

那么,你们究竟应该如何来定位自己的写作水平呢?你要明白,小学阶段对作文的要求并不是很高的,它只是要求你们能文从字顺地把意思写明白就可以了。至于平时老师要求的,或者老师交流的所谓最好的作文,并不是每个学生都能写出的,也不是教育的要求。既然国家对作文的要求并没有那么高,如果你能文从字顺地把意思表达清楚,那你就是一个合格的学生,这又有什么好担忧的呢?你还有必要说自己“不行”吗?毕竟小学就能进行文学创作的孩子很少呀!

其次我觉得你们要善于发现自己的优点。

有些时候,老师在评价作文时,往往会挑选一些所谓的优秀作文来交流。老师头头是道的表扬会让你产生自卑感:我怎么就不能那么好呢?其实我觉得,老师说别的作文好,并没有说你不好。老师交流当然要选一部分有代表性的文章来交流。所以你要善于自己寻找作文的闪光点,不要因为老师说别人作文好,就间接否定自己的努力。

诸葛老师有一个学生,她长得很漂亮,像个洋娃娃,从一年级就认识她了。到了四年级,我曾经辅导过她几天作文。她写得不好,只有 100 多字。我很奇怪,问她,你怎么写这么一点?没想到她很骄傲地回答:“没关系的,诸葛老师,我相信自己能写好的,我很自信的。”听了她的话,我哑然失笑,心里想这个小丫头挺自信的。没想到一个学期之后,她的作文就写得很不错了,每篇作文有 500 多字,而且生动具体。可见自信是多么的重要呀。你会找自己的优点了,会发现自己的长处了,那么还有什么不能做好的呢?

怕作文,还有一点就是觉得自己没有东西好写。这是很多孩子问我作文为什么那么难的一个话题。其实,很多孩子辜负了自己父母送给你的双眼,那是用来观察生活的;也辜负了父母送给你的双耳,那是让你多听的。观察生活,感受生活,是作文的源泉。

举个例子。如果你的老师很幽默,那么你有随手记下来的习惯,那你会发现自己在很短的时间就可以积累很多的案例,上课时的一句幽默的评点,下课时一个滑稽的动作,他为了讲解课文而举的一个例子……这些都是你写作的素材。可惜的是，很多同学在和老师一起生活的过程中，没有随手收藏的习惯，没有记日记的习惯。所以到了写作的时候，就知道我的老师是很幽默的，但是你要他说怎么个幽默法，他一个例子也说不出来了。

因此，好记性不如烂笔头，随时记录一些案例，记录一些生活的片段，日积月累，你会发现自己是一个“富翁”，要什么素材你都有，你的写作会得心应手。

不要对自己的期望过高，因为你是正常的孩子就会有正常的作文，不要在和别人比较的过程中把自己矮化了；要善于发现自己的优点，鼓励自己不断写出优美中意的文章；还要养成记录生活的习惯，积累写作素材。我相信，做到这些，你的写作能力自然就会好起来。只要有自信和努力，在写作的道路上你一定会采摘到丰硕的果实。

祝你们

学习进步！

诸葛建军

2008 年 11 月 28 日

1.2　作文需要什么储备？

——写给孩子们的信

亲爱的小朋友们：

2008年是一个不平凡的年份，在这一年里，我们的祖国经历了很多大事，如奥运会、雪灾、地震……总之，让人难忘。在岁尾，我忽然想到应该做点有意义的事情，以便给自己留下一点念想，于是我想到了我的没有完成的任务：给我的孩子们写信，写一些关于读书和写作的信。我想，不管有多少人会看到我的信，我这样做是有意义的。

今天我想谈一谈作文的"储备"问题。

诸葛老师从小学开始，就有这么几个好的习惯：记读书笔记、剪报、写随笔。

从中学之后，语文成绩一直名列前茅，我想这和我的一些良好的习惯是分不开的。

一般来说，很多老师会认为做读书笔记就是摘记好词佳句，写点读后的感想之类的。是的，我也曾经这样做，而且系统地读了好多的书。这样的摘记对于我来说，就好像有一个好老师，天天带领着我读书，让我接触到了课本之外的广阔的文学世界，我就像走进了一个神奇的世界，到处是琳琅满目的鲜花、瓜果……让我领略到了美好的文学世界的魅力。

但是，后来我不这样一成不变地做读书笔记了。比如说，在阅读的文本上用自己喜欢的符号圈画点注，写批注、旁注，这样可以节约大量的时间却能增加阅读量，不失为一种很高效的读书笔记类型。这样更有利于每个人找到自己的兴趣点进行学习，养成自己的阅读习惯。

也可以采用剪报读书笔记法。有些少儿读物，特别是报纸，往往难以保存，事实上也很少有人能保存，即使保存下来使用的效率也不高。那么，我们经过阅读之后，觉得其中有自己喜欢的文章，就可以剪下来，分门别类地加以整理。有时间的话就可以进行阅读，阅读多次了，很多知识就化为自己的了。

诸葛老师一直保持剪报习惯，一把剪刀，一个本子，一盒胶水，方便快捷，实在是读书笔记最高效的方法，积累多了，很有成就感呀。

当然一定要以摘记的形式来促进词汇或者句子的积累，也需要注意几点。一是量不可过多，我想积累的词语以2～5个为宜，句子以1～2句为好。词语积累还要做好两项工作:一是猜猜意思,不求精确,可以联系上下文进行理解;二是要运用,如果你的爸爸妈妈有时间陪同的,那么就口头练习说话;如果父母不能陪同的,那么就书面造句。任何知识的目的都是运用,词语积累有了运用的环节才有记忆,才有效果。

另外,读书笔记要注意适当的改变形式。有时候适当的变化可以让我们的学习兴趣大大提高哦。

老师曾经在学生的读书笔记方面做过一个试验:把零散的读书笔记摘抄类的,改成专项读书笔记。如读《水浒传》(少儿版),做"人物个性分析"的表格式的读书笔记,节约时间,效果很好。

具体操作的元素是:人物、出现的章节、人物性格、哪些语句看出来、你的分析、后补摘记等六个方面。要求做一则读书笔记的时间可以是一周,老师在做之前做好案例示范。学生在做笔记的过程中,有自己主观能动性,选择谁作为自己的研究对象自己说了算;对人物个性的解读自己说了算;对佐证个性的材料自己找了算;自己的分析和见解自己想了算;后补摘记怎样补何时补自己说了算……这样的自由休闲式的读书笔记对学生是有挑战性和趣味性的。

形式上的创新,克服了散记式读书笔记的弱点,也促进大家更深入的和文本进行对话,发展自己潜在的语言素质和思维素质,对学习的主动性发展有很大的裨益。

当然,读书笔记也可以结合我们的语文教材进行,对课文的深入了解可以让自己更为全面地理解学习的内容,起到事倍功半的效果。

我在教《少年闰土》一课时,读书笔记是补白式的。主要摘记的是:1. 了解鲁迅;2. 读《故乡》一文,在《故乡》中找到《少年闰土》章节;3. 老年闰土是一个怎样的人?

因为人教版教材对鲁迅的教学有专门的单元,因此这些预习工作要求在三天内完成,你们有充分的时间去了解鲁迅,了解鲁迅的作品,了解《少年闰土》写作的背景及相关的知识。

在教《只有一个地球》一课时,我要求我的学生做读书笔记的要素是:摘记一则和环保有关的新闻;读一则小故事,说说环保的重要性。

此类读书笔记,一是关注生活中正在发生的事件,二是了解过去发生的故事,了解环保的重要性和具体的做法,对学习《只有一个地球》这篇文章具有良好的补白和深化作用。

读书笔记不仅仅是单体的练习,它应该是教材的有效补充,是语文教学的有效助力,更是培养学生良好阅读习惯的主要方式。因此,补充意识,应该是我们遵守的一个重要原则,起到事半功倍的效果。

作文能力的提高，是需要储备的。如果我们能利用不同的读书笔记，不断自觉丰富自己的积累，那么一篇篇好的作文，会在你的笔下源源不断地涌现，这就是"厚积薄发"的表现。希望大家能够根据老师的介绍，不断实践，把知识联系成为一个整体，那么不仅仅是作文，任何语文的东西都迎刃而解了。

祝大家

新年快乐，学习进步！

诸葛建军

2008 年 12 月 29 日

1.3 好文章的标准是什么？

——写给我的学生及女儿乐懿

我的学子及女儿乐懿：

在教书生活中，经常有学生问我：老师，怎样才能写出一篇好文章？每次遇到这个问题，我都无法回答，因为要回答这个问题，首先要弄清楚“好文章”的概念。那么究竟怎样的文章是好文章呢？好文章有标准吗？

我想，文章还是有好坏之分的。在我国历史上，多少名家留下了千古流传的诗词华章呀，李白的磅礴、杜甫的沉郁、曹操的豪迈、曹植的机敏……无不让人浮想联翩，惊叹于他们的才思超群，卓尔不凡。

那么我们小学生的“好文章”应该是什么样子的呢？

好文章应该是反映自己真实思想的文章。有些同学，在写作的时候绞尽脑汁，反复构思，涂涂改改，最后否决了自己所有的努力，对自己的作文是“哀己之不争，怒文之难为”。他们在构思作文的时候，首先想到的是要写出最好的文章，要一鸣惊人，要写出老师认为最好的，要让爸爸妈妈表扬……有很多的“要”，就是没有去想“有自己想法”的文章。如果你在写作伊始，想的都是要“给别人满意”，那么“自己不满意”就是很自然的事了。因此，我们日常的作文，应该写一些你有体会的，有想法的，有感悟的，不要追求什么“轰动效应”，更不要去追求“一鸣惊人”。生活中的一件小事，如一根粉笔、一句暖人心的话语、一个眼神的鼓励、一次自我的“冒险”、爸爸的胡子、爷爷的笑语……无不是我们下笔的绝佳题材。如果我们的眼睛都盯着找金子，那么就会错过看上去是石头的“璧玉”。写出属于自己思考的文章，就是好文章。

我要举个例子，我的学生吴娴，写“爸爸的爱”这个主题，没有去写爸爸带“我”上医院的“感人”，也没有写一个有惊人之举的爸爸，而是写了爸爸的胡子两个方面：小时候，爸爸的胡子是自己的玩具——拔胡子；长大后爸爸的胡子是闹钟——爸爸用胡子戳她催她起床。字里行间，洋溢的是父女之间深厚的感情，是多好的一篇文章呀！

好文章应该是来自于生活的。任何好的文章，都不是凭空而来的，它根植于深厚的生活土壤。没有生活的创造，是缘木求鱼，是舍本逐末。在过去，作家的创作，都要深入生活，到农村去，到基层去，甚至到蛮荒大漠去，体验、积累、创作几乎成为一个定律。当然，现在有很多的所谓“作家”，坐在有空调的房子里，创作一些所谓的“作品”，成名成家的有之，著作等身的有之，老师不予评价。但是我相信，只有来源于生活的，才会避免无病呻吟，才会舍弃华丽虚无，才会舍弃雕词琢句。不久前有一个读高中的学生来请教我，写了一篇《水杉赞》之类的文章，词语华丽，构思也精巧，但是我还是否决了她的文章。因为我看透了文章背后的“思想”，是“大众”的，是“媚俗”的，是没有“生活”的。如果要写“借物喻人”的文章，前人写过多少呀，蜜蜂赞、白杨赞、松树赞、翠竹赞……这些“赞”的背后，很多都是概念化的思想、庸俗化的套路、成人化的笔法，没有的是“我的思想”和“我的生活”。把你的眼睛盯住芸芸众生的时候，也是你收获生活收获思想的时候，在生活中思考，在思考中生活，做人与作文，大概的情形是一样的。如果一棵树离开了或肥沃或贫瘠的土地，注定不能成为参天大树；而一棵小苗，扎根土壤，就会有成为大树的可能。爱生活，体验生活，关注生活，这样写出的文章肯定是好文章，哪怕你的思想幼稚了一点，哪怕你的文笔也并不是那么优美与华丽。

好文章应该是真实的，可触摸的。真实，是一切文章感动别人的根本。有的同学会说：老师，作家创作的小说，不是虚构的吗？其实，小说虽然是虚构的，也是立足于生活的创作，有着对生活的直接观察和感悟，只不过是借助虚拟的人来讲生活的事情，是将“好多个人合成一个人”的创作，它的根还是生活，还是生活的真实。

有一年高考，考场中有一篇文章写得很感人。文章写自己是一个残疾人，没有手脚，考试也是用布条绑住笔在考试的。阅卷的老师很感动，但是感动之余难免好奇，于是查询全国的考生，结果没有一个考生是这样的。阅卷的老师难免有被欺骗的感觉。还有一个高考生，复考了三次，三次都写自己的爸爸在高考一周前去世——为了感动别人，让自己最爱的父亲“死”了三次，这是一件多么荒唐可笑的事情呀！

我在教书生涯中也有这样的事情发生。有一次作文，班里54个学生，竟然有十余个学生写了“扶盲人爷爷过马路”——虽然我所在的乡镇那时候还没有马路，一条泥土路上半天也没啥汽车；有十余位学生救落水儿童——其实他们中大多不会游泳。为了让文章感动比人，为了让文章能获得一个高分，很多同学写了一些根本没有自己体验的虚拟的生活，可想而知，文章是不会感人的。

写自己真实的生活，写自己真实的感想——这是提升作文能力的最好的途径，也是评价一篇作文好坏的重要依据。希望大家坚持立足生活、观察生活、感悟生活、记录生活，将生活的一颦一笑、一言一行、一人一事都记录下来，时间长了，你会发现：哦，好作文就是这样的呀！

祝

所有的孩子都快乐写作、生活！

诸葛建军

2008年12月31日

（告别2008，写下最后一篇文章以辞旧迎新！）

1.4 作文能力的提高能不能“速成”?

——写给我的学生及女儿乐懿

我的孩子们:

2008年12月31日,星期三,17点04分,我开始给你们写这封信,一来为了纪念马上要离开我们的2008年——我老了一岁,你们大了一岁了;二来给大家解决一个疑惑:作文能力的提高能不能“速成”?

我遇到过很多的家长,他们知道我在教作文方面有一定的研究之后,会问我一个问题:能否快速地提高作文能力?

说实在的,我不敢回答这个问题。因为在我教过的上千个学生中,有的学生我教了一个学期,她的作文能力就提高得很快,一年之后就判若两人;而有些孩子任你怎样教,三年下来也只是按照他年龄成长的规律在逐步地进步,不会有很大的变化。

后来我思考,这里面一定有原因。经过对一些提高快的学生的综合分析,我找到了一些答案,但不知道这些答案是不是正确,姑且说出来,和大家一起探讨。

作文能力提高快的孩子,一般都有这么一些特点:

一是她往往在业余时间喜欢看书。书是人类进步的阶梯——这是老掉牙的名言了,但是我觉得也恰恰道出了读书人应该多读书的基本律条。可以想象,一个不喜欢有空就读书的人,她的知识来源是多么狭窄呀!光是课堂的知识是非常有限的,光靠老师的补充也是不够的。再说,世界变化比人的变化大多了,很多老师本身随着年龄的增大,学习能力和时间有限,加上工作繁忙,知识更新的速度是很慢的。要从老师身上汲取现代儿童成长的养分,那是极其有限的。

而一个爱好读书的人,哪怕她的成绩不是很理想,但是随着阅读的深入,积累的增加,再加上年龄慢慢增大,视野开始开阔,她的知识经过发酵,会像酿酒一样变化,知识会翻倍增加。于是,这些孩子在老师的教育下,她的变化快,成长速度快,成为竞争的强者。于是我想,爱看书,应该是所谓的“速成”的一个关键的因素。

有些家长有这么一个模糊的认识,孩子不能让她空闲下来,一有空,孩子爱看电视,要玩电脑,爱睡懒觉……总之难管。于是就在孩子本身很紧张的学习生活状态下,让她参加了各种各样的复习班、提高班、速成班,巴望孩子在这些学习中能超过别人。我想这样的想法是完全错误的。一个没有空闲的孩子是肯定读不好书的。最近这个学期，我的女儿乐懿就是我说的这个样子，课余时间学奥数、学英语、学钢琴、练书法。几乎一周下来没有空闲的时间，再加上到了四年级学业加重，作业多了，每天睡觉都是10点钟之后。我想，这是极其错误的，因此决定下个学期无论如何应该给她“减负”了，让她有点空闲，有点时间思考，哪怕是完全空闲也比这样忙碌好呀！有时间的话，让她多看点书，也许对学习来说更有促进作用。

第二个特点是这些孩子在学习中很专注，对学习有一种好奇和探究心。我觉得这些孩子之所以能够在和别人比赛中胜出一筹，对作文学习的一种好奇和探究是催化剂。爱它，才会研究它。这样的孩子，往往在学习中不如别人是不会自卑的，而是很认真地看别人的作文，学习别人的长处，不是自怨自艾，自愧不如。

我有一个学生，他在学习之初不如别人，在我表扬别人的作文时，他的眼中有羡慕，听课也很认真——他是在努力吸取别人的长处。有一次我表扬了另一位学生的某种写法很好，结果他就在自己的文章中模仿了，可是又没有真正理解，所以闹了笑话。但是，我很感动，在一次作文讲评后，只有他是很认真地去模仿去学习，其他学生根本已经把这样的写作方法忘记了。为了他不犯这样的错误，我专门抽出时间给他讲这种写法的注意点，结果他在后来的作文中就能很好地运用了。你瞧，一个会模仿也善于学习的孩子，是会拥有比别人多的学习机会的。因此，我觉得，所谓的“速成”，应该有“更认真、更专注，对学习有好奇心和探究欲”的含义的，如果一味自卑或者是妒忌，对自己学习一点用处也没有。

第三个特点是爱表达。这点在我的乐懿身上体会是最深的。她3岁的时候，有一次我给她讲《狼和小羊》的故事，她听得可认真了，瞪着两个小眼睛，挺崇拜我的样子。不过偶尔也会皱着眉头——我当时以为她不理解。可是等我讲完之后，她才对我说：“爸爸，你的故事是错的。我的老师是这样说的……”然后她把“幼儿园版”的《狼和小羊》给我说了一遍，果真是不一样的。同时我欣喜地发现，她在讲完整个故事中，没有一个病句，语言很流畅，很完整。虽然有硬记下来的嫌疑，但是表达能力比较好是可以肯定的。后来我发现我教的一些孩子，作文水平比较好的，也有一个共同的特点：表达很流畅。因此我对女儿说过，她的作文一定不会差到哪里去。现在看来，我的判断没有错，只要乐懿愿意学，愿意花力气，她的文科应该是没有什么大的问题了。

讲到这点，我还想对大家提点建议。如果在课堂上有发言的机会，一定要抓住呀，因为那是你锻炼自己胆量、口才、思维的最佳途径。经过不断的积累，你的口头表达能力提高了，你的作文能力也会提高的。当然，作为父母的，也要给孩子口头能力发展提供一些机会，比如给孩子讲故事，和她讨论问题等等，这样孩子的表达能力会不断提高的。我的乐懿出生之后，原本在小区里没有几个人认识我，后来大家都认识我了，因为我一有时间就抱着乐懿在小区里瞎逛，哪怕是她还什么也不懂的时候，我也给她絮絮叨叨地讲一些话。大家都取笑我：诸葛老师，你现在怎么变得那么“啰嗦”了？呵呵，我想，乐懿的口头表达能力也许就是那个时候打下的基础呢——当然，有点吹牛的嫌疑了，呵呵！

除了这些共同的特点，不同的孩子身上也有不同的地方。有的孩子错别字很多，但是想象力非凡；有的孩子没有什么错别字，但是她中规中矩，很认真地完成老师的任务……诸如此类，不一而足。但是我想，作文能力的提高，有“速成”的途径——那就是要多看书，多发言，多说话，多观察，学习专注，保持良好的探究和好奇心；作文能力的提高，也没有“速成”的途径——只要你有了前面说的一些优点和品质，那么你还会需要什么“速成”的途径吗？

说了三个方面，不知道对你有没有用？如果有一点点用处，那我会非常的高兴，因为我的2008年最后一天过得多么有意义呀：给我的孩子们写了两封关于写作的信，我主笔的课题获得了市重点规划课题的一等奖提名，上了四节多的复习课，批阅了一份复习试卷，讲评了一张复习试卷。今天是多么美好而充实呀！

真的舍不得告别2008年，虽然2008年遗憾多于成功，如评比中学高级老师失败了，自己身体感觉不好等等，但是和我快乐的教书生活相比，和那些阳光灿烂的孩子们在一起，所有的不快只是一瞬间就灰飞烟灭的小事。希望2009年我的关于作文的书能够真正地写好，如果有可能的话，最好能出版一下。哪怕不能出版，自己给自己“出版”也行！

这封信，已经带有一种日记的形式了——谁让今天这么特殊呢！

最后，祝所有的孩子

新年学业进步，生活快乐！

诸葛建军

2008年12月31日19点49分

1.5　写人的文章要注意什么?

——写给我的孩子们

亲爱的同学们:

按照同学们的提问多寡,老师今天给大家讲讲写人的文章要注意什么。

写一个人,你的目的是什么?那就是将这个人的特点呈现给别人,以便别人能根据你的介绍,认识这个人,或者学习这个人身上的品质。因此,写一个人,最关键的是你要明白你为什么要介绍这个人,换一句话说,就是你的写作目的是什么。如果你介绍的人没有什么显著的特点,那么你的文章往往会失败。

写作目的需要有一个提炼和构思的过程。在你脑海中想好要写一个人,你首先要对这个人的特点进行概括,然后想想哪些事情让你有了这样的印象。如写一个调皮的同学,那么你就要想到生活中他有哪些事情能让你的作文反映出这样的特点。构思好这些,那么你的文章就基本上完成一半了。应该说,作文的构思阶段是最重要的,它决定了你写作的方向以及主要的内容。

然而,我们在写作的时候,往往会抓不住人物的特点,觉得一个人物这个方面好,那个方面也好,甚至有五六个方面,而且都有例子。所以在作文的时候面面俱到地写,造成主次不分,人物形象不鲜明。所以,构思的时候,你要写什么特点,定下来之后,哪怕你又想起了非常好的例子,也要忍痛割爱。你要想,这个例子就留着下一次写吧,要不你的文章就“乱”了。

解决了构思阶段的问题,接下去就是落笔成文的过程了。

写一个人,往往需要交代以下一些方面。

首先你可能要适当地描写一下这个人,当然你也可以不描写。在描写一个人的外貌的时候,容易产生一个问题:眉毛胡子一把抓。在教学中,就有过这样的现象,从头发、嘴巴、鼻子、耳朵……都写了,结果等于没写,因为大家都有。因此,写人的外貌,只要抓住最突出的特点就可以了。如,有同学写诸葛老师,他就抓住嘴巴大的特点进行描写,也有的抓住笑容和眼睛写,还有的抓住脸上的一颗黑痣进行描写,这样的描写往往给人以深刻的印象。

当然写人离不开写事情。如何写清楚一个事例呢?

除了交代时间、地点之外,更重要的是抓住人物的语言、动作、神态、心理等描写进行刻画。这些描写分为两种:主要人物的和次要人物的。

一般来说,我们写的主人公的描写要具体一些,其他人物是为了衬托主要人物的，那就略写。也有对主要人物不着一笔，我称之为“烘云托月”法，这个除外。

那么这些描写要注意什么呢？这儿就不作重点介绍，有时间的话我会做一个专题加以讨论。我就以一般情况下会发生的一些现象做一个提示。

语言描写：要符合人物的身份特点。要是你写的是一个80岁的老奶奶，那么你的语言描写就不能像一个80年代后出生的小女孩说的。语言描写还要注意抓重点的写，不要把整个对话都呈现出来，那样的话就会让你的文章变成“相声”了。现在有很多的所谓的文学，就是这样做的，目的是凑成字数而美其名曰“长篇”，作为学子是要不得的。

动作描写：动作往往是人内心的外在表现，因此写好动作是刻画人特点的重要方面。描写动作，我们最大的问题是对不同的动作的描述往往不准确，不到位。有的同学写打架，就一个“打”概括了一切，其实“打”这个动作可以分解成很多的动作，如：拖、拽、揪、摁、劈、拉、压、推……不同的动作有不同的描述，准确的描述会让人产生如临其境的感觉。因此平时我们对很多动作要善加揣摩，不可单调。

心理描写：心理描写是一个很复杂的工程，老师在后面的案例中有所涉及，这儿就不详细地说了。当然，心理活动的重要性大家一定要注意，因为人的所有的行为同时伴随着微妙的心理变化。因此好的文章往往是以心理来刻画人物的，这就是古话说的“写得性情方为高”——性情的一部分就是心理。心理往往比较复杂微妙，因此写好心理，有助于故事的往前发展，让我们更好地认识你写的主人公。

其他的就不一一说了。

当然，文章一般有一个结尾。

很多的学生会这样结尾的：你瞧，他就是这样一个人，你如果想和他交朋友，那就来到我们班吧。

呵呵，这样的结尾难免就俗气了。那么写人的文章应该如何结尾呢？老师要告诉你一个最简单也最“投机”的结尾：戛然而止法。也就是你写完了事情，就马上停止了介绍，这许是个不错的选择。当然，如果你一定要写几句，通常你要注意，别人经常用的方法最好不用。

最后，老师简单总结几句：写人要写出特点，写好用能反映这个特点的事例。在写事例的时候要注意写好语言、动作、心理、神态等描写，反映人物的特点。如果你做到这些了，经过反复的训练，也许你就不会怕写人的文章了。希望大家能经常练习，平时多观察不同的人的语言、动作，多观察身边发生的事情，做一个有心人，你一定会成为一个“素描”高手的。

最后，祝大家

学习进步！

诸葛建军

2009后1月4日

1.6 怎样拟好文章的题目?

——写给我的孩子们

同学们:

大家新年好!

2008年悄悄地走了,2009年在我还没有准备好迎接他的时候飘然而至。在新的一年,我又能留下些什么呢?也许我害怕岁月的风霜让我逐渐老去,"常恐秋节至,焜黄花叶衰",是呀,人应该学会珍惜生活,学会用自己的努力去让生活留下一点印记。

我只是一个普普通通的老师,因此我注定不能像那些电视明星一样吸引别人的眼球,也别期望能扬名立万流芳百世,所以我还是多做一点自己力所能及的事情,为不让自己虚度一生而后悔。

那么今天给大家讲点什么呢?还是让我从"头"说起吧。

这个"头",是作文的题目。文题是文章的眉目,"文好题一半"。一个好的题目,可以概括全文的内容,可以体现全文的思路,可以蕴涵全文的主旨,可以表明全文的特色,能给人清新脱俗,耳目一新的感觉,能一下子抓住读者的注意力、激发起仔细阅读的兴趣,能使文章起到眉目传神的妙用。标题是文章的眼睛,是文章内容和读者情感心理之间的第一个接触点,是让人一见钟情的因子,也提供给读者窥视文章内容的独特视角。标题是文章内容和读者情感心理之间的第一个接触点。

可是,不少学生平时作文时,对拟题不是缺乏足够的重视就是不了解其要领和基本方法,因而往往导致所拟的文题不是平庸呆板就是陈词滥调,不是平淡无奇就是拖沓冗长,不是平实浅显就是一览无余,不是文不对题就是南辕北辙。一篇好的文章,往往从题目开始就有着一股吸引别人的力量,让人产生读下去的想法。我们能做到吗?肯定是能的,因为拟一个题目,还是有一定的方法的。下面我介绍一些常有的方法,希望能对大家有点启发。

1. 比喻法。

如写老师,可以用《阳光雨露》,把老师比喻成阳光雨露贴切形象。

老师写过的一个关于代课老师的小说,用《桥》为题,比喻那位老师是一座坚实的桥,让很多孩子走上求学之路,最后自己被辞退的故事,引发大家的思考。

2. 夸张法。

有一位同学写一次考试没有考好，老师和同学都对他有看法。他写得题目是《被看扁的我会变圆吗?》，“看扁”，是一种夸张的手法，也蕴含了很深的含义。文章形象生动，也蕴含自己奋起直追的精神，应该是很值得借鉴的。

还如《“牢头”爸爸》，把一个对自己很严格的爸爸夸张地称之为“牢头”，形象有趣，让人忍俊不禁，也很好地揭示了文章的主旨，是难得的好题目呀。

3. 反问法。

《妈妈，我错了吗?》写的是自己坚持要参加学校的运动队，但是家长却反对，因为家长认为会影响学习成绩。用这个为题，对于点明文章的中心很有好处。

4. 设问法。

有一篇文章的题目是《错? 对!》，先问后答，以简驭繁，又穿插标点，构思巧妙，能提高别人的阅读兴趣。

5. 借代法。

有一位学生紧扣母亲乌黑发丝中的白发展开叙写，揭示岁月无情、母爱无价这一真谛，给文章拟题目《黑白债》，借色彩代本体，又亮出线索，寄托深情，让人一看就有怦然心动的感觉。

6. 对偶法。

写一位老人，为了家乡的环保事业历经艰辛，造福乡邻，以《一头白发，满山青葱》为题，以“白发”和“青葱”对比，整个题目对仗工整，给人视觉的冲击，也让人印象深刻。

7. 拟人法。

《请多喂喂我吧》写保护学校环境，以一个垃圾桶的所见所闻来批评不讲卫生的学生，发出“请多喂喂我吧”的呼吁，让大家保护环境，创意很好。

8. 双关法。

一个同学用《我最需要一剂良药》来写自己得了腿病自卑，老师带来了治病的药，也带来了意味深长的安慰和鼓励，文中“良药”既能治腿疾有能治心病，一语双关，内蕴丰富。

9. 反语法。

老师写过一篇《“吝啬鬼”》，写一个并不贫穷的老人却省吃简用，死后被人发现他一直在资助几个孩子读大学的故事，也是用了反语的修辞手法。

10. 仿拟法。

《我是剃头的小行家》写学剃头结果把老爸剃成一个光头的故事，这个题目仿歌词“我是卖报的小行家”。《你说你恨了不该恨的人》写自己“恨”批评了自己的老师，仿拟歌曲《你说你爱了不该爱的人》，应该说水到渠成，自然而然。

11. 通感法。

《绿色可听》作者沟通视觉和听觉，“听”出了窗外绿色世界的欣欣向荣，视觉独特，别出心裁。《太阳的味道》写父母的关怀让自己有了感恩的心，但是太阳的温度不是用味觉来感觉的，但是却让人很好的接受，颇有新意。

12. 引用法。

引用法可以引用诗句、名人名言、俗语等，用耳熟能详的句子作为文章的题目，能起到联想丰厚的作用，也让题目更有文化的厚度。老师写过一个退伍老兵保护村里的树木不被大风刮倒牺牲了自己的生命的故事，用《铁马冰河》为题，颇有悲凉悲壮之感，又切合陆游诗《十一月四日风雨大作》的意境和主题。

13. 悖理法。

《感谢敌人》写的是同学之间竞争的故事，文章的题目悖离常情但又在情理之中。《不要你的爱》写不要爸爸妈妈的溺爱，需要独立的精神，也是恰到好处。

14. 符号法。

采用标点符号或者数学符号，往往也会给人以新鲜形象的感觉。如《?!》、《勤劳×高科技=致富》、《5+2=0?》等，都能引发别人的思考。

15. 悬念法。

悬念就是疑团，俗称之为“卖关子”，其效果就是产生一种勾魂摄魄、欲罢不能的感染力和悬念美。可以从反差上制造悬念，如《理直气不壮，做“贼”心不虚》；可以以怪生悬，如《100分，我恨你》；可以小题大做，运用错觉制造悬念，如《破不了的“案”》；可以用设问制造悬念，如《明天我们有水喝吗?》；还可以添加标点符号或采用标点符号拟题来设置悬念，如《我最需要……》、《? ——!》等。

16. 对比法。

如《大坏蛋和小笨蛋》、《千里之堤毁于蚁穴》、《红与黑》都是很好的例子。对比让读者产生丰富的联想，也激发阅读的兴趣。

以上一些方法，有些是诸葛老师的独创，有些是结合了网络中优秀老师的总结，整理出来希望能给大家以启发。

祝你们学习进步，新年快乐！

诸葛建军

2009年1月4日

第二章 教学案例

2.1 记一件失败(成功)的事

【老师导言】

生活就像一条五彩的河流,这河流里会有成功的喜悦,也会有失败的惆怅,会有欢笑之后的思考,也会有流泪之后的顿悟。因为这样,生活才是五色的,才是充满了挑战和梦想的。

虽然我们年龄还小,但是我们身上承载的任务不小——爷爷奶奶的期盼,爸爸妈妈的叮嘱,老师的期待和鼓励,会成为我们身上一道道沉重的“枷锁”,因为我们每个人都是生活在社会中,我们要接受社会的评判。因此就有了所谓的“成功”与“失败”,因此也有了泪水和欢笑。

回忆这样的经历,让我们每一个瞬间都变得美丽无比,因此记录下自己的生活,让二十年后的自己能够记住,能够回味,那是多美美好的事情呀!

要写好这样的文章,要注意些什么呢?

【写作重点】

1. 写清楚是一件什么事情,故事的发生、发展、高潮、结局要理清楚。

2. 看题目,我们自然知道“文眼”是“失败”或者“成功”,那么写好失败或者成功的心情就显得无比重要了。

【难点剖析】

1. 怎样把心理写生动?

心理描写要形象生动,虽然不求怪异,但是最好能让别人眼睛一亮。诸葛老师所教的学生中有一个叫胡华生的,写自己的紧张是这样描写的:“我紧张极了,要是手上有块铁,我一定能捏出皱纹来。”这是多么美妙的想象呀!一个拟人句,把自己的心理写得栩栩如生,给人以深刻的印象。

文章要给别人留下深刻印象,其实不需要我们什么豪言壮语,一句缤纷的想象,一句肺腑之言,足以感动别人。把你的内心坦诚地表露出来,让别人和你一起感受快乐,感受失落,感受惆怅,那么你的文字就有了生命。

2. 如何把你的心理写深刻?

写深刻,就是要有一定的深度。如失败的考试不一定就写“这次失败了,我一定好好努力,将来一定会成功的”这样的主题,因为比较俗气。你可以更深层次地去思考,如:失败是生活的盐分,没有了盐分,生活就会寡淡无味;如:失败,就好像一个善意的女神,她告诉我人生没有平坦的道路可走,如果我以为人生不能有失败,那么我必然会失败……

总之,你对生活中成功和失败要有自己独特的感悟,只要你去想,去发现了,那么你对自己生活的理解就会达到一个豁然开朗的境界。作文是表达生活,生活是作文的素材。只有很好的结合了生活的感悟,融汇到你的笔下,那么你的作文也就有了生命力。

【佳段评析】

(节选自浙江省龙游西门小学四(4)班曾庆瑞同学的《人生是串数字》)

我拿起试卷,用眼睛扫视一遍,挥笔写了起来,做的速度简直可以用“笔走龙蛇”来形容。这些题目都是小菜一碟,做起来两个字:轻松!可我的笔杆突然停止了挥动,大脑开始了运转,不用说,难题来了!这难题好像非常熟悉,可我一时又想不起来,心里有些着急了:这类型不是做过了吗?怎么想不起来了?我怎么可能做不出来?答案只有一个,乱掰的话不是百里挑一吗?再想想吧!于是我埋头冥思苦想起来,可我的大脑一时紧张,脑子一片空白,什么记忆也都没了。我的心怦怦直跳,几乎那震动都能起一场里氏四级的小地震。不过紧张没什么用,只能心平如镜,顺其自然才能做出来。

诸葛评析:

这是一段心理描写,有着一波三折的心理过程:轻松—遇到难题—着急—安慰自己。这样的心理真实,是顺乎生活的真实,仿佛带着我们一起走进了那场考试,感受到了考试紧张的氛围。

【佳作展示】

佳作一：人生是串数字

作者：浙江省龙游西门小学四(4)班　曾庆瑞

星期三的第二节课，要举行一年一度的数学竞赛。听了这个消息，我欣喜若狂，一蹦三尺高——连虾都不是我的对手！我心里暗喜：今天的数学竞赛，我铁定有一等奖，要是超常发挥，得个特等奖也没准呢！于是我哼着小曲儿，双手插在口袋里，一副不在乎的样子。

期盼已久的竞赛终于照常举行了，老师发下试卷，我拿起试卷，用眼睛扫视一遍，挥笔写了起来，做的速度简直可以用“笔走龙蛇”来形容。这些题目都是小菜一碟，做起来两个字：轻松！可我的笔杆突然停止的挥动，大脑开始了运转，不用说，难题来了！这难题好像非常熟悉，可我一时又想不起来，心里有些着急了：这类型不是做过了吗？怎么想不起来了？我怎么可能做不出来？答案只有一个，乱掰的话不是百里挑一吗？再想想吧！于是我埋头冥思苦想起来，可我的大脑一时紧张，脑子一片空白，什么记忆也都没了。我的心怦怦直跳，那震动几乎能起一场里氏四级的小地震。不过紧张没什么用，只能心平如镜，顺其自然才能做出来。

上帝果真想帮助我，在我乱凑答案之下竟然编出来了，我又是一番欣喜若狂：我真是太聪明了(王婆卖瓜，自卖自夸)，既然能瞎编出答案，找方法就简单了！于是，经过我反复想，“上帝不负有心人”，我终于找回我的记忆，想了个好方法。但是，给我检查的时间只有一点点了，难题都想出来，这些都是小 KS(小垃圾)啦！我仔细仔细看了看试卷第一面，天衣无缝，找不出毛病，心里又来了一次欣喜若狂：这面没问题，九十分拿定啦！回家享受老爸老妈给我的“天伦之乐”了！

“叮铃铃！”下课铃响了，第二面没有检查，也许还有一点小差错，可时间不能倒流，我只好把试卷交给考官。我可是有自信的，我的志向是要光宗耀祖的，而不是当街头流氓，没自信心又怎能完成我的心愿呢？于是我不像有的同学那样垂头丧气，面带笑容地熬过了两天。这两天里，我还是有些担心，我只能把握一半的分数，另外那一半的应用题，没把握！

终于到了公布成绩的时候，我的心跳加速，可以每秒三下了，尿尿都不住地“生产”，心情着急得无法用语言表达。

“李家豪七十四分！”我的心跳中偏快，有些害怕，若我也是这样，还天伦之乐，我看要嚎啕大哭。

“赵静六十四分。”我心脏跳动的速度是每秒五下：我的妈呀！屁屁，你可不能受苦呀！

“曾庆瑞八十八分！”哦——我的心跳正常了，虽说是个好分数，但是还是差池佳俊四分，差一等奖两分，失败啊！连一等奖都没有，我不活了！转念一想还好，屁屁算是保住了。

“池佳俊九十二分！”啊！池佳俊竟然还有这一手？真是人外有人，天外有天！池佳俊今天怎么这么厉害？不会是……不是不是，我怎能这样想一个好朋友呢？我不为失败找理由，要为成功找方法。

我想，人生是串数字，这两分之差就是一种考验，没有这风风雨雨，酸、甜、苦、辣、咸的考验，人生也就没意思。生活正是有了这些数字，才会更加精彩！

简评：

“我不为失败找理由，要我成功找方法”，一个四年级的小鬼，面对失败的感悟可谓“深”矣！全文紧抓心理主线，可谓“活”矣！

佳作二：冬天已经到来，春天还会远吗？

作者：浙江省龙游西门小学四(4)班　诸葛乐懿

耳边传来的一阵阵欢笑，天空中飞舞的美丽的“黄蝴蝶”，路边的青翠喜人的小草，现在在我的脑海里已经失去了往日的光泽，变得暗淡无色，似乎全世界都笼罩着一层薄雾，让人看不清前方的道路……

那一天下午，数学竞赛就要开始了，我那颗小小的心，似乎要被激动融化了，不停地跳动着。我满怀信心，觉得自己一定能考个好成绩，很想亲眼瞧瞧那张让我们感到惊心胆战的“魔鬼试卷”到底有多难！

试卷一发下来，我一看，刚才的信心一下子全都破灭了，脑袋里只有三个字“太难了”。这“太难了”三个字可不是随便说说的，因为试卷上的题目，对我来说简直全都是天文数字，脑子根本就来不及思考。我试着让浮躁的心平静下来，试着思考，也许这方法有点管用，我用这样的心态一直做了好久……

“叮铃铃叮铃铃……”，随着时间的流逝，下课铃在校园里如约欢唱起来，也渐渐地催促着我把握好时间，能多做的就多做。可就在这关键时刻，我的脑筋却不听使唤了，一道题也想不出来。监考老师看我着急的样子，好心宽容了我几分钟，可在这本来不属于我的时间里，我的脑子也灵光了许多，刚想做上去，老师却毫不留情的从我课桌上拿走了试卷……

那一瞬间，微风刚刚吹过的那一刻，我的眼泪已经在眼眶里打转了。

那天晚上，我连睡觉都担忧着，一刻也静不下来，到了三更半夜还自己在一个人叨念一些什么。妈妈刚睡着又被我吵醒了，无可奈何地说：“小朋友，好睡觉了，再这么吵下去，明天就变成国家保护动物了！”

我却爱理不理，转了个面，继续我的自言自语。

第二天，阳光洒在门口的小路上，蝴蝶飞进了教室的桌上，就像秋姑娘委托风娃娃送来的电报。试卷和电报一样，在同一时间发在了我们的位置上。我刚一进教室,拿起试卷一看,就像一盆冷水一下子倒进了我的心里,那滋味,挺不好受的,就像把酸、甜、苦、辣、咸全混在一起一样的滋味。

“冬天已经到来,春天还会远吗?”我的心默默地用这一句话激励着自己,我相信妈妈的鼓励,我相信爸爸的鼓励,我更相信我自己:我一定能行!

简评:

心理的描写很符和当时的心态,比较细腻。结尾的自我激励点明主旨,让失败走出阴影,是自我期许,也是一种成功的必要储备。

【资料链接】

失败的格言：

1. 失败乃成功之母。

2. 沉沉的黑夜都是白天的前奏。——郭小川[中]

3. 冬天已经到来,春天还会远吗?——雪莱[英]

4. 错误经不起失败,但是真理却不怕失败.——泰戈尔[印]

5. 失败是保护作家的天使(高尔基)

6. 莫找借口失败,只找理由成功。(不为失败找理由,要为成功找方法。)

7. 百其不厌的失败,换来的是成功。

8. 一个人的失败,是他自己的直接结果。——詹姆斯.艾伦[美]

9. 不会没有失败,只是暂时没有成功;从失败中找寻教训的人,他们的成功之路是遥远的。——拿破仑[法]

成功的格言：

1. 每一个成功者都有一个开始,勇于开始,才能找到成功的路。

2. 世界会向那些有目标和远见的人让路。——冯两努[香港]

3. 造物之前,必先造人。

4. 与其临渊羡鱼,不如退而结网。

5. 若不给自己设限,则人生中就没有限制你发挥的藩篱。

6. 赚钱之道很多,但是找不到赚钱的种子,便成不了企业家。

7. 蚁穴虽小,溃之千里。

8. 最有效的资本是我们的信誉,它24小时不停为我们工作。

9. 绊脚石乃是进身之阶。

【你也试试】

看了老师的辅导,你想试试吗?如果你写好了,请你邮寄到我的信箱(yanzhe47@163.com)或者登录我的教学博客和我联系哦!

2.2 以人物的某一特点写人

【老师导言】

写人的作文,往往会给人以杂乱无章的感觉,因为要表现一个人,素材会很多,因此造成作者难以取舍。写好一个人就应该有一个突破口,如抓住老师眼睛的变化来表现老师对学生的爱,对工作的负责等。如:

老师的眼睛是慈爱的——帮助一位自卑的学生进步

老师的眼睛是严肃的——面对一位骄傲的学生

老师的眼睛是热情的——面对有困难的学生

……

抓住眼睛的特点,哪怕只是一种象征意味,对人的表现往往就比较有层次感。当然,也可以抓住手、头发等等有象征意味的东西表现一个人物。

如《爸爸的背》:

小时候爸爸的背是宽厚温暖的——背我上学、看病……

再大一点,爸爸的背是有力的——感觉爸爸靠着自己的努力让全家过上幸福的生活。

爸爸老的时候,感觉爸爸的背并不是最坚实的——因为爸爸老了,但是更能反映爸爸对孩子、家庭的爱。

文章贵在构思,构思贵在找到突破口,希望大家能根据诸葛老师的提示,寻找一个突破口写好一个人物。

【写作重点】

写一个人物,最关键是要写出人物的精神风貌或者他的特点。能表现这个特点的材料有很多,但是如果能巧妙一点呈现,对人物的塑造会让人有一种艺术的享受。如《爸爸的胡子》(见下文)一文,以胡子在不同年龄阶段的不同“作用”来反映爸爸的爱,是多么巧妙的一个角度呀。这次习作训练,希望大家能这样去思考和训练自己。

【难点剖析】

以人物的一个象征性的特点以小见大地写,是本次训练的难点。一般孩子是很难捕捉这些方面的材料的。如果看了例文有所启发的话,那么这个难点也就不算什么了。

以小见大,这个“小”就是我们司空见惯的东西,“大”就是由此折射的精神风貌或者个性特点方面的东西。以小见大往往需要一定的概括能力,对于年龄小的学生而言是比较难的。

【佳作展示】

佳作一：爸爸的胡子

作者：浙江省龙游西门小学六(4)班　吴　娴

小时候，爸爸的胡子是我的玩具。

"一个、两个、三个……"我趴在床上，掰着手指耐心地数着爸爸脸上的胡子，"九个、十个……呜……手指不够用了……"

"啊哈，小笨蛋真没用，爸爸有几根胡子都数不清！"老爸一副得逞的样子，扬起下巴对我说。

"是几个胡子，不是几根，爸爸大——笨——蛋！"我一本正经地"纠正"道，"小笨蛋比大笨蛋聪明！小笨蛋有办法！"

"什么办法？"爸爸一头雾水的样子。

"嘻嘻……拔胡子喽！拔掉爸爸的胡子，只留十个胡子，小笨蛋就数得清啦！"我一脸坏笑地向爸爸扑去。

"哎呀，大笨蛋要逃喽！"爸爸连忙爬起来，在床上与我打起了转转。

"哼，大笨蛋逃不过小笨蛋的！"

"哈哈，真的吗？……哎哟，女儿你别挠我痒痒呀！……哎哟……"

"嘻嘻……"

"哈哈……"

房间里充满了快乐的笑声。

后来呀，爸爸的胡子是我的闹钟。

每天早晨，我不是被闹铃吵醒的，也不是被妈妈叫醒的，而是被爸爸的胡子戳醒的。

"外婆，今天又做汤圆呀？"我站在灶头旁问。

"嗯。"外婆边揉面边说。那拌好的鲜美的馅儿，鹅黄的是笋粒，暗红的是豆腐干，乳白的是猪肉……

我口水直流地做着美梦，突然感到脸上一阵疼痛，"哎哟，谁呀！"大叫一声后，眼睛就不由自主地睁开了，先是看见一片茂密的“黑森林”，然后是一张咧开的大嘴，最后露出了爸爸的整张脸。

我便乖乖地穿衣服、裤子、袜子、鞋子，然后洗脸刷牙，老老实实地上学去。

爸爸笑了，然后得意地扬了扬他的“钢针”胡子。

再后来，爸爸不留胡子了。

光溜溜的下巴，连胡子的痕迹都看不清。

望着那个下巴，我的耳边响起了一种声音。

“嘻嘻，小笨蛋来拔胡子喽！”

“那大笨蛋就要逃啦！”

……

幼时与胡子的快乐萦绕在我的心间，久久、久久不会散去……

诸葛评点：

爱，并没有直接去写。用胡子去表达父母之情，视角独特、巧妙，很好！

佳作二："凶神"

作者：浙江省龙游县实验小学五(4)班　叶尔钰

"气死我了！哼，我以后再也不去训练了！啊——打死我我也不去了！"唉，是谁正在对着山发那么大的脾气呢？咳咳，实话告诉你，就是本人对着山发脾气，为什么呢？说来话长——

"今天来一次模拟测试，看看你们在没有老师的情况下能不能发挥正常，达不到目标的人跑10圈！"被称为"凶神"的廖老师又在对我们即将要参加县里比赛的人下死命令了！

说句实话，我最讨厌廖老师的死命令！不是一般的讨厌，是非常的讨厌！我的手有些发酸，可能是因为练杠铃的缘故吧！我想请一个假，便对廖老师说："廖老师，我手酸，可不可以不……"话还没有说完，就被廖老师利剑般的眼光给逼回去了，只能无奈地点点头，说："好，我参加！"

廖老师已经为我们摆好标记了，我的标准是44米，我们一共要投六次，我前五次都在44米以下，只有第六次在44米——刚刚好。我因为已经达到了，所以很高兴，哼着小调准备回教室。没想到，廖老师突然来了一句："叶尔钰和李芳留下！"

我当时就彻底蒙了！我不是达到标准了吗？为什么还要被留下？可是我只能留下来。廖老师径直走到我的面前，让我把手拿出来。我知道，廖老师又要揍人了，不敢反抗，只能乖乖地把手伸出来。廖老师狠狠地"打"了我，并且说出我的不足，让我跑10圈。我乖乖地去跑，心里却不住地咒骂老师(虽然我知道咒骂老师是不对的，可是当时实在是太恨了)。

我一直都不想去训练，可是怕廖老师罚我，只能乖乖地去。有一天，我却对廖老师改变了印象。

那一天，我们刚好要交午餐钱，到训练场地以后，才知道自己的午餐前丢了20元钱，这对我来说可不是小数目！那可是我14天的零花钱呐！如果被老妈发现了，等待我的就不止是"竹板炒肉丝"了！因为我心里有事儿，所以也没有心思训练了，只想着怎么"蒙混过关"。廖老师看着我魂不守舍的样子，走到我面前，问：

“怎么了?”

我看见了廖老师,就把事情支支吾吾地告诉了他,原本我想廖老师肯定会告诉我妈妈的,心里很害怕。没想到廖老师说:“不就是20块钱吗!我给你!”

我又蒙了!廖老师怎么可能无缘无故给我贴钱呢?我的猜测没有错,廖老师在后面果然说了一句:“不过——你要拿两个第一啊!”

听了这话,我猛地抬起头,说:“好!”这时我才真真正正地在打量廖老师了!头发白了一小片,皱纹也爬上了他的额头……

“凶神”变得慈祥了,在我的心中。廖老师他虽然在体育上要求我很严格,可是我知道他是为我好,想让我把体育成绩搞上去,为了我更好的将来!我和老师们相处的时间不过还有一个半学期,我要更珍惜这段来之不易的师生情!

评点:

两次“蒙了”,刻画出老师的敬业。在他“凶”的背后,有着父亲的慈详母亲的柔情。此文写人,到位了。

佳作三:数学天才+网虫=童牧

作者:浙江省龙游西门小学六(5)班 唐尧

童牧这个家伙,数学I服了you,奥数比赛那是随便考考都能让你佩服得五体投地,不仅如此,还摸索出一套数学家都没有发明的比较分数的方法。

就在上个星期的奥数比赛,他就大显身手。数学老师那儿学了那么久了,老师当然要考考我们嘞,只见老师哗哗哗地翻着书,翻到了模拟试卷的那一页,对大家说:“今天我们来一场考试,大家翻到109页。”

于是,我们的书也翻到了那里,没等老师说开始,大家争先恐后地写了起来。

童牧的笔飞快地书写起来,几乎每一题他都会做。一题又一题,童牧的笔一刻也没有停下来。过了许久,我们大家几乎都被卡住了,连童牧也停下了笔。我嘿嘿一笑,带点讽刺的味说:“童牧你哪一题做不来啊?告诉我,我可以教你。”

童牧竟然说:“我老早做好了,现在在检查呢!不然老早就上去批喽!你凑这么近,是不是想抄?”说着,把检查过的题目盖了起来,径直向老师走去。

结果不用说,给我看他那鲜红的100分后,我无话可说,只好低下头列式……

数学天才都喜欢玩电脑,童牧也不例外。他玩起游戏就是一个下午不用喝茶。

他的眼睛直直地盯着电脑屏幕,熟练地操纵着,不时还自言自语:“看我的格林机关枪……”只要跟他说起他的游戏,你就完了,你一整天都要被他拉牢说这个游戏了。

这不,刚刚玩了一个游戏叫“穿越火线”,那是一个和cs差不多的游戏。里面有许多各种类型的枪,童牧几乎都记得,什么“AK-47”“AK-74”“沙漠之鹰”,只要问他,他绝对会把枪的威力、速度、重量、后坐力,统统地告诉你。不相信?不相信你就去问他。不过你要记住,不要又被他抓住,逼着你跟他聊游戏哦!

【资料链接】

在写作中对形象进行强调、取舍、浓缩，以独到的想象抓住一点或一个局部加以集中描写或延伸放大，以更充分地表达主题思想。这种艺术处理以一点观全面，以小见大，从不全到全的表现手法，给写作者带来了很大的灵活性和无限的表现力，同时为接受者提供了广阔的想象空间。

以小见大中的“小”，是描写的焦点，它既是写作创意的浓缩和生发，也是写作者匠心独具的安排，因为它已不是一般意义的“小”，而是小中寓大，以小胜大的高度提炼的产物，是简洁的刻意追求。

典型的例子就是鲁迅先生的小说《一件小事》。

【你也试试】

看了老师的辅导，你想试试吗？如果你写好了，请你邮寄到我的信箱或者登录我的教学博客和我联系哦！

2.3 写出人物的个性:班级人物素描

【老师导言】

佛教中的五百罗汉中,给人印象最深的要算弥勒佛、济公活佛,还有观音菩萨。即使我不加任何描述,大家还是能够想像得出这三尊菩萨是怎样一副容颜。想到弥勒佛那世间无二的大肚,那望之可亲的笑容,很容易联想起一副对子:大肚能容天下难容之事,开口便笑世上可笑之人。许多人只要一听到"弥勒佛"这三个字,便能发出会心的微笑。说到济公活佛,我们只要闭上眼睛,片刻间,身穿破衣,手摇破扇,趿着破鞋的疯和尚就会自由自在地跑到我们面前,冲着大家扮出一张令人啼笑皆非的鬼脸来。

在《西游记》中,孙悟空艺高胆大忠心耿耿,是一个最主要的人物。但是要说让小朋友最感兴趣的是谁,保准有很多人说的不是孙悟空,而是又馋又懒的猪八戒。那大大的肚子,那看见食物就垂涎欲滴的样子,以及遇到困难就退缩的性格,和孙悟空形成了鲜明的对比。由此,八戒的形象也给大家留下了深刻的印象。

因此,要写成功一个人物,关键在于要写出人物的与众不同之处。在我们的班级中,有勤劳的,也有懒惰的;有幽默的,也有寡言的;有漂亮帅气的,也有丑陋难看的……就如500罗汉,我们的班级就是一个小小的社会。如何写好班级的人物呢?今天我们研究的就是这样的话题。老师以一个学生的作文为案例,为大家剖析一般的规律,希望大家能学会一点写出人物个性的方法。

【写作重点】

1. 写一个有个性的同学,写好人物的语言、动作、神态、心理等。
2. 记叙的语言也要有一定的个性,如幽默、冷静、活泼、华丽等。

【难点剖析】

每个班级都是一个社会,都会有形形色色的人物。如何表现出一个有个性的人物,如何观察人物是本次习作的难点,这就要我们在平时注意观察人物,做个有心人,记录人物的一言一行,然后筛选最能表现人物个性的内容进行写作。

叙述语言要有个性,也是比较高的要求。如幽默,怎样才能做到幽默呢?要达到幽默的效果,必须要有着丰富的想象,要适度地夸张,进行有趣的类比等。显然这个要求比较高,大家只要尝试一下就可以了。

【佳作评析】

我们班的“牛人”

作者:西门小学六(5)班　祝海东

“哈…哈…哈…”老师一路笑着和其他教师打招呼,一边走上三楼,脸上是莫名其妙的笑,就像一朵“哈蜜瓜花”,跳着“踢踏舞”,又像刚洗完痛快的热水澡。

“哼…哼…哼…”同学们情不自禁地被老师带动,也莫名其妙地笑了起来。这一唱一和,让旁人看了还以为是“哼哈二将”下凡了呢!

李文强坐在最前排,他的“牛眼”早已“瞄准”了老师手中的打了红色勾和叉的考卷。每次考试,对于“差生”李文强都是一个“鬼门关”,每一次他都胆战心惊的,不亚于上火线打仗呀!

“现在!”老师清了清嗓子,接着说,“我宣布考试成绩!”“扑通,扑通,扑通通……”一些差生的“恐低分症”又犯了。李文强最严重,已经“恐低”五周年了。

赏析:非常的幽默,源自于作者能够站在一个差生的立场思考他的处境,并加以有度的夸张,所以有了这样的效果。

“刑嘉煜——78。”

“好险,好险!”那些差生叫起来,李文强没叫,只是咽了一口口水。

“李灿——80。”

“幸好,幸好,不是我!”李文强还是没叫,干咳了一声。

“朱劲翰,嗯…69!”

“啊哟哟,我的妈呀,吓死我了!”其他同学暗暗惊叫,再看看李文强,身体已完全麻木,整个人看上去像一尊雕塑。

“李文强——”老师有意拖长声音,这声音像是穿越了时空隧道,那么悠远,悠远得让李文强魂飞魄散。“94分!”

赏析：把李文强的神态动作的变化过程由浅入深进行对比，层层深入，给人印象深刻，也很好地刻画出李文强虽然成绩差，但是也想要一个好成绩的微妙心理。世界上没有教不好的学生，只有教不好的老师——从一个侧面说明孩子都具有上进心，只是老师缺乏发现，缺乏对症下药的鼓励和帮助。

“啊?!”全班同学的嘴这时无一例外地张成了“o”形。李文强从害怕到恐惧，从恐惧到吃惊，从吃惊到惊喜，真是煮熟的鸭子又变活了呀！李文强眨巴眨巴他的一双大眼睛，然后，小心翼翼地：“好……好师，这…这是真的吗?”这时的李文强已经激动得分不清“老师”和“好师”了。老师没有回答，我们也经不住问号的拷打。这李文强怎么就考了94分，高分呀，难道我们以前小瞧了他?

赏析：这样的细节描写恰当地反应出李文强的出乎预料，那种激动的心情。这是个性化人物塑造的必要手段。作文是塑造人的，如何塑造，就需要作者细心的观察，细腻的表现。

为什么李文强考个94分，大家就会这样的奇怪呢？话还要从那次“奇怪的作文”说起。

赏析：过渡很自然、简洁。

话说上个星期，老师布置写的大作文，结果，“全军奉上”——全部交齐。老师自然是高兴得不得了。可他万万没有想到，“叛徒”李文强已经投靠“皇军”了!

“啧啧啧，怎么写得这么好的呀!”老师一边批改，一边称赞。前面几本作文一下子就被老师批阅完了，可是惊叹的话可没有结束，“哇！怎么会写得这么好哇?”老师的眼皮都快翻到额头上去了。不一会儿，中间大批作文签了“卖身契”——老师批完了。“哇——哇——”老师激动得把自己婴儿时代的感觉都找了回来。“你们看看，你们看看，这么好的作文！哎呀…”说着就把几本最优秀的作文本送给在办公室里的其他老师看，不巧的是，李文强的作文本也一起“送走”了，垫在最底下。可能老师太激动了，才让李文强的作文本“混水摸鱼”了。

赏析：这一段用有点夸张的手法写出了其他同学作文的优异，为下文李文强的作文的差打下了对比的伏笔。

“哇塞!”“哇——”老师们一面欣赏，一面发出各种各样的赞叹声。

当所有老师的头都挤在一张桌子上，大家的目光都对准最后的作文本——李文强的。“…唰唰唰…”六七只手一齐朝“猎物”伸过去。翻过了第一页。“哎?!”

第一页没有一个字。“咦?!”第二页没有半个字。“嗯?!”第三页没有一个标点!“啊?”第四页没有一粒灰尘……倒数第二页了,终于看见了两行半“甲骨文”:

天黑了,风起了,灯亮了,降温了,发抖了,手冰了,脚冰了,头冰了,肚冰了,腿冰了……唉!心凉了。

就这一天,翻看作文的所有老师都记住了一个名字:李文强。

赏析:强烈的对比,让本文的主题“牛”更加的凸现出来:一个不写作业的人竟然能够考94分,可见真的不一般呀!

老师到了班里,无奈之情溢于言表:大半个学期了,人家已经写了14篇大作文,李文强竟然只写了两行半,这真是旷古未闻的奇事呀!

两行半!94分!士别三日,当刮目相看!我不得不对李文强竖起大拇指:“嘿,不做作业的李文强,你呀,牛!”

赏析:总结全文,突出“牛”字,干净利落,让人思考。

总体的鉴赏：

作者以独特的视角捕捉到一个个性化的人物——“牛人”李文强。他不是优秀生，还常常混在差生的行列，但又有让你刮目相看的一日。这样的人物有他独有的内心世界。这样的选题一开始就吸引了读者的眼球。这就是个性化的发现。别具一格的选材是文章出彩的关键因素。

1. 作者是如何塑造一个个性化人物的？

首先，作者采用了对比的手法。如其他同学作文的优异和李文强作文的差的对比，李文强不做作业但是却比其他同学考试成绩好的对比。这些对比是作者有意为之的，黑白对比让每一个读者留下深刻的印象。挥毫泼墨为哪般？只叫丹青留人间。作者对比手法的运用，为李文强这个人物的树立打下坚实的基础。

其次，充盈的细节让李文强形象很厚实，不会概念化了。从“李文强没叫，只是咽了一口口水”到“李文强还是没叫，干咳了一声”，以及“再看看李文强，身体已完全麻木，整个人看上去像一尊雕塑”、“这声音像是穿越了时空隧道，那么悠远，悠远得让李文强魂飞魄散”的神态描写，那个紧张、期待、害怕的李文强就在我们的面前了。从中我们读出了一个人物的形象：他学习态度很差，但他脑子聪明；他自卑，但也有好胜心；他是差生，但是绝对不会破罐子破摔……。细节让人物变活了，作文也就活了。

第三，巧妙地运用适度地夸张，这在文章中随处可见。如“‘扑通，扑通，扑通通……’一些差生的‘恐低分症’又犯了。李文强最严重，已经‘恐低’五周年了。”——这样的夸张，让我们忍俊不禁。

2. 作者的个性化表达

第一：幽默的语言艺术。“‘全军奉上’——全部交齐。老师自然是高兴得不得了。可他万万没有想到，‘叛徒’李文强已经投靠‘皇军’了！”——比喻李文强没有做作业，读来让人不觉牵强，心领神会。文章中多处使用比喻、夸张、对比的手法，让李文强这个形象很活，很实在，很厚重。

第二：简省的笔墨。作者在叙述故事的过程中，每个环节的记叙笔墨简省，没有浓墨重彩，看似了了数笔，却将人物形象勾勒得栩栩如生。以少少许，胜千言万语，这是作者行文的一个特点。

第三：象声词的运用。作者用“哈…哈…哈…”“哼…哼…哼…”“啧啧啧”哇塞！”“哇——”等一连串的象声词使场景描写富于现场感。使读者身临其境“如闻其声，如见其人”。

【你来试试】《我班的＊＊》

要求：能够写出自己班里同学的个性，能运用个性化的语言来叙述，做到简洁、生动、幽默、风趣。字数在400～800之间。

2.4 写童话贵在立意

【老师导言】

什么叫“立意”呢？“立”就是确立；“意”则指文章的立题（也叫中心思想）；“立意”，就是提炼和确立文章的立题。“文章以意为主”，“意犹帅也”。这就是说，主题是文章的统帅、灵魂，它是决定一篇文章质量高低、价值大小的重要依据。同时，文章的选材组材、谋篇布局、表现手法、语言运用等，也必须根据主题的需要来确定。可见，立意确实重要，没有立意，其思想、材料便成了“无帅之兵”、“乌合之众”，构思活动便无法进行。

立意高，一篇一般的文章会变成好文章；立意不高，一篇好文章就会降低档次。诸葛老师曾经教过一位学生，他语言非常的幽默，想象力特好，我也特别喜欢他，经常在作文评点课上表扬他。但是，他在班里是一个淘气包，经常欺负同学，喜欢热闹，甚至有时候是打架的高手。因此在他的作文里，描写捉弄同学和打架的就特别多。老师和他说：写文章就是学做人。文章和做人是一码子事情。你的文章虽然幽默生动，想象力丰富，但是你写的打架再精彩，你写的捉弄人的事情再新鲜，在大家的眼里都不是最高档次的文章。后来我给他改过一篇写打架的作文的结尾，我是这样改的：骂也骂了，哭了哭了，打也打了，情也伤了……痛快吗？痛快！但是我发现，在这个班里，我一无所有了！

那孩子看了我改的结尾后，满脸羞愧。其实老师告诉他两个道理：一是文章还是要讲究一点立意的，光写打架怎么行呢？二是告诉他要学会做人，做一个真正的男子汉，做一个会关心别人的孩子。

作文，就是学习做人；做好人，才能写出真正的好文章。在思考立意的时候，更多的是我们对做人方式、生活目标、人生态度、情感态度价值观的一种反思。因此，人要有精神，文章要有立意，道理是一样的。

还有一个案例，题目是《别摔在熟悉的路上》，大意是野兔是一种十分狡猾的动物，缺乏经验的猎手很难捕获到它们。但是一到下雪天，野兔的末日就到了。因为野兔从来不敢走没有自己脚印的路，当它从窝中出来觅食时，它总是小心翼翼的，一有风吹草动就会逃之夭夭。但走过一段路后，如果是安全的，它返回时也会按照原路。猎人就是根据野兔的这一特性，只要找到野兔在雪地上留下的脚印，然后设一个机关，第二天早上就可以收获猎物了。兔子的致命缺点就是太相信自己走过的路了。

上述材料如何审题立意才不会跑题？注意题目“别摔在熟悉的路上”，可从野兔的行为方面考虑，如走熟悉的路也会摔倒，不能用一成不变的眼光去看待不断变化的世界；也可从野兔的心理角度分析，如野兔谨小慎微，不敢走新路，不敢创新等……知道了这些，我想立意就容易了。

【写作内容】

井底之蛙出井后……

【写作重点】

1. 思考文章的立意。一般的构思就是写井底之蛙出井后的经历，发现世界原来很大，很好玩。有一个构思是这样的：井底之蛙出井后，来到水田里，遇到一只老青蛙。老青蛙已经气息奄奄了，一问原因是水田里的农药施得太多了，造成农田已经成为“毒田”，生产的稻谷也是农药含量超标；他连忙离开稻田，来到河边，遇到了河里的小乌龟。小乌龟不敢下河了，一问，原来是河水被化工厂的废水污染了，河水比毒水还毒；青蛙又来到公园的水洼里，觉得很好呀。可是晚上看到灯光，原来是捕捉青蛙的人。青蛙死里逃生了。最后得出的结论是：可怕的人呀，最后地球上是否只剩下人了呢？显然这个主题是说明：环境保护、保护动物多么重要。当然你也可以有别的立意。

2. 写好童话的特点。童话要想象丰富，要有趣味，要有丰富的生活细节，要让人家读了，感觉到有收获，有思考。

【难点剖析】

文章的立意，需要你在给你的材料或者题目基础上，放开思路，大胆创新，多角度思考，才能真正地提高自己的立意水平。

立意要合情合理，不要人为地“创作”一个，不伦不类的反而不好。希望大家大胆实践，只要努力了，一定会写出好文章的。

童话要有丰富的想象力，要写好人物的心理、语言。想想小青蛙会遇到谁，看到什么？它会怎么做？结果怎样？可以联系现代生活的一些现象展开，要有生活的情味。

【佳作展示】

佳作一：井底之蛙出井后……

作者：浙江省龙游西门小学六(5)班　唐尧

创编(1)

一口废井里住着一只青蛙。有一天，青蛙在井边碰上了一只从海里来的大龟。

青蛙就对海龟夸口说："你看，我住在这里多快乐！有时高兴了，就在井栏边跳跃一阵；疲倦了，就回到井里，在砖洞边睡一会；或者只留出头和嘴巴，安安静静地把全身泡在水里；或者在软绵绵的泥浆里散一会步，也很舒适。看看那些虾和蝌蚪，谁也比不上我。而且，我是这个井里的主人，在这井里极其自由自在，你为什么不常到井里来游赏呢！"

那海龟听了青蛙的话，倒真想进去看看。但它的左脚还没有整个伸进去，右脚就已经绊住了。它连忙后退了两步，把大海的情形告诉青蛙说："你看过海吗？海的广大，哪止千里；海的深度，哪止千来丈。古时候，十年有九年大水，海里的水，并没涨了多少；后来，八年里有七年大旱，海里的水，也不见得浅了多少。可见大海是不受旱涝影响的。住在那样的大海里，才是真的快乐呢！"

时间过得很快，一下子一个世纪过去了，井底之蛙的后代听过祖先传下来的故事后，决心走出井底。

井底之蛙一蹦一跳地，终于走出了这口老井。由于他不清楚这个世界，所以对这个世界十分好奇，他看到了一个人十分多的地方，心想："这是什么地方嘞？不管了，去看看就知道了。"于是就一蹦一跳地向那个地方跳去。

到了荣昌广场，井底之蛙十分兴奋："没想到井的外面还有这么好玩的地方，我的祖先还真是笨呀！"他看见有人在跳舞，也冲了上去，跟那些人一下下地扭了起来。

跳着跳着，跳到了后退的部分，由于井底之蛙的反应能力太弱了，没有发现前面的人在向后退，终于，一只大脚踩在了井底之蛙的脚上，踩断了两只拇指，疼得井底之蛙龇牙咧嘴。还好，那只大脚马上就收了回去。

青蛙之后拖着那只受伤的脚一瘸一拐地来到了一个隐蔽的地方，调息了起来。

过了几天，井底之蛙的脚好了，可是他是属于那种好了伤疤忘了痛的蛙。广场就像一块磁铁，把他深深地吸住了。第二天晚上，他又来到了广场。

井底之蛙看到又有许多的人在玩滑板，心想："这是什么东东？速度怎么就这么的快嘞？"于是，他走上前，想用手摸摸，结果怎么样？把手弄成了一级伤残！

井底之蛙边用眼泪洗脸，边来到了莲花喷泉边，看看那里有水喷出来，心想："终于有水了，我好渴啊！"于是，他就凑了上去，手才刚刚碰到喷泉，一股强大的力量把它冲上了天空，结果，从天上摔下来摔了一个腓骨骨折！差点就伤到心脏了。

青蛙心想："海龟骗我！说外面很好玩，外面简直就是地狱！不行了，我要逃了！"

突然，他看见有许多的孔明灯冉冉升起，十分高兴，心想："哈哈！我终于可以离开这个恐怖的地方了！"于是，他跳上一个将要起飞的孔明灯，随着孔明灯冉冉升起。

井底之蛙的运气十分的好，孔明灯降落在一个水田里，他十分高兴，心想："这才是天堂啊！"于是，就在这里快乐地生活着……

停！等一下，我小编还有话说："据知情人士透露，井底之蛙没有老婆哦！因为他残废了，这么难看，谁还要他呢？"

创编(2)

那只井底之蛙跳出了井，十分高兴，左看看，右看看。遇到了许多的人，所有的人遇见他都说："哇塞！小青蛙，你怎么这么的漂亮啊！"

终于，这只井底之蛙遇到了星探。星探一看，惊呆了："哇塞！看来明星里又要多一个成员了！"

星探十分的激动："正宗的女高音，井底之蛙你就来我们的公司吧！我会把你培养成超超……级的男歌手！"

井底之蛙已经成了超级明星了，他走路都从来不看路，从来都是看天。

这句话，每一个青蛙都记住了，于是，他们一群一群地向井里跳。所以，每一口井都有抓青蛙的人守着。

佳作二：井底之蛙出井后（现代版）

作者：浙江省龙游西门小学四年级　诸葛乐懿

（一）

“啪”小青蛙一蹬后腿，终于跳出了井口，新奇地看着外面的世界，“看上去，它不像青蛙呀！”一个小朋友骑着自行车正议论这小青蛙，“它怎么这么绿，眼睛滴溜溜地转，好可爱呀！”正当小青蛙听得得意的时候，一个小瓶子一下就套住了它。一个小男孩在瓶子里放了一些土和一粒种子，就用橡皮塞子塞住了，用力一抛把它抛到了大海里。小青蛙无奈地摇了摇头，说：“现代社会就是不一样，连一只小青蛙都要欺负！”

在它想的时候，突然感到自己向下沉了许多，往四周望了望，只见有许多小鱼小虾从它身边游过，胡须还不时轻微地摆动，像是在和小青蛙打招呼呢！还有许多小章鱼在它面前展示才艺——吞云吐雾呢！这些逗得小青蛙哈哈大笑，让它忘记了自己身处险境。

没过多久，小青蛙的肚子就“咕、咕”地闹翻了天，他听得不耐烦了，只好一拳一拳地打自己肚子。小青蛙皱着眉头想：这样下去也不行呀，我得想办法让蚊子飞进来呀！于是小青蛙冒出了一个大胆的想法，小青蛙慢慢推开了皮塞，水一点一点的漏了进来，直到小青蛙筋疲力尽为止，才放开双手，瓶塞又慢慢地紧了起来，直到水漏不进来为止。小青蛙垂头丧气地坐在泥土里，突然感到一个尖尖的东西戳得他很疼，站起来一看，才知道原来是那颗种子发芽了。那颗种子多神奇呀，你瞧，一下子就开出很多美丽的花呢！那些花发出不同的气味，吸引着小青蛙。

小青蛙突然感到有甜甜的水从他的头上流下来，抬头一看，原来是花朵的果实。小青蛙实在是饿坏了，迫不及待地摘下来放进嘴里。奇怪的事情发生了，吃了那颗果实还会长出一颗，永远也吃不完。小青蛙靠着这种果实生活了好几天，终于来到了一个没有人的荒岛上。

（二）

小青蛙用尽了所有的力气推开了瓶塞子，从瓶子里挣脱了出来。哇，这岛虽然荒凉，但是开满了奇花异草，有的像彩虹五光十色，有的像扇子、蝴蝶、喇叭，奇形怪状。树木郁郁葱葱，望去就是一片绿色的海洋。

小青蛙十分好奇，向森林的深处走去。刚刚走到森林深处，就听见哗啦啦的泉水的声音。小青蛙迫不及待地向前蹦去，只见一条大瀑布出现在眼前，那水就像一面镜子，清澈见底；那挂着的瀑布就像一条闪闪发光的银带子，在阳光的照射下格外美丽。

小青蛙摸了摸水，嘿，竟然是温泉！

小青蛙欣喜若狂地跳进水里，舒舒服服地游起泳来。它拼命向瀑布游去，只见瀑布里面现出一道光，一道彩虹映入眼帘。里面还有几片荷叶。小青蛙一蹦，跳到荷叶上，高兴地唱起歌来：快乐的生活，就像一个梦。梦里的我，是多么的幸福，啊——井底之蛙有了全新的生活……

歌声引出了另一只青蛙，她用崇拜的眼神看着他。小青蛙被她迷住了：啊，多可爱的小青蛙呀，我要和她成为最好的朋友！

（三）

后来，据说荒岛变成了良田；良田充满了青蛙快乐的歌唱。

“故噶——故噶——”，那是对命运不屈的歌唱！青蛙们的家传祖训，让他们知道：只要快乐的歌唱，命运总不会辜负你的！

【资料链接】

在中国画中,立意指画家对客观事物反复观察而获得丰富的主题思想。唐代王维说:"凡画山水,意在笔先。"张彦远也说:"意在笔先,画尽意在。""骨气形似,皆本于立意。"立意有高低深浅之分。清代王原祁说:"如命意不高,眼光不到,虽渲染周致,终属隔膜。"

艺术总是相通的。在文学作品中,立意是一篇作品所确立的文意。它包括全文的思想内容,作者的构思设想和写作意图及动机等等,其概念的内涵要比主题宽泛得多。立意产生在写作之前。区别于立意,一般意义上所说的主题,就是指作品的中心思想和文章的中心论点及基本观点。主题没有立意的全部特征,意大于主题,包含主题思想。有时,意可以包含多重主题,如长篇小说之类大型作品。

对立意的要求:

(一)要正确、鲜明

正确是立意的基本要求。所谓正确,是指所确立的主题反映了自然的本质和规律,反映了生活的本质和主流,符合自然和社会的发展规律。

所谓鲜明,是指所确立的主题能旗帜鲜明地表示爱什么,憎什么;赞成什么,反对什么。

(二)要集中、单纯

主题是统摄全篇文章的总纲,必须单纯明确。

(三)要深刻、新颖

所谓深刻是指所确立的主题能反映生活的本质及内部规律,能揭示事物所包含的深刻的思想意义。

而新颖是指所确立的主题是作者的新认识、新感受,能给人新的启发。

【你也试试】

请你也写写《井底之蛙出井后……》,注意要有一定的立意,故事要丰富哦!

2.5 看图作文(多图):那些孩子……

【老师导言】

社会发展了,我们获得信息的渠道越来越宽广了。有了网络之后,我们可以很便利地从网络中获得各种各样的图片。可能一张图片就会激发你很多的想象,也会让你有很多心里话要说。因此看图写话成为老师训练学生作文能力的一种实用而有效的手段。

那么如何写好看图作文呢?

首先,要看清图片,对图片的主要人物要进行细致的观察,捕捉触动你内心的东西,那是你写作的重要内容。除此以外,要观察图片的细节,如衣服、冻疮、书本……这次训练,老师提供的几幅图片,有很多震撼人心的细节需要我们关注,因为那是最触动我们内心最柔软的部分的东西。

其次,在写作的时候要注意由"画里"写到"画外"。所谓的"画里"就是图片本身提供给我们的信息;"画外"就是由图片我们想到的,包括对图片人物生活的想象,对类似生活的联想以及你的感触等等。

第三,看图作文要注意一定的表达顺序。写作本身需要有顺序,看图作文尤其需要注意这点。

第四,多幅作品呈现,要注意发现共性的内容,不能一幅幅地去写,否则的话就给人以零散的感觉。所以多幅作品的写作一定要有一定的概括能力,不能零零碎碎的,脚踩西瓜皮滑到哪里算哪里。如今天老师给你提供的作品,就是类似的四幅图片,但是它们之间有几个共同的词语:读书、孩子、贫穷。因此这些是我们关注的重点。

【写作重点】

1. 仔细看图,你看到了什么?想到了什么?

2. 你的生活和他们一样吗?

【难点剖析】

1. 描写画面要有一定的顺序,要有一定的选择,要会归纳一定的规律。

2. 想象要合理。看图作文成功与否,关键一点是自己对画面的想象和由此及彼的联想,但是这样的想象要合理,要能够为自己表达的主要意思服务。

【佳作展示】

佳作一：那一刻，我们震惊

作者：浙江省龙游西门小学六(3)班　吴娴

“他们吃顿饱饭便是奢侈/他们寄封信便需要徒步几公里的山路/他们整年见不着自己的爹娘，因为他们都常年外出打工/他们鲜少喝到甘甜的水……”他们是谁？他们在哪里？……

她是一个不足9岁的孩子，却背着比身体大过好几倍的箩筐，那苍白的脸上写着的是无奈，那本应纯真无邪的眼睛里却满是忧伤……

他是一个8岁左右的孩子，手上长满了溃烂的冻疮，手里拿着一支短得可怜的铅笔，一笔一画地写着字，那目光，执著、认真……

他们是一群孩子，每个人手里都拿着一本破旧的语文书，皱了的塑料袋就是他们的书包。那课文，读着读着，泪水就流下来了……

他们就是西部山区的孩子，他们就是贫穷的孩子！就是这样一群让人心酸的孩子，让我们明白了多少道理！当他们独自走几个小时的山路去上学时，我们在干什么？我们在爸爸、妈妈、爷爷、奶奶、外公、外婆众多亲戚的护送下坐着舒适的自行车、摩托车、电瓶车、轿车浩浩荡荡地去学校！

当他们从塑料袋里取出短小的树枝在沙地上写字时，我们在干什么？我们从漂亮可爱的铅笔盒、文具袋里抓出几支晨光、七彩、白雪、英雄的圆珠笔、水笔、荧光笔、钢笔在雪白的练习本上涂抹！

当他们咀嚼着玉米粉、剩饭、大白菜等饭菜，我们在干什么？我们坐在饭馆、西餐厅、料理店里享受着鸡肉、鸭肉、牛排、雪碧、可乐、咖啡，还埋怨着饭菜太差！我们到底在做些什么？“小公主”、“小皇帝”、“小太阳”们！我们在浪费，我们在可耻地浪费！把粮食浪费，把学习浪费，把时光浪费……我们把幸福的生活白白浪费！

我们可曾想过：假如我突然到了西部贫困山区去生活会怎样？穿着破旧的衣服，住着岌岌可危的黄土坯房，每天早晨去砍柴，然后走好几里路到阴冷的一间小房子里——那是学校，读着一本破烂不堪的书，放学后，还要在灰暗的夜色中背着一个装书的塑料袋回家……相比之下，我们现在的生活又何等幸福！我们应该庆幸，我们生活在一个幸福的家庭，生活在一个幸福的时代！

那一刻，看到这些图片，我们震惊，他们太贫穷；那一刻，看到这些图片，我们震惊，我们太贫穷；那一刻，看到这些图片，我们震惊，中国还有贫穷！

诸葛评点：

图片震撼，你深沉的思考和自我解剖也让老师感觉震撼，真了不起，收藏你的作文，谢谢！

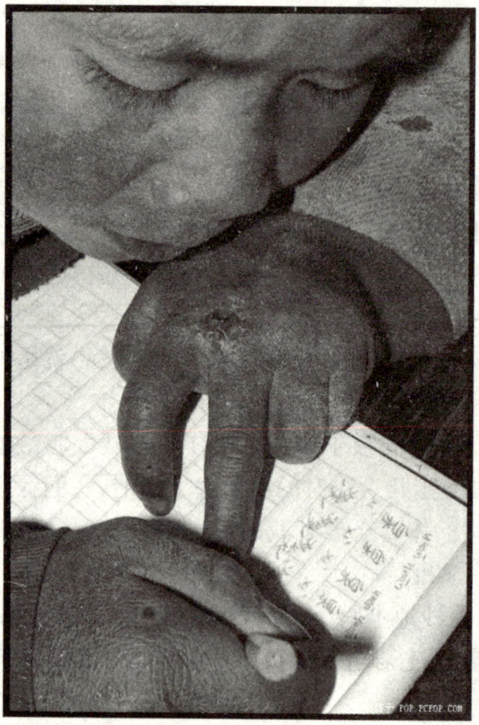

佳作二：別奢侈 別浪费

作者：龙游西门小学六(6)班　吴珺琳

网名：star

一个男孩，穿着一件破破烂烂的大棉衣，一双近似“苍老”的手：左手拿着一本卷着角儿的书，右手拿着一个饼，麻饼？芝麻饼？……不，不是，是青稞饼。他与背后的表层已经脱落的泥墙显得很“协调”。

这哪是一个儿童该有的样子？从他脸上的表情，我分明看出，他没有感到一丝的难过——也许是习惯了。难道，他们那儿的人，都是这个样儿？那儿的孩子，都是穿这样的衣服？

鼠标往下拉着，我又看到了一幅幅令我震惊的画面：一个大概只有二年级的学生，下巴就要挨着桌子了，衣服是发黄的，沾满了泥土，非常的脏。从衣服的袖口里伸出的，是一双干巴巴的、长满了冻疮、脏得连手上的纹痕都清晰可见的手。

这是儿童该有的手吗？这双手，和我们的手相比，连吴萌露(同学，非常瘦小)的手都显得“白白胖胖”的了。

鼠标再往下拉着，又是一幅幅的画面从眼前闪过，一幅幅震撼人的画面。数了数，共十四张。

不会吧？这么多？都是现实生活的写照哪！我忍不住要问一句：在我们吃饱穿暖，奢侈浪费的时候，他们又是怎么度过这一个个的黑夜的呢？为什么他们没有得到有力的帮助呢？

在夏天，我们穿着泳装在游泳池中快乐地游泳、玩耍、打水仗，夜里开着空调，在凉爽中度过时，他们呢？在烈日下苦苦地干活，夜里还要忍受蚊虫的叮咬；冬天，我们穿着温暖的棉衣、毛衣，夜晚捂着鸭绒被、毛毯安心地睡着，他们呢？白天都要抵御风寒，双手放在嘴巴前，不停地呵着气，却还是不能保持温暖，睡不好觉，牙齿不停地打冷战；在我们上街开开心心地购物，挑选各种名牌衣物时，他们却轮流穿着一件穿了几年的破棉衣；在我们身处饭店，奢侈地点着佳肴时，他们在那儿吃白菜泡饭……

设想，如果我们跟他们换一换，我们过他们过的日子，那又会怎样？我相信，那些平日里养尊处优的“小公主”、“小皇帝”肯定坚持不到一个星期就要晕过去了。那些平日坐在空调房里吹冷气的大人们恐怕也坚持不了多久。

但是，如果我们每人节约一块钱、两块钱，甚至更多的钱，那凝聚起来的将是多么庞大的数字，可以帮助多少贫困山区的人民！

诸葛评点：

观察很细致，描写很有序，但是最让我欣赏的是你的自问自答，充满了反省，充满了对弱势群体独有的关怀和爱！谢谢你的好文章，收藏了！

【资料链接】

1. 关于读书的格言：

读一书，增一智。

●不吃饭则饥，不读书则愚。

●不向前走，不知路远；不努力学习，不明白真理。

●树不修，长不直；人不学，没知识。

●用宝珠打扮自己，不如用知识充实自己。

2. 关于坚韧的名言

●强者容易坚强，正如弱者容易软弱。——爱默生[美]

●不害怕痛苦的人是坚强的，不害怕死亡的人更坚强。——迪亚娜夫人

●伟大人物最明显的标志，就是坚强的意志。[英国]

●自信与自靠是坚强的柱石[英国]

【你也试试】

1. 请你根据老师提供的图片也写一篇文章。

2. 到网络中选择一些图片进行观察，写一篇看图作文。

2.6 漫画作文:《高档装修》

【老师导言】

漫画是孩子们的最爱,是学生难得的精神大餐,是孩子们异想天开的媒介。孩子爱漫画的程度,是成人所无法理解的。漫画作文有其固有的特质:1. 漫画作文的"思辨性"。通过漫画为介质,通过作者对漫画愿意的揣摩,通过自己的再创作而形成的带有明显自我认识的痕迹。2. 漫画作文的"现实性"。漫画作文的题材本身是夸张的、想象的、扭曲的,甚至是匪夷所思违背常情的,但是在这样的一些特点的背后,更能体现常态生活中所存在的问题。3. 漫画作文的"趣味性"。漫画的形式是多样的,它不会是生活原型的照搬照抄,它来源于生活又高于生活。它通过"变式"来反映"常式"。4. 漫画作文的"丰富性"。漫画家敏锐的观察、细致的表现、超俗的思考,是对生活现象的归纳和总结,是一种艺术化的处理。教师利用漫画可以打开学生的思路,可以激发学生对类似生活的回忆,可以鼓励学生发现生活的美和不足,可以激活平时生活的积淀,进而迸发他们的创造力。因此他们可以发现生活的丰富的一面,也就有自己的题材可以写了。5. 漫画作文的"想象性"。漫画的创作本身是一种想象的结果。学生在看漫画的过程也就伴随着丰富的想象性,从而生发出对类似生活情景的回忆,记叙生活,表现生活,想象出一种"应该的生活状态"。

【写作重点】

1. 学会看漫画写作文的一般方法;理解漫画《高档装修》的寓意,知道社会上存在着一些因为装修而危害公共安全的现象。

2. 让学生在想象中感受到作文的快乐,感受到漫画作文的魅力,更加热爱作文,会主动学习写漫画作文。

【教学过程】

1. 教师利用网络中的漫画《高档装修》,引题:

仔细看图,说说这幅漫画上画了些什么?

(一栋在颤抖的楼房、两个老人、一句对话)

2. 细致观察明图意

(1)说一说:这幅图反映的是一个怎样的生活片断?

(两个老人走到一栋正在装修的楼前。老奶奶问:老头子,是在拆房吗?老爷爷说:听说在高档装修)

(2)想一想:这个生活片断说明了什么?

(为了追求高档,进行大规模的装修。)

(为了个人的享受,不管周边的居民生活。)

(为了自己的舒服,不管装修应该注意的安全。)

3. 指导学生大胆、合理想象。

我们看到的画面是静止的,因此也是简单、肤浅的。只有指导学生结合自己的切身实际,合理想象,才能使人物活动起来。引导学生想象发生的故事。以下是引导过程:

(1)谁来根据画面把漫画的故事说一说?

(意图:了解本图的意思,用自己的话说一说。明确基本的四要素。)

(2)这栋房子里会有哪些人?

(意图:开拓漫画内涵的开始,引导学生不囿于图片本身的内容,延伸思考画外的东西。)

学生由“高档”联想到楼内不是一般的城市居民,大致分为两类:一是城市富有的老板和高级知识分子;一类是管理阶层。

(3)为什么整栋楼都在搞高档装修呢?

(意图:引导学生发现故事矛盾冲突的点:故事展开必须借助一定的矛盾冲突,而这样的矛盾冲突必须建立在真实生活的基础上,虽然它允许一定的夸张和合理想象。)

学生总结出以下一些可能:

□高级知识分子的专用楼房,进行统一的高档装修。

□高级干部的家庭用房,进行高档装修。

□富人的专用楼房,在进行高档装修。

□不同人物在进行互相攀比,追求豪华的装修。

……

(4)那么,这样装修会造成怎样的影响呢?

(意图:进一步拓展思路,激发写作的欲望,表达各自的构思)。

□改变原来的房子的结构,造成楼房的垮塌。

□高档装修让整个居民楼的人不堪其扰,深受其苦。

□高档装修引起互相攀比,互不服气,邻里关系紧张。

……

(5)学生写作,教师巡回指导。

4. 教学反馈

(1)学生汇报自己的作文大意,教师、学生进行互相的启发和指点。

(2)学生在网络中修改自己的习作。

(3)网络中互相评价文章。要求：

□想象是否合情合理?

□是否紧扣漫画图片?

□道理是否深入浅出?

□是否幽默、文理通顺?

(4)教师选择一篇文章进行课堂评点。

(5)家长利用网络进行评价。

——是在拆房吗?

——不，听说是高档装修

【佳作展示】

《高档装修》

作者:浙江省龙游县西门小学五年级　周鹤峰

有一幢公寓,里面的房子装潢都是一样的。住在里面的有科长、处长、局长、市长和一位省长。

刚开始,大家和睦相处,是非常好的邻居。可是有一天,住在一楼的科长——许书额想:“我乃堂堂科长,怎能和你们这些无名小卒住同样的房子?不行!我要装修!!”于是,许书额从银行里取出5万元RMB,请来乡下的一个木工师傅开始装潢。顿时,整幢楼发出了“优美”的“乐曲”声,搞得左邻右舍是足足两个月鸡犬不宁。装潢OK了之后,许书额每天走路好像皇上登基似的,头抬得老高。处长、局长、市长和省长见了,问:“呦!你今天怎么了?头抬得这么高。”许书额说:“你跟我来!”处长、局长、市长和省长来到了他家中,许书额把墙上一排长长的开关一开,“吧吧吧吧”的几下,下打灯、暗藏灯……一亮,哇!真漂亮。

雷局长见了,想:“小小科长就那么牛,我可是他的上司,怎能让他牛过我?于是,雷局长和他的老婆大人经过了周密的计划后,取出了10万元RMB之后,还请了以前的老同学来设计。电钻声、电锯声……搞得左邻右舍是又是足足四个月鸡犬不宁。装潢OK了之后,雷局长每天走路好像驴子似的,头抬得老高。科长、处长、市长和省长见了,问:“呦!你今天怎么了?头抬得这么高。”雷处长说:“你跟我来!”科长、处长、市长和省长来到了他家中,雷局长把墙上一排长长的触摸开关一开,“嘭嘭嘭嘭”的几几下,下打灯、暗藏灯……一亮,哇噻!真辉煌。

周处长见了,想:“小小局长就那么牛,我可是他的上司,怎能让他比我还牛?于是,周处长和他的老婆经过了严密的计划后,取出了20万元RMB之后,还请了专门的设计师来设计。电钻声、电锯声……把该拆的拆了,不该拆的也拆了。搞得左邻右舍是又是足足六个月鸡犬不宁。装潢完毕了之后,周处长每天走路好像欢腾的马似的,头抬得老高。科长、局长、市长和省长见了,问:“呦!你今天怎么了?头抬得这么高。”周处长说:“你跟我来!”科长、局长、市长和省长来到了他家中,周局长把手一拍，墙里的声控开关一开，下打灯、暗藏灯……一亮，哇噻！真辉煌又时尚。

赵市长见了……

……

有一天，张老头和徐大娘上街溜达溜达，来到这幢果冻似的楼前。徐大娘问："这是在拆房吗？"张老头笑着说："听说这是高档装修！"

【评析鉴赏】

小学五年级的学生，能够写出这样的文章的确是难能可贵。

首先表现于构思的精巧。不同级别的人在相似的环境中要体现不同的级别意识，这也许是中国国情的一部分。作者能够以此构思全文，对社会现象有一定的针砭作用，引发人的思考；

第二，文章的细节描写让人佩服。具体见表格：

人物	装修金额	装修人员	装修时间	人物形象	惊叹语
科长	5万	乡下木工	2个月	像皇帝登基	啊，真漂亮
局长	10万	老同学设计	4个月	像骄傲的驴	哇噻！真辉煌
处长	20万	专业设计员	6个月	像欢腾的马	哇噻！真辉煌又时尚

第三，文章幽默的风格值得称道。诸如RMB是人民币的网络通假用法，"哇噻"是舶来语言，"果冻似的房子"的幽默比喻等，可以看出孩子在网络中学到的丰富的语言及本身的想象能力是超出一般孩子的。

第四，孩子自己对装修本身的一些知识是比较了解的。如"下打灯、暗藏灯"等。在课后问他怎么会知道这些专业术语，他说他家刚好在搞装修。这也难怪了！

最后，文章层层递进回环的结构也是特色之一。

【资料链接】

漫画作文教学可以在平时的教学中加以训练，利用网络进行漫画作文训练主要有这么一些好处：

1. 网络中漫画资源非常的丰富，教师可以在课前充分地拥有自己或学生喜欢的漫画。网络的无限性为课堂的广度和深度奠定了良好的基础，为学生的学习提供了良好的外部条件。

2. 学生可以根据自己的爱好来选择漫画进行作文。传统的课堂中，教师提供的教学素材是有限的，因此学生的选择也是有限的。而网络中在老师的指导下，可以让学生利用网络的搜索功能，让学生拥有自己喜欢的漫画，真正体现他们的主体性和主动性，真正体现"以人为本"的教学思想。

3. 网络环境下的互相评价功能可以得到充分的开展。评价一直是传统作文教学的难点。有了网络,互相的评价,师生的交互评价,家长的评价都可以很好的进行。传统的课堂时空的限制在这样的课堂中已经得到充分的扩展。评价也成了作文的乐趣之一。

当然我们还应该看到网络漫画作文教学还非常的幼稚,还有很多值得注意的地方,如如何指导学生选择漫画?如何克服网络所带来的负面影响?网络运用能力的不断提高等。

相信假以时日,网络漫画作文必将会更成熟,也相信会有更多的老师在这个领域中有自己的成功的经验进行推广,以修正和弥补目前教学的不足。

【你也试试】

你能根据老师的教学,也写写这样的漫画作文吗?

2.7 儿童小说:《“贼皮”逸事》

【老师导言】

有同学问我,你喜欢杨红樱的小说吗?我说喜欢。他又问,诸葛老师你能写出这么好玩的故事吗?我说不能,也能!他不理解了,呵呵,也难怪,因为这回答矛盾呀!于是我做了一番解释,我说,我自己不能,一来我是老师,很忙碌,二来自己对儿童小说不是很了解,只是看过一些,所以说我不能;但是我指导的学生能写,而且不会比杨红樱写得差到哪里去。那个学生很奇怪,诸葛老师不能写,他的学生竟然能写得比杨红樱好?其实一点也不吹牛,因为学生写儿童小说,有自己的生活圈子,有自己的生活情境,有他们的喜怒哀乐……这些都是成人作家所没有的。因此,学生能比过作家,一点也不奇怪。

这一讲,我们开始学习儿童小说的创作,并且完成第一集。

写儿童小说要注意什么呢?

根据老师的指导经验看,要注意以下几个方面:

1. 要设计好整个故事的框架。如《“贼皮”逸事》这篇小说,你准备将“贼皮”侯捷设计成为什么样一个人物,你心中要有一个总体的设计。我想,我们笔下的“贼皮”侯捷,不是流氓,也不是无赖,只是一个调皮捣蛋鬼,他或许不爱学习,或许会捉弄同学和老师,但是他还是一名学生,哪怕成绩不好。因此,我们在设计人物的时候,我们要有一个基本的方向,不能第一集写他是很差的,第五集又变成优秀学生了。

在我的学生中,有两位学生是这样设计的:

曾庆瑞同学把侯捷设计成为一个瘦黑调皮的人,成绩也不好,爱捉弄同学,不怕老师和妈妈,就是怕他爸爸。

叶尔钰同学则将侯捷设计成为一个相貌堂堂,戴着眼镜,成绩一流的捣蛋鬼。他的家庭是一个非常富裕家庭,妈妈宠爱他,有点怕老爸。

因此不同的构思都呈现我们一个不同的“贼皮”形象,没有什么高下之分。

2. 为主要人物设计一些主要的辅助人物。这些人物的设计不会比主人公侯捷的重要性差。因为既然是小说,故事情节的发展就需要有各种人物一起推动故事的发展,所以侯捷之外的人物设计也是非常重要的。这些人物的出现,才会有矛盾冲突,才会推进故事的发展,才会吸引读者的眼球。

如,严律这个人物的设计,就是直接推动故事的发展的。严律是侯捷的“天敌”,他们一个严肃,一个调皮;一个成绩稍差,一个成绩超好;一个严于律己,一个宽以待己……这些性格的差异,造成了之后一系列的矛盾冲突,因此故事就可以很好地展开了。

当然两边还应该设计一些更次要的人物,如严律这边的班长、副班长、学习委员,侯捷那边的一些讲义气或不讲义气的哥们。这样就有了“集团军”作战的背景,故事就更加丰富多彩了。

3. 注意设计故事的情节。有了人物,也有了相对鲜明的个性,然后就是情节的有趣、生动、幽默了。如何设计紧张、充满智慧、幽默生动的情节是故事成败的另一个重要的方面。这个设计,是体现大家创新能力的关键。因此是我们需要关注的重点。

第一集 “贼皮”成名

【写作重点】

1. 塑造出一个形象鲜明的侯捷。

2. 简单地介绍侯捷的特点,为以后故事的展开做准备。

【难点剖析】

1. 刻画侯捷的总体形象,需要有一定的概括能力。概括地介绍一个人,不需要方方面面地进行,而是抓住你着力刻画的重点进行,如外貌特点、家庭背景等。最忌讳的是眉毛胡子一把抓,不分重点,不得要领。

2. 侯捷特点的介绍要有概括性,例子不需要详细刻画,但是要能反应他的特点。

3. 故事的构思要新鲜,能抓住读者的心。这就需要大家花费很多的时间构思,培养自己的整体构思能力。

【佳作展示】

佳作一：侯捷成名

浙江省龙游西门小学四(4)班　曾庆瑞

“贼皮”，原名侯捷，爸妈原想让他成为侯爵一般的大人物，因为怀胎过短，只怀了七个月，没有演化完毕，像猴百分之九十九，只有百分之一像人。

这是他的体检报告单：

鼻子：狗的鼻子（谁买东西吃他肯定能闻见）；脑袋：猪的（一加一等于三）；手脚灵活：百分百像猴（颇像长臂猿）；听力：好，像兔子（专门听别人说他坏话）；嘴巴：像河马（好东西只要一口就能整个吞下）；脖子：像长颈鹿（拿来偷看答案）。概括起来：六不像。

他上课似乎头脑少了根筋，整天歪着个头，鼻涕简直可以用“飞流直下三千尺，疑是银河落九天”来形容，那头呆若木鸡，眼睛根本不会眨似的，反正约等于笨蛋；下课疯疯癫癫，和济公和尚差不多。

他在开学第一天介绍自己用了“三格二德”来概括：爱打架是我的风格，不做作业是我的性格，欺负同学是我的人格，乱丢垃圾是我的品德，见人就骂是我道德，谢谢！

不过经过三件小事，我逐步更新了这一“三格二德”的内涵：

第一句：“试卷乱填是我永远的象征，错别字连篇是我永恒的约定——这句格言更新于一次考试。

试卷发下，贼皮前面笔走龙蛇，他的答案是这样的：

1. 两个黄鹂鸣翠柳，（一寒白鹿上西天）2. 窗含西岭千秋雪，（门伯东无大翻船）3.（西边日出东边雨），本是无情却有情……

这些古诗句错字连篇，还编出些笑话来，这贼皮，梁山的军师——无用（吴用）啊！但他妈还是夸他：“你真聪明，想出这鬼东西，想找死吗？”贼妈是用来骂贼皮的，贼皮常听成表扬他，就到学校对大家说，引起大家的一阵哄笑。

第二句:“挨打见缝就躲,害怕从不哆嗦”——这句是试卷发下后更新的。

他拿着试卷回家,还没走出大门,就被项老师给拉回来了:“侯捷,我正找你,你敢溜之大吉,考不好我还没找你算账呢!你看人家高柴生一百分,看人家艾美丽九十八,就连真军子都考九十,你考了个鸭蛋,你就不脸红?”

“没关系,我妈说了,下次努力不就得了,你打也没用!如果换班还要连累隔壁的衡老师!”侯捷一副毫不恐惧的样子,神态自若。

老师气得哑口无言。在老师面前好应对,回家可就不好过了。侯妈一句话就应付了,侯爸面前可就难了。听侯爸的名字就威猛:侯大任!在侯捷撒娇时是叫“侯大人”,在打人时……不用说,当然是“侯打人”咯!

老爸听了成绩,拿起电话就甩,侯捷差点就玩完了。

最后一句:同学告老师算啥?我贼皮一个顶俩!——这句话是在愚人节更新的。

愚人节的那天,贼皮手痒痒,想捉弄捉弄人,于是在第一节课就开始实行计划。项老师走进教师,扫视全班,很好,于是发出上课指令:“上课!”

同学们齐唰唰地站起,贼皮又慢了半拍,不过把同桌的凳子移掉了。“坐下!”老师喊完口令,“啪——”又发出了屁股摔在地上的声音,同桌狼狈地站起来,摸摸屁股说:“坐在驴背上看书——走着瞧!我等下去告老师!”

贼皮就顺口溜出了这句“你告老师算啥?我贼皮一个顶俩!你告就是,老师对我没辙!”

同桌忍着痛,真是敢怒不敢告啊!

贼皮的行动有由来,贼皮这名字也有由来。

一次,贼皮值日,他想快点回家,就把垃圾倒在下水道里,被校长抓了个正着,一把就把他拎进办公室作检讨。

第二天他被校长拉到司令台上,顺口说出了:“好你个侯捷,竟然到学校捣乱,简直是个贼皮!”

从此以后,“贼皮”这名字就不胫而走了!

诸葛评析:

全文结构严谨,从概括介绍,到三个方面的介绍,最后以校长的话引出名字由来,环环相扣,紧扣题目。全文幽默生动,真是值得学习。希望再接再厉,写出更好的文章。

佳作二：侯捷成名

作者：浙江省龙游实验小学六年级　叶尔钰

这“贼皮”可不是一个人的名字，哪有人的名字是这样的？这“贼皮”可是5(2)班著名的“大”人物——调皮大王。

如果说他长得要是很顽皮的样子，黑不溜秋的，那可就真对得起他那调皮大王的称号了。可是偏偏贼皮侯捷长得文质彬彬，戴一副眼镜，身材标准，脸色白里透红，好像走在路上一不小心就会被星探挖掘走做明星的样子。走在街上的他经常被过往的行人看成好学生、帅小伙儿，正因为这个，年级里好多情窦初开的小女生都暗恋他。

要说贼皮的家境啊，可不是一般的好，那是相当的（读di）好！老爸是开公司的，分公司开遍全国的大多数地方（具体是什么公司我也忘了）。家中的几栋豪华别墅，随便侯捷住；零花钱随便侯捷用；电脑随便侯捷玩；电视随便侯捷看……要问他家里人为什么这么宠爱她，我来为你解决这个问题。他老爸32岁才有了这么一个宝贝儿子，还是独苗，再加上智商又高，家里人能不溺爱他吗？

平时老爸都不在家，老妈就随侯捷闹去、玩去——只要不出人命就好。而且零用钱总是一百一百地给，弄得侯捷经常要请那帮好哥们儿吃饭、送玩具。爸爸如果回来了，零用钱可不是一百一百地给，是几百几百地给。这才造成了贼皮“有事儿大家帮，帮好以后我给你们买东西吃”的习惯。

侯捷的捣蛋技术已经让全年级都知道了，可以说他是“超级大名人”。

在一堂全校公开课上，你看看吧，侯捷又在数学老师“娘娘李”（此为数学老师的外号，因为他太像女孩了，兰花指翘得可棒了）的课上捣乱了！老师说什么，他就接什么，弄得老师烦死了，又不愿意破坏在别的年轻女老师心中的形象，只得咽下这一口气。“娘娘李”用翘起兰花指的手一点侯捷，让他讲一道数学难题——三星级的。他本以为侯捷一定做不出来，借此批评批评侯捷，让他长点记性。可是让“娘娘李”没想到的是，侯捷微微思考，马上答了出来，并说出了5种做法分别是什么（这位老师是新来的，不知道侯捷的智商），这样令所有数学老师都满意的答案，却让李老师不得不转过身子去给同学们分析下一道题,因为他怕再纠缠下去丢了自己的脸面,更加吸引不到女老师们对自己的注意力。

要说侯捷的顽皮指数,这还是其中的二千分之一。侯捷特喜欢捉弄同学,特别是坐在他前面的苏刘雨——一个拥有一头飘逸长发且特别爱哭的女孩。侯捷最喜欢把她的头发悄悄地夹在自己的铅笔盒中,等到老师说下课的时候,那女同学感觉到自己的头发被夹住了,"哇"的一声哭了起来。老师连忙安慰她,一边安慰还一边警告侯捷不要再欺负女同学了。可依侯捷的脾气,他会善罢甘休吗?不会。这种整人方式不能用,那就换一种呗!说干就干,侯捷把粉笔磨成粉笔屑,悄悄地放进前面苏刘雨的铅笔盒中。等到苏刘雨啊打开铅笔盒时,又哭了。因为侯捷实在是太调皮了,所以班主任也没办法管这些事情。

侯捷不仅调皮,还很懒。有一次,他们班大扫除,侯捷被分配到倒垃圾。他心不甘情不愿:为什么要给他分配这么一个脏活?哼,他才不好好干呢!当他去倒垃圾时,从袋子里掏出五元钱,给了身旁的铁哥们儿"鱼头"饶云,让他帮自己倒垃圾。这本来也没什么大不了,可是这一切被校长看见了。校长很生气,后果很严重!

第二天,校长干脆连广播操也不让同学们做了。他站在主席台上,讲了 10 多分钟,向同学们述说了侯捷的种种"罪行"。本以为侯捷会羞愧得低下头,可是他还是站得笔直笔直的。校长看了,无奈地说了一句:"唉,侯捷,你真是个名副其实的贼皮!"

经过校长的这么"一宣传",侯捷顿时出了名,走在回家的路上,还看见有人一路上对他指指点点地说:"这就是'贼皮'侯捷!""不像!我感觉这个侯捷应该是长得很丑的样子!怎么他会这么帅!"一个女生在旁边说。

就这样,尽管侯捷过了几天"出名"的日子,按理说他应该感到惭愧吧,可是侯捷还是老样子,以捉弄老师同学为乐趣,他就是这样,老师同学又有什么办法治他呢?

【资料链接】

小说的三要素:人物形象、故事情节和环境描写。

人物形象:人物形象的核心是人物的思想性格,人物形象的描写方法有:肖像描写、语言描写、行动描写、心理描写、神态描写。人物描写的角度有正面描写和侧面描写。

故事情节:故事情节是指作品所描写的事件发展、演变的全过程,故事情节的结构:序幕－开端－发展－高潮－结局－尾声

环境描写:环境描写是指对人物活动的环境和事情发生的背景作描写。环境描写分为自然环境和社会环境。自然环境描写是指对人物活动的时间、地点、季节、气候及花草鸟虫的描写。社会环境描写是指对人物活动的具体背景,处所、氛围以及人际关系等作描写。

【你也试试】

请你按照老师的指导,构思一个和例文不一样的"贼皮"形象,并和父母讨论,最后写下来好吗?

2.8 活动作文:爱“赌”才会赢

【老师导言】

童年是五彩缤纷的,每一次活动都是童年的一个音符。把这些音符串联起来,就是一支童年的欢歌。学习的过程就是在“做中学”,“学中做”,教、学、做合一,符合每个人成长的身心发展特点。我们要通过活动发现问题,解决问题,获得经验,加深体验就能写出具有真情实感的文章。只要我们于活动中学,在活动中写,写出自己所做、所见、所感,很多活泼有趣的文章就会在我们的笔下流淌。

活动作文不再局限于几节作文课上,而是贯穿于整个学习、生活之中。叶圣陶先生说:“作文这种事离不开生活,生活充实到什么程度,才会做成什么文字。”可见,活动是我们学习作文的载体,是训练自己作文能力的有效途径。具体的实践类型有:

1. 社会活动:学生作为社会的人,首先要学会关注社会,了解社会和参与社会活动。比如四川大地震中,你的生活中发生了哪些事情?学校组织了什么活动?如果你关注了这些实践,无疑会有很多的题材可以值得我们去书写。

2. 学校活动:学校其实就是一个小型的社会,我们要关注学校的发展,关注学校的新鲜事物,关注学校的变化,可以帮助我们形成观察和思考的习惯,积累身边的素材,从而增强表现生活的能力。如读书活动、感动校园人物的评选、红歌会。业余体育活动挑战赛,如:一场足球赛、扳手腕、拔河、踢毽子、爬竿、百米决赛……这些事情多么值得我们去关注呀。

3. 情景活动:生活报告会、观点报告会、事例评点会、建议设想课等带有教师设计意图又和学生生活比较贴近的情景性活动,是教师联系社会和课堂进行作文活动的极佳的方法。

4. 思维创意活动:活动不一定就是肢体的活动,思维的创意活动更是激发作文欲望和动机的载体。童话续写、合作童话、儿童小说改编以及教师提供几个风马牛不相及的词语进行故事编写等,都可以很好地丰富作文训练的途径。

5. 单项训练活动:如说话课、观点课、辩论课、演讲课、异想天开课、笑话与幽默课等,单项训练表达、思辨、想象、语言等能力。

6. 创造性活动

“作文教学不仅要写实,还要写虚。”活动作文也要体现出创造性、创新性,让思维闪烁出智慧的创造的光芒,因此,创造性活动是很好的创作题材。如:吹气球

(羽毛)、逗笑、画鼻子、传话、组词成句、当模特、当小小设计师,包饺子、保护鸡蛋宝宝、走“七桥”、有趣的降落伞、树叶贴画、做张贺岁卡送给你等。

总之,活动作文的指导思想是“作文处处是生活,生活处处是作文”,生活和作文是紧密联系在一起的。

本次《爱“赌”才会赢》活动作文是立足于一次乒乓球比赛。我班有两位学生,一位叫蒋将,一位叫杨正宇,他俩是乒乓高手,水平也相差无几。

为了激发“斗志”,我首先让两位乒坛高手开展自我介绍,分别发表挑战宣言。然后让班里其他学生选择自己的“偶像”,选择自己的支持者。最后开展比赛活动,写出一篇作文。为了让活动更有趣一点,我设立了赌注:赢的一方写2000字的作文,输的一方写4000字的作文。有了这个“赌注”,不管是两位当事人,还是拉拉队员,都必须慎重地对待这次比赛,否则“后果”好严重哟,哈哈!我么当然什么也不用写,因为我是裁判,也是“烧火者”——让双方“斗”起来是我的主要职责!

在整个活动作文的过程中,作文的写作分四个部分进行:

1. 第一节课:两位选手发表挑战宣言,其他同学选择自己支持的一方;然后写好作文的第一部分:猜想和心理,猜猜谁会赢?自己的“赌注”下了,万一输了会怎样?

2. 第2节课:开展乒乓大赛

3. 第3~4节课:写好作文

4. 第5~6节课:评点作文

【写作重点】

1. 比赛活动要注意交代清楚事情的起因、经过、高潮、结果。

2. 注意材料的详略处理。如,一场五局三胜制比赛,最少也要比三局,那么如何处理好这三局的详略呢,这很重要。如果平均使用笔墨,就让人感觉拖沓了。

3. 注意写好人物的动作、神态、心理以及比赛过程的氛围。

【难点剖析】

1. 比赛的专业术语需要有一定的了解。尤其是乒乓球比赛,如果没有一定的术语,可能很难写好比赛的战术,而战术又是很重要的。不过,事后老师发现一些女同学很聪明,她们往往采用“扬长避短”的战术,以写人物的神态、心理代替写人物的技战术,很好地解决了自己对战术术语的“短”,把一次比赛写得如临其境。

2. 环境氛围的写作对于一次活动而言非常的重要,如何让环境氛围为竞赛活动添色,是需要注意的重点。

3. 详略的处理问题:如何处理几局比赛,让人物“活”起来又不显得拖沓,这对于语文水平高的学生而言不是什么难点,但是对于作文能力差一点的学生就要充分的注意,既不能平均使用笔墨,也不可一笔带过。

【佳作展示】

佳作一："乒"林也爱"赌"！

作者：浙江省龙游西门小学六(2)班　蒋将

今天，一场牵动整个六二班"乒"林的世纪之战即将拉开序幕。

所谓"乒"林，就是我们班的"乒乓社会"。参加这场巅峰对决的"乒"林高手，一位是风流倜傥、英俊潇洒、玉树临风，并且深得我们班女同学青睐又超级嚣张的杨正宇同志，自称"打遍天下无敌手"。另一个则是打球"诡计"多端、"阴险狡诈"，但在全校名望都很大的蒋将同志（就是我），在江湖上被称为"千年老鳖"。我们俩平时形影不离，是交情比无底洞还深一厘米的超级铁哥们，如今怎么会反目成仇呢？原来，是我们班语文老师——据说是诸葛亮第62代传人——诸葛建军，他可不是一般的"居心叵测"。今天上第一节作文课时，他决定让我和杨正宇来一场"乒"林的世纪之战，既让大家有东西写，又可以使我和杨正宇在同学面前闪闪锋芒。

光看也没意思，要玩就玩点刺激的。诸葛决定让我们做赌注，赌谁赢。放心放心，不是赌钱，而是赌写文章。赢的那一方，想写多少写多少。但输的那一方可就惨喽！少说也得写个4000字！还得绕操场跑三圈。诸葛就叫同学们投票，结果非常悬殊。19:3！有一小部分女同学们怕别人说闲话，则暂时保持中立。当然啦，我的人气暂时比较高啦！

这次比赛，由诸葛做主裁判，他决定用每局11球，三局两胜制。我拿出我的"神剑"——蝴蝶拍，做了一下拉的手势，然后舒展了一下筋骨，气势汹汹地走向球台。我的对手在那儿等候多时了，他以前老和我打球，我们俩总是不分胜负。今天我心情好，我可能就赢了；明天他手感好，他就胜了。所以，鹿死谁手，谁心里也没底。

出乎我意料的是，杨正宇的人气一下子比我高了。我往他的拉拉队那儿扫了一眼，所有的女同学都站在他那边。原来诸葛宣布：要么帮蒋将，要么帮杨正宇，不准中立。可杨正宇的魅力太高了,我无法与之相匹敌。所以大部分女同学都站到了他一边,剩下的就随大流了。我又扫了扫我的拉拉队,全都是男同胞,班长也在。看到我的支持者们那一双双期盼而又坚定的眼神,我眉毛一竖:拼了!

杨正宇拿起他的“宝刀”——红双喜四星级球拍,将抛起来的球一个反削,球就“悬头悬脑”地向我飞来,我不甘示弱,用“神剑”一个反切,借力打力,让球转得更快了。杨正宇却以为时机已经成熟,将下唇猛地一咬,发出一声低沉吼叫,便抡起球拍猛地一拉,不料,“铛”的一声,球撞到了铁网上。

“嗯——正宇,争气点啦!”他的拉拉队传来了一片嘘声,女同学基本都这样。

杨正宇没有泄气。只见他倒吸一口气,又发了一个削球。我刚刚赢了一球,有点点骄傲了,便轻轻地一切,结果太轻了,铛的一声,也撞在了网上。

“蒋将,不要心急,慢慢来。”我的拉拉队并没有像杨正宇的拉拉队那样一片嘘声。

我调整好心态,做了一次深呼吸,用力将球一打,发了一个冲击球。杨正宇以为是旋球,仍然将球一削,不出我所料,出界了。

第一局毫无悬念地结束了,我十一比八获胜了。我们来不及休息,第二局比赛又开始了。

由于第一局的胜利,我开始有点骄傲了。结果,第二局就败倒在了杨正宇的球拍下。由于诸葛偏心杨正宇,见他手感来了,便又临时做出了决定:“好,现在两位的手感来了,我们就搞五局三胜制。”

诸葛见情势不对,马上说道:“你们应该放开来打,不要计较比分。”这句话明摆着是引我跳海(出界),想叫我多拉几球,多扣几球,也多失误几球。

我当时对自己很失望,因为我竟然中计了!跳海了一个球。诸葛见了,笑着说:“对啦,早就该这么打了!”

“可恶啊——对,不能心急……平常心,平常心……”我心里这样想着,又做了一次深呼吸。

果然,情况好转了。而且我愈战愈勇,一个劲地拼命反推,中途还发起心理战,说我自己肯定打不过杨正宇。但我的比分又越来越高,搞得杨正宇心理上也一步步垮下去了。第三局我又漂亮地打了一个翻身仗。这下大比分是二比一了,我手感又来了,杨正宇也快垮了,他获胜的几率已经很小了。我见杨正宇有点泄气了,我们又是好朋友、好哥们儿。这样乘人之危太没义气了,就暗示杨正宇:“平常心,平常心……”

可在决战时是不能仁慈的,我依然猛烈地进攻着。诸葛也许见自己可能要失策了(我估计他本来是认为杨正宇会赢的),拼命帮杨正宇做动作指导和心理开导。但在我“糖衣炮弹”一样的语言攻击和排山倒海的攻势下,杨正宇还是被逼得节节败退。但诸葛的这些指导总算有点用处，让杨正宇的自信气焰又烧了起来。终于，杨正宇和我打到了九比十……

我发了一个旋球，杨正宇听了诸葛的话，不敢贸然拉球，便将球抬了一下，结果正好打到我反手。我乘机往快速角落一挡，啪！杨正宇又输了一球。

“耶——耶——耶——”一队都是男同胞的拉拉队齐涌到胜利者面前，围住胜利者，欢呼声一片。此时的我虽然没看见杨正宇，但我能推测出他现在的表情、动作、语言。

看到我把杨正宇杀败了，诸葛便要和我来一局，可能是想让我知道我不过这么点水平，不要骄傲。结果不知是我手感好还是诸葛运气差，老师也被干掉了。

最后，诸葛让我、杨正宇、班长几位同学分别发表了自己的感想。讲感想时杨正宇和另外几个女同学哭了，我能理解。而且我也知道，杨正宇是不会这么容易被打跨的！

还有，我要告诉那些赌输的同学们，我这次虽然用了一点“糖衣炮弹”和一丁点儿小“阴招”，可我也是有实力的，我赢不是靠运气。不是有一句名言吗？“幸运总是降临在有准备的人身上”，放心吧，下次我会完全凭实力干掉杨正宇和所有对手的！

诸葛评语：

好牛呀！说实在的，这样的学习才是真正的学习，可惜我们的学习生活太单调了！如果大家能够像你一样自觉地学习，我们可以天天都打乒乓球，而且成绩也不会差到哪里去。精品之作，我收藏了！

佳作二：喋血双雄

作者：浙江省龙游西门小学六(2)班 杨正宇

因为杨正宇在这次竞赛中是失利的一方，按照事前的“赌注”是要写4000字的作文的。杨正宇同学没有食言，超额完成任务，写了4500字的作文，这儿不再引用，请登录杨正宇同学的博客：http://blog.163.com/924490850/

佳作三：乒林大赛现场直播

作者：浙江省龙游西门小学六(2)班　余思媛

(一)猜吧猜吧，不是罪

"电视机前的观众朋友们！欢迎收看本次由西门小学倾情打造的节目《猜吧猜吧！不是罪》，我是主持人小苹。这次节目绝对是精彩绝伦啊！我要是观众，绝对不换台，换台？不可能！呀！谁扔香蕉皮！"

小苹正在台上"废寝忘食"地说着，观众忍不住扔了香蕉皮上去，结果一发不可收拾，舞台化身菜市场。

"我……我错了！切入正题！一边是"吃喝玩乐"样样稀松，但风流不倜傥，酷似刘德华的表弟马德华(六小龄童版《西游记》中猪八戒扮演者)的邻居的三姑的二大爷的儿子的叔叔的孙子'黑风双煞'之一——杨氏之子——杨正宇！"一阵如雷的掌声+花痴们的河东狮吼响起。

"摄像大叔，镜头切这边，谢谢。还有一位。他是英俊潇洒，常身着一袭黑衣的人称'黑面郎君'的蒋府大公子——蒋将！两大人物聚首，会产生多少分的化学反应呢？这场乒乓大战的冠军宝座又是属于谁的呢？赌一赌吧！支持杨少爷的站右边！支持蒋公子的站左边！输了有惩罚哦！一二三开选！"一声令下，马上站好队，蒋方大多为男士，杨方均为女士，"接下来，由室外主持人小果为您播报战况！先进一段广告，马上回来！"

(二)战况直击

"欢迎回来！这里烽火点起，要开战了！对了，我是主持人小果。"

先出场的是蒋公子！他身后跟着一群人，边走边喊着口号，那真是气势十足啊："蒋将麻将辣椒酱，蒋将蒋将你最棒！"

杨正宇也带着他的"粉丝团"从遥远的"法国巴黎"赶来！杨少爷在"万女丛"中"一枝独秀"。他们也带着口号来的："正气凛然，宇宙无敌！"

两方站在战场上，怒目相视。

"本次节目的裁判是六(2)班英俊潇洒，玉树临风，神似诸葛亮表哥——申公豹的——诸葛建军同志!"

话不多说,比赛开始!

两位站在球台旁,杨正宇先发球,球一会儿飞过去了,又飞过来了,没的飞了!球撞上了网,蒋将得一分!

"杨正宇!心静啊!专心想比赛!"啦啦队在一旁气愤地叫着。

可蒋将的后援会却开心地喊:"蒋将必胜!蒋将必胜!"

一个个球从我们眼前"飘过",第一局,蒋将赢了。杨正宇的拉拉队像泄了气的皮球,但"蒋粉"(蒋将的粉丝的昵称)却激动得想上去抱蒋将。

第二局,杨正宇状态好多了,一开始,就给了对方一个下马威,4:0领先!"羊群"(杨正宇粉丝的昵称)们开心疯了。

9:7了!最后赢两球就赢了!可比分在一步一步追平,10:9了!双方的啦啦队屏息凝视。

"乒——乓——乒——咣——"

"啊呀!"

"耶!杨正宇!必胜!杨正宇!必胜!"杨正宇胜。

第三局,蒋将又胜了。

"同学们,精彩时刻到了!谁胜谁负,即将揭晓!"

由于种种原因,记者小果没拍到第四局,所以不介绍了。想介绍也没力了。(因没拍到,所以被群殴了)

蒋将胜出!杨正宇哭了,在哭中反思。部分"羊群"也流下了泪水。

失败感言:"我太急了,太计较分数高低,打到后面越打越乱。"

获奖感言:"我很高兴我赢了,可我知道这只是我手感来了,其实我们的球技是差不多的。"

班长感言:"我是支持蒋将的,中间又想支持杨正宇,不过还好没去。"

主持人感言:"被揍,不舒服啊!千万别惹那群恐龙……呸呸呸,美女、美女,嘿嘿……"

(三)尾声

"好了,同学们!本期节目到此就结束了,敬请收看下一期节目!"

败方:"下次我一定要把宝座抢回来!蒋将!等着吧!"

胜方:"我等着你们!来挑战吧!"

导演:"卡!收工!"

【资料链接】

活动作文的写作要注意以下几点:

1. 交代清楚时间、地点、哪些人开展了一次什么样的活动,可适当写一下自己的心情。

2. 要安排好作文的层次,常用的方法有:

a. 按活动的先后顺序安排层次段落。

b. 按空间和场面或角度的转换安排层次段落。

c. 按感情发展阶段或不同的感受安排层次段落。

d. 按意思的递进,由浅入深地安排层次段落。

3. 要给活动确定一个中心意思。

一个活动自然可以确定不同的中心意思,这要根据活动内容和自己掌握的材料以及自己的感受,加以分析、考虑,从众多的现象中找到自己印象最深刻的问题,把自己的思考和感受展示给读者。

4. 写活动也要注意详略得当,内容的衔接、过渡和语言的准确生动。活动的内容要丰富多彩,但不必面面俱到,什么都写,要注意把握重点,突出主要内容。

【你也试试】

请你组织一次以班级为单位的活动,要富有挑战性,将这件事情按照一定的层次写出来,注意写好事情的过程,处理好详略,写出趣味。可以用新颖的形式加以表现,如佳作三中现场直播的形式就很好,大家不妨模仿着写。

2.9　童话创作:小绵羊历险记

【老师导言】

小绵羊往往是"弱小"的代名词,那么这么弱小的小绵羊为什么会去历险呢?他究竟如何历险呢?在历险过程中会经历一些什么呢?历险让他有什么收获呢?看了文章的题目,你一定会在脑海里浮现出这么一些问题。对呀,你的问题就是你构思文章的一个起点。有了这些起点,你的文章就会有一个思考的方向。写好这样的文章,老师觉得有丰富的想象是很重要的。童话要写出"儿童的话"——五彩缤纷、烂漫天真、天马行空都不足为奇。你有怎样的想象力,尽可能地发挥出来,那么你将带给大家一个新奇的世界。

童话创作,要有生活的气息,所以呀,老师提醒一点,那就是小绵羊要生活在一个具体的生活环境中,要注意写好他的朋友、亲人,注意写好他生活的自然环境和社会环境,写出小绵羊的喜怒哀乐,这样的话,童话就好读、好玩,也会给人以教益了。

【写作重点】

1. 丰富的想象是童话创作的重点。根据老师提供给你的题目,你想到些什么,然后根据这些展开进一步的想象。可以舍弃一些大家都会想到的,抓住自己构思时候独特的想法展开。

2. 要有一个中心。中心就是你想要表达的主要意思。一篇文章呈现给读者时,读者会有各种各样的理解,也就是我们通常讲的"一千个读者眼里就会有一千个哈姆雷特"。作为创作者而言,你可以在文章的中心方面留给读者想象的空间,但是你构思的出发点必须有一个明确的中心。如:敬畏生命——小绵羊的历险是可笑的,他没有敬畏生命,没有珍惜爸爸妈妈给他的生命;敢于独立——被保护惯了的绵羊通过自己的历险,明白独立让自己获得了更为广阔的生命空间……总之,中心不同,你的构思就会不同;中心的境界越高,你的文章就会有更为精彩的故事。

【难点剖析】

这篇文章要写好,提炼中心是难点之一。中心一定要在构思阶段就想清楚,否则脚踩西瓜皮,写到哪里算哪里的话,文章往往会支离破碎。

另外一个难点就是大家都容易发生的毛病:你写的别人也会这样写。如写小绵羊离家出走,经历一些艰难曲折,最后长大成人,变得懂事了。这样的构思往往比较俗气,不易出新。

如果能在这两个方面注意了，也许你写的文章就不错了。

【佳段评析】

（节选浙江省龙游西门小学四(4)班池佳俊同学的《蛋蛋的历险》）

路上，蛋蛋唱着歌“雄赳赳，气昂昂，我是个快乐的小蛋蛋……”

“小子，皮都没有长厚，就来玩了？”一只大灰狼不知从哪儿冒了出来，张开血盆大口，一步一步地朝蛋蛋逼近。

“你这个黑乎乎的烧排骨，干嘛挡住我的去路，快给本帅哥让路！”蛋蛋目不斜视昂首挺胸地向前走去。

“哎呦呦！没想到，你这个毛绒球胆子倒不小，挺嚣张的。不过，遇上我，就是本事再大，口气再嚣张，也别想逃过我的手掌心。”大灰狼说完，想都没想就扑了上去。

幸亏蛋蛋这会儿反应比较快，大灰狼扑了一个空。“你是谁，报上名来。竟然敢吃这位世界上‘绝无仅有’的大帅哥的肉，不要命啦！”蛋蛋边说，边哈哈大笑，“啊哈哈！啊哈哈……”

“我——就是赫赫有名大灰狼！”大灰狼差点晕了过去，因为，他还从来没听说过有那只小羊不知道大灰狼的，“哎呦！”大灰狼向蛋蛋扑去，却掉到了一个“刺刺洞”（就是里面全是刺）原来啊，是机敏的小松鼠设的陷阱。没想到松鼠的一个义举救了蛋蛋的一条小命。

诸葛评析：

这段描写是写小绵羊遇到大灰狼的经过。值得学习的是生活细节的设计，如蛋蛋唱歌的设计就让我们眼前的蛋蛋是一个多么阳光而勇敢。另外人物的语言也很活泼，如“你这个黑乎乎的烧排骨，干嘛挡住我的去路，快给本帅哥让路！”、“哎呦呦！没想到，你这个毛绒球胆子倒不小，挺嚣张的。不过，遇上我，就是本事再大，口气再嚣张，也别想逃过我的手掌心。”等，给人留下深刻印象。有了这么好的语言描写，所以人物形象就丰满了，故事也生动了。

【佳作评析】

佳作一：蛋蛋历险记

作者：浙江省龙游西门小学六(5)班 唐尧

“哇！”一声哭声划破了深蓝色的天空，连月亮都被这突如其来的哭声吓呆了。

“大爷！大爷！夫人生了！”接生羊高高兴兴地来到了接生房外。

“太好了！我当爸爸喽！对了，是男的还是女的？”羊爸爸十分兴奋，马上问接生羊。

“分不出来……”接生羊的表情又换了一个。

“好，这是报喜钱，你可以走了。”羊爸爸迫不及待地塞给接生羊钱，然后又迫不及待地冲向产房。

“不能进去的！”接生羊连忙制止，可是已经晚了，羊爸爸已经冲进了产房，只见婴儿床上躺着一个“肉球”。

接生羊叹着气，说：“这就是分辨不出男女的原因。”

过了几分钟，绵羊一家又来了几个医生，为啥呢？医治羊爸爸的急性休克呗！

> **诸葛点评：**作者丰富的想象来源于生活中孩子出生的场景，人物的形象栩栩如生，生活的细节好像是真的发生过一样。当然语言幽默生动，想象奇特让文章一开始就抓住了读者的心。

羊妈妈十分迷信，别人都说给小孩取名字一定要和心愿相反，这样才会显灵。于是，他们就给这只小绵羊取了一个名子，叫蛋蛋。因为蛋不都是圆的吗？越圆就越胖呗！

蛋蛋明知道自己很胖，但他不想减肥，他说了名羊名言：“如果你减肥了，就是承认自己很胖。”蛋蛋是一只自信的羊，所以他一直没有减肥。

> **诸葛点评：**蛋蛋和妈妈的观点都很有趣，这很有创意哦！

终于,蛋蛋上学了。由于体型的缘故,蛋蛋的体育一直不理想。跑一百米可以打破森林纪录,虽然是最慢纪录。

一天,老师给大家上了一课,叫做《胆小的绵羊》,里面的绵羊因为胆小被吃了。小松鼠嘲笑蛋蛋,说:"你们绵羊怎么这么的没用啊!这么胆小,最后还被吃了,我们动物家族怎么会有这种软蛋啊?"

小鹿说:"蛋蛋,如果你遇到坏蛋,你就找我,我一定会用我的后腿踹扁他!"

蛋蛋终于受不了这种嘲笑了,他想:"哼!你们都瞧不起我,都说我没用,我要去冒险,让你们看看我的厉害,小松鼠、小鹿……到时候我才不帮你们签名嘞!"

诸葛点评:这是蛋蛋要冒险的客观原因,生活化的语言让故事很可读。

于是,蛋蛋回到家,带上自己最喜欢的奥特曼手枪,带上喜羊羊的水壶,给爸爸妈妈留了一封信,唱着欢快的歌:"啦啦啦!啦啦啦!我是勇敢的小蛋蛋……"

森林时不时地传出猛兽的叫声。小蛋蛋的脚开始发抖,唱歌的声音也越来越小。森林一片葱郁,一眼看去,全部都是绿色。森林的空气十分新鲜,松脂的幽香扑鼻而来。啊!一切都是这么的美妙!

可怜的小蛋蛋,刚刚进入森林就遇到了大灰狼。那时候,他还不知道大灰狼是啥东东嘞。大灰狼看见这只肥肥的小绵羊,口水流了下来,他张大嘴巴,只见他的舌头上放着一个小牌子,上面写着:欢迎光临!

当蛋蛋路过草丛的时候,狼跳了出来,说:"站住!"

蛋蛋回过神,说:"你是谁,给我小蛋蛋让开,不然的话我变身打扁你!"

大灰狼听了小蛋蛋的这一番话,笑得前仰后合,手舞足蹈,跳起了他吃羊前习惯跳的桑巴舞:"你!揍扁我?嘎嘎嘎!"这大灰狼的笑声十分奇特,不像狼笑,倒是挺像鸭子叫的。

小蛋蛋说:"虽然我很胖,但我还可以看到我的脚,你不至于笑成这样吧!这可是有损我的尊严的!"

这只狼笑得更欢了,什么样的笑声都来了:"吱吱吱!呵呵呵!嘎嘎嘎!嘻嘻嘻!"

大灰狼边笑边把自己的血盆大口靠近小蛋蛋——小蛋蛋危在旦夕。

小蛋蛋一个回头,大灰狼也马上闭上了他的血盆大口。小蛋蛋问大灰狼:"对了,跟你说了这么久,还不知道你叫啥嘞,你叫啥呀?"

大灰狼笑着说:"我叫什么你都不知道,哼!我可是宇宙超级无敌天下第一的……的……对了,我叫啥来着?哦!对了,我叫做山羊!不对!不对!我叫做大灰狼!"看来,这只大灰狼有严重的健忘症。

小蛋蛋挥挥手,说:"好的好的,我叫蛋蛋。大灰狼先生你好,为了不耽误时间,我们就 Goodbye 了！”

大灰狼露出了本性，说：“这里是你想来就来，想走就走的地方吗？你今天就有来无回了！看我的无敌大钢牙！”于是，大灰狼张开嘴巴，正要咬去……

就在这千钧一发的时刻，头上的苹果树上的一个大苹果塞进了大灰狼的嘴巴里。这个苹果还真够 big 的，把大灰狼的嘴巴完完整整地塞住了，大灰狼吞不下去，又拿不出来，在那里折腾，小蛋蛋就趁着大灰狼拿苹果的时间，一溜烟，嘿！跑了！

小蛋蛋跑得气喘吁吁，差点没有一头栽在地上了，没办法，谁叫小蛋蛋的体育这么的差嘞！

小蛋蛋的运气就是这么差，还没有休息够，又遇见了一个狠角色。这次啊！比大灰狼还要厉害，他是谁啊？他就是万兽之王——老虎！

俗话说：老虎的屁股摸不得！可是，小蛋蛋就是要往枪口上撞。其实，他也不是有意要去摸的，他是想休息，就随手找一个东西靠一下，谁知到会碰上老虎呢？

老虎一跃而起，大叫：“是谁对我这么不礼貌！大家可不能学那个林嘉祥那家伙，我可不会‘算个屁’！虽然我不是森林政府派来的！’”

> **诸葛：**看来作者很关心网络中报道的事件。林嘉祥是深圳海关的一名官员，猥亵女孩被曝光。有关故事请到网络中搜索了解。

老虎向四周看了看，看到了小蛋蛋，就指着小蛋蛋说：“是不是你？你这么小怎么能学那个什么林嘉祥的呢！你要懂礼貌……（以下省略一千字）”

好不容易等到老虎说完，小蛋蛋开口了：“你是谁啊？是不是退休的老师啊？口才这么好，可以和诸葛老师比比！”

> **诸葛：**哈哈，作者在损我哪，真是胆大包天了。

老虎呵呵一笑，把头凑过去，指着头上的“王”字对小蛋蛋说：“我是谁？你看看我头上的字不就晓得了呗！”

小蛋蛋把头凑过去看了看，说：“这不是‘土’吗？你是不是土包子啊？你叫土包子吗？这个名字好！容易记住！”

老虎恼羞成怒，但是，他不想发火，因为他想玩玩这只小绵羊，他口中念着《武林外传》中郭芙蓉的经典台词：“世界如此美妙，我却如此暴躁，这样不好，不好！”于是，他——平息了怒火。

> **诸葛：**顺手拈来，都是幽默的元素。作文要写到幽默的层次着实有点难了，因此我觉得会写作的人，都是一个对生活关注的人，是一个有心的人。

老虎面带微笑地对小蛋蛋说:“小绵羊,你叫什么来着?”

小蛋蛋自豪地说:“我叫做小蛋蛋,小是小蛋蛋的小,两个蛋都是小蛋蛋的蛋!”

老虎哼了一声:“不都是从唐尧那里学来的啊!真是没有水准!”(注:唐尧就是本小编。)

老虎再次微笑着说:“现在我可以回答你的问题了,本王叫做老虎!遇见我,你实在是没有运气了!死在本王的口下你还是很幸运的!”于是老虎张大嘴巴准备咬下去。

可是,老虎还没有咬下去,小蛋蛋已经急性休克了(他爸遗传的)。老虎推推小蛋蛋,以为小蛋蛋死了,说:“太可惜了,死了就不好吃了。”于是扬长而去。

> **诸葛:** 对小蛋蛋的脱险,两次处理方式不同,效果很好。如果处理成都是别人救了它,就单调了。

过了一会儿,小蛋蛋终于醒了,心想:“这个世界真是恐怖,有大灰狼,有老虎,不行了,尿裤子了,我要回去!”然后就飞一般地原路返回。

到了家,小蛋蛋想:还是家里最安全呀!有爸爸妈妈照顾我,多舒服。

小蛋蛋的爸爸妈妈把小蛋蛋送上床后,转过身,对本小编说:“你怎么能安排我们家蛋蛋去这么危险的地方呢?看来要惩罚惩罚你!还有误人的教唆者诸葛老师!”

之后就是少儿不宜的暴力镜头。

> **诸葛:** 结尾也没有呈现什么教条性的哲理、道理等,戛然而止,未尝不可。故事的有趣呈现,让别人愿意读,这很重要,小作者做到了。作为日常的写作,已经很难能可贵了,收藏了!谢谢你的佳作!

佳作二：小绵羊历险记

作者：浙江省龙游西门小学五(4)班　王亦奇

“这一道题目么？”课堂上，长颈鹿教授正在为小动物们分析试卷，“弱小的代名词是什么，谁做错了？站起来！”教室寂静，在长颈鹿老师的那副超高度眼镜里，没有看到一个人起立。

“老师！蛋蛋，蛋蛋错了！”小白马指着坐在身旁的一只小绵羊——他就是蛋蛋，头圆圆滚滚，像个球儿，可身子却瘦不啦叽，真可说是“头重脚轻根底浅”。

“哦？蛋蛋？自个儿的名字都写不来？”长颈鹿老师笑了笑，说。

下课了，同学们都围在蛋蛋的桌前：“蛋蛋，蛋蛋！绵羊是弱小的代名词，这你可要记住哦！”

“蛋蛋！你怎么连自己祖先的名儿都记不住？想改变自己弱小的命运？”

“笨蛋蛋，傻蛋蛋……”

蛋蛋被惹恼了，一边抽泣着，一边抬起头威胁：“你们……你，我……我去告诉老师！”

“告老师？嗨——可真是弱小啊！动不动就打小报告！”班长也来凑热闹。

哼！凭什么嘛，就凭那啥代名词？我倒是要让他们看看，我这只那啥（弱小）的小绵羊也能干出点事情来！

于是，下定了决心之后，蛋蛋既没告诉同学，也没告诉爸爸妈妈，带上自己的装着草的小背篓和弹子弹弓，神气地出发了。

经过一天一夜的长途跋涉，小蛋蛋已经离自己的家很远了。可这里毕竟人生地不熟，小蛋蛋一撞就撞进了高档次的马戏团。在这里，丹顶鹤团长正因为演员生病的事发愁呢——表演跳火圈的小山羊生病，发高烧。可这一次座位全满了，县长还来观看，就是冲着这表演来的，总不能说推迟就推迟吧？

蛋蛋走进门，看到张灯结彩的座位和各个角落，感到非常好奇——这……这是哪儿呀？可真漂亮！哈哈，终于有一件能炫耀炫耀给同学们看的事情了！

当蛋蛋的身影进入了助手鸽子小姐的视线范围内时，近视的鸽子小姐大喊：

"瞧瞧,瞧瞧!那不是小山羊吗!怎么,负着重病来工作?鸽某感动,鸽某感动,鸽某感动万分哪!"

丹顶鹤团长可不是老花眼,三两下就能分辨出。她仔细打量着蛋蛋,点了点头:"嗯——人才,人才!乃天下第一人才!"

对于"人才"二字,蛋蛋感到茫然:人才?熟人说我笨蛋,生人说我人才?嗨,不管我是笨蛋还是人才,这个人——才的便宜,不沾白不沾嘛!

"呵呵,既然你说我人才么,我就帮你忙!"蛋蛋爽快地答应了,其实丹顶鹤团长也没有提出要求。

"帮我忙?哦?不愧是人才,我不言'难',知我有难哪!"丹顶鹤团长的这一招叫"鼓励法",是她那本三十七计中的一计,对谁都有用。

于是,丹顶鹤团长把团里的急心事给一五一十的说了出来。还求蛋蛋帮帮这个忙,来冒充一会儿小山羊,然后又请辅导老师把跳火圈的诀窍都告诉给了蛋蛋。

此时,离蛋蛋平生的第一次演出就差几分钟了……

真紧张啊!蛋蛋在考试时都没有这么紧张过。蛋蛋活了2岁也没有一次上过舞台,更何况是县长在观看。这要是出了差错,丢了脸,自己的面子,自己爸爸妈妈的面子往哪儿搁?可若是成功了……

不仅蛋蛋紧张,丹顶鹤团长以及助手、播音员都紧张,以至于蛋蛋的节目开始时忘了说出节目的名称。

跳火圈的节目开始了,蛋蛋已经做好了热身运动,尽管在学校里自己的体育成绩不好,成功的可能性很小,可小蛋蛋还是信心十足。

"现在,蛋蛋小朋友的表演正式开始!"播音员小姐的声音不够大,特别是"正式开始"四个字。

表演已经开始了,小蛋蛋老早就做好了充分的准备,向前飞快地跑了十来米之后,对准火圈,用力地向上一蹦——蛋蛋钻进去了!当他听见周围的掌声时,明白自己成功了。于是习惯性地做了一个动作:双手和双脚分开,在空中猛地一"蹬":"哦耶!"

可是,这一蹦,可蹦得不得了,原来蛋蛋已经离地面只有三十英寸了,可这一蹦,却将小蛋蛋又蹦高了三英尺,软软的绒毛碰触了燃烧的火焰……

"不好!"丹顶鹤团长大喝一声,早已握在手心的远距离灭火器起到了作用——唰哗!唰哗!唰哗……

怎么办?怎么办?表演失败了!全场一片惊讶,有的人甚至站了起来……

多亏播音员小姐有对付失败的经验,在后边儿补了一句:"让我们赞叹蛋蛋小朋友的勇气,让我们了解到森林火灾是多么的可怕!"

"哇塞!Cool!""棒极了,简直出乎意料!""蛋蛋!我是……"

“哦……谢谢,谢谢……”蛋蛋的脸上马上挤出了一丝笑容!——多绅士呀!

“丹顶鹤团长,请在这儿签上您的大名!”在分别之时,蛋蛋提了最后一个要求。

就在告别了丹顶鹤团长和马戏团的人员之后,蛋蛋垂头丧气地想:连跳火圈的事情都做不好,难怪长颈鹿老师和同学们会笑我是傻蛋,大笨蛋,真是“傻有余辜”!他不知不觉就离开了水泥浇的大路,走进了茂密的森林……

“空山不见人,但闻人语响。返景入深林,复照青苔上。”森林异常繁茂,幽静的林里没有一个人的影子,却听见喧哗声隐约闪现在树丛中。一抹夕阳映入了深林。从树叶缝隙中钻过的余晖映照在了青青的苔藓上。蛋蛋忽然从脑袋里闪现出一首诗:看来,学诗,也要有情景呀!蛋蛋高兴地点点头。

在这个森林里,住着一只凶恶的狼和一只狈,狈天天骑在狼的身上,与它相依为命。狼,身手敏捷;狈,油嘴滑舌。这两个家伙联合起来可不好对付,可倒霉的是,蛋蛋偏就遇上了他们。

望着一动一动的羊角,狈轻声说道:“嗨,兄弟,再高点,我似乎闻到了羊肉串的味道!”狼、狈正躲在灌木丛里。狈是专门负责侦察的,他眼力好。

“哎,不对。这分明是烤全羊嘛!”狼从灌木丛底下露出脑袋,抖抖肩,让狈看。

他们两人瞄准的什么羊肉串呀,烤全羊呀,就是小蛋蛋。

“停停停停停停,停!”狼、狈两人嗖的一声跳出了灌木丛,正挡在蛋蛋的前面。准确地说,应该是狼跳了出来。

“这里可是狼爷爷和狈公公的地盘,想要过去——留下买路钱!”狈,一手拦住蛋蛋,另一只手伸到蛋蛋的跟前。

“钱?”望着这两个天外来客,蛋蛋知道,面前的两个家伙就是“狼狈为奸”里边的狼和狈,倒一点儿也不着急,慢悠悠地说,“别忽悠我了,你以为我是赵本山啊!说吧,清炖、红烧还是生吃,自己选一个,不用你们费心,我自己来!”

“哦,伙计,这是不是叫‘天上掉馅饼’?”狼痴痴地望着狈,目不识丁的他第一次对这五个大字有了理解。

“但有一个条件!”蛋蛋哲人般地伸出一个手指头,说。其实,此刻他的手一直在发抖,包括全身。

“什么?”两个家伙为突如其来的“好运”感到惊讶,失去了发挥机敏和才智的可能。

蛋蛋又将手指摇了摇:“我只能让你们其中的一位吃下我。为了公平,吃我的人就付点钱给另一位作补偿。”

狼和狈听了,都想吃羊又不想出钱,于是,一场羊期待的惨烈的“战争”开始了……

在树上窥视许久的小猴跳下来,问蛋蛋:“蛋蛋,你真是太酷了!以前你臭名远扬，可如今怎么会变得这样头……头……头脑灵活呢！"

"哎呀！这个吗，小意思！我们学校最近正在排演课本剧，演的就是狼、狈和小山羊之间发生的故事，我剃了全身的毛，自然成为主角咯，"小绵羊得意洋洋地说，"谁知今天这么巧，课本剧的主角是我，这次与狼和狈打交道的主角也是我！"

"那……那你还要去冒险吗？"小猴似乎对"冒险"两个字非常感兴趣。

"不了，再冒就冒死了！"小绵羊大喊，对他而言，这种感觉很爽。

"再见！""再见！"

夕阳中，那个头大，身子小的影子在太阳下摇晃着。

诸葛点评：

这是一个充满冒险色彩的故事，文章中的蛋蛋在经历了失败之后成功地逃脱了狼狈的魔爪，让他明白了冒险对于自己而言，是多么的可怕，最后选择了回家。作者的语言之幽默，想象之丰富，情节之跌宕，都让我感到才气逼人。好文章，老师收藏了！

【资料链接】

童话得有“儿童的话”

儿童的话有着别样的“魅力”。

六岁半的Dei问:“为什么只有在湖边才会有波浪呢?”想了一会儿,他自己说:“波浪是在湖里淘气吧?”四岁的Cli走路时看到一些白云在很快地移动,就自发地做出了如下的解释:“一定是某个开机器的人使白云移动的。”八岁的Gal说有个力大无穷的人隐藏在山后,太阳是他玩的火球,每天早晨他把太阳抛到空中,晚上再收回来。珠江5岁时说,甜的豆腐脑是一碗云彩,而天上的白云是一大碗甜的豆腐脑。一个幼儿园小朋友拿着饼干,另一个小朋友想吃又不好意思要,就说:“让我给你咬个月亮吧!”一个一年级女生对我说:“我脑子里的话用蚂蚁一样小的字把天都写满也写不下!”

所谓“童话”,字面意思就是“儿童的话”,它是作家揣摩儿童心理,模拟儿童语言而创作的文学作品。其实儿童自己就是“天生的童话作家”,比喻、拟人在儿童那里不是一种修辞方法,而就是他们说话的方式。以上六例,谁说不是原汁原味的“童话”作品呢?

童年是充满幻想的岁月,儿童并不像成年人那样现实,他们更多地生活在物我一体、精神现实不分的状态。而现行的小学作文教学的核心思想、其出题所依据的“现实主义”文学观念,却是违背儿童思维规律的。儿童是天生的“浪漫主义”“童话作家”,可现行的小学作文教学法却用僵化、狭隘、几十年不变的作文题强迫他们“反映”他们太熟悉而感到没多大意思的的现实生活,做蹩脚的“现实主义作家”,这就像捆起天鹅的翅膀,让它们当家鸡!

作为老师和家长,我们愿意让孩子插上想象的翅膀,变成一只美丽的凤凰!

【你也试试】

看了老师的辅导,你想试试吗?如果你写好了,请你邮寄到我的信箱或者登录我的教学博客和我联系哦!

2.10 让日记为作文添翼

【老师导言】

有很多家长问我:诸葛老师,要不要孩子写日记?写日记究竟好不好?我的回答是当然要写,而且一定要坚持。当然前提条件是有话则长,无话则短,不应该有什么硬性的规定。有些时候写作是需要一点激情的,如果实在没有什么事情值得记住,而强迫自己写是一件多么扫兴的事情呀!

写日记对作文能力的提高究竟有什么好处呢?我想大概有这么几点和作文是有直接关系的:

1. 写日记促使你去观察。有了写日记的习惯,你会养成观察的习惯。我权且称之为“任务驱动”吧。有了任务,你会有意无意地去观察你自己和边上人的生活和学习,只要能触发你一点点感想的,或许就是你日记的内容呢。

2. 写日记可以促使你养成动笔的习惯。动笔记录生活是一种很好的习惯。在我们的国家,很多的伟人、名人都有写日记的习惯。他们良好的习惯造就了成功的人生。读书需要动笔,所谓不动笔墨不读书;写作需要动笔,没有笔墨何来文章。手中有笔,心中才会有生活。

3. 写日记可以解决你作文无事可写的尴尬。很多孩子一写作文就能把笔杆咬断,把天花板看穿。我经常和他们说:爸爸妈妈给你双目让你多看,生你双耳让你多听,可惜你们就是不会。那么为什么会这样呢?我想,关键是我们没有这么好的记忆。如果我们是摄像机,能把所有日子的生活情景摄录下来,到用的时候就找出来看看,那该多好。可惜我们不是。但是我们可以成为“摄像机”,那就是用我们的笔写日记。日记中的点滴积累,到时候用到作文中就是最好的题材。源自于生活的题材是最真实的,也是最容易把握的。因此写日记对我们而言实在是太重要了。

在教学中,我要求一部分学生坚持写日记。我欣喜地看到学生的作文题材丰富了,喜怒哀乐回到了孩子们的笔下,五彩缤纷的生活尽显眼前。其实作文并不难,难的是你有没有用心生活,观察生活。

写日记要做到:

1. 要坚持天天记。这样较有价值和意义。如果因事因病中断了,可以补记。因此,一般日记都写出时间(年、月、日和星期几),有的还写明天气、地点。

2. 要有选择地记。每天发生的许多事,不可能也不必要全部记入日记。一般只要选记自己认为最重要、最值得记的事就可以了。如鲁迅的日记，记的都是一些比较容易遗忘的事情。雷锋的日记则多半是记他读书后感受最深的体会。日记的内容可多可少，少的可以不分行，不分段，一统到底；多的可以按事件分段，还可列出标题，以备查阅方便。

3. 要真实。写事件必须是亲自经历的，写感想必须是真情实感，不能做作，不能编造。语言要求朴实、自然、清楚、明白。如果真假混杂、语言夸饰，不仅对自己没有好处，还可能造成一些不必要的麻烦和混乱。鲁迅等名人的日记，正因为真实，才成为研究他们和那个时代的宝贵资料；如果真假混杂，就没有价值了。

希望大家能够养成写日记的习惯。

【写作内容】

闭上眼睛，对今天的生活做五分钟的回忆，然后将你认为最有价值的事情记录下来。

【难点剖析】

这次训练，最容易出现的毛病是：

1. 记流水账。许多孩子会把一天的生活以时间为序全部写下来，没有区别它的价值是不是值得写。

2. 缺乏自我对生活的观照。日记是为了记录生活，但是更是我们去思考生活的一个重要途径。在日记中思考成败得失，可以让我们的生活变得更美好。不足的将来去弥补，失误的让我们变得更谨慎；成功可以让我们借鉴，失败让我们汲取教训。

【佳作展示】

佳作一:王昊的日记

作者:浙江省龙游西门小学六(2)班　王昊

2008 年 12 月 4 日　　星期四　　天气:晴　　心情指数:"very 差!"

要我是上帝哪,就要制造四川大地震了!火呀!为啥这倒霉的事情,总是要到我头上来?哎!你要问我是什么事吧,且让我来告诉你!

"又是考试!"杨欣卓看见吴老师拿着一把试卷便叫道。哈哈,杨欣卓也有猜错的情况!"这是早上的奥数初赛的试卷,现在我发下来。"吴老师清了清嗓子说道。看着一张张试卷飘到别人手上,我心里一分一分地紧张起来,心里的汗都冒出来了。

可是我见发试卷的同学两手都空了,还是没看到我心爱的试卷。"谁的试卷,没写名字!"吴老师叫道。我拍了拍陈馨茗,问道:"陈馨茗,要写名字的吗?""啊!你没写名字?"她问道。

我以光速冲上去,把试卷拿来了(准确说是抢)。看到试卷我像漏了气的皮球,才 61 分!没希望了,谁叫我做得太慢呢?看到分数真是懊恼之极呀!

吴老师选了十九位同学去参加决赛前的听课,我没啥可期望的了,只好埋头做作业。

"方锐,徐艺凯……"我的耳朵都听出茧来了,可还是没听见有王昊这名字!

我可有意见了,差点就路见不平一声吼了!左脑袋里正想着方锐同学好像没我厉害呀!右脑袋里思考李宏同学好像考得没我好?全脑袋细胞经过"王昊党的会议",提出抗议——吴老师应该选我!

可是又有啥办法呢?难道还真的路见不平一声吼?我看还是算了吧!我埋头苦做着作业。不一会,铃声便懒洋洋响了,听课的同学都回来了,等着下节课的比赛,看看他们的脸,好得意呀。我还是把自己埋在作业里,心里翻江倒海。

我的耳朵总是四面灌风的,这时我听见陈晓哲说不参加比赛了,我黑暗的心房里又出现了细细的火苗:也许老师会让我做替补的!

没有硝烟的战斗打响之前，吴老师果然召集“全朝文武”讨论“陈女将”上场问题。“方圆三四组内”有百分之八十是“顶”俺的！我顿时春光满面，有点飘飘然了！不知是我兴奋过度了，还是吴老师没听见，就是不叫我！害得我还没被吹上天，就被拍下地来了！

“那就少一个人吧，反正也没关系！”吴老师说道，害得我差点“怒发冲冠，潇潇雨歇，抬望眼……”找一个人去行呀！不至于空个位置吧！我心里暗暗祈祷！

最终我没有被选中……

参加比赛的同学开始考试了，我心里想：“哼，不参加也好，不用考试！”但是我很清楚，那是吃不到葡萄就说葡萄酸的心理！不过有两节课玩还是不错的！哎！反正最后一点希望也破灭了！

“都给我背古诗……”吴老师下达死命令。

看到其他班的同学都在教室外面活动，好羡慕！我好无聊！古诗我已经会背了，就是对不上作者和题目而已。一班的李林同学说：“王昊我们去打球！”我自己都像漏了气的球，哪有心思打球，有气无力地说：“我们班规定不能玩的！”“哦。”说完他就走了。又来了朋友赵强：“王昊，来玩翻斗圈，我今天一定要把你赢光！”我只有苦笑，摇了摇头。

哎！只有唉声叹气的干活！

诸葛点评：

作者把自己希望去参加竞赛的过程一波三折地表现了出来，尤其是栩栩如生的心理描写让我们感受到作者那期待、焦虑、放弃、无奈等一系列的心态，仿佛作者就在我们的面前，多好的作文，收藏了！

佳作二：饭盘，恨你一百年！

作者：浙江省龙游西门小学四年级　童哲奇

2008年11月19日　　星期三　　天气：晴　　心情指数：☆☆☆☆☆

饭菜咔嚓死伤过半，空气中依然飘着丝丝油味。

趁着属于我们的时间，半蹲在游戏之地，弹着硬币，全身沉浸在快乐中，几乎忘掉了自我。“快点，童哲奇，饭盘抬下去！”忽然从教室最宽大一角冲出一连串的“超音波”，瞬间，脑子里的玩意被这突如其来的“超音波”吓得一无所有。

“报……报告，老……老……老师，今天是……是是周跃抬……抬抬。”我精神受到无限惊吓，直到现在心跳还是能撞破一堵墙。

“周跃嘴巴都受伤了，你还一定要她抬?!”老师总是找得到理由批评学生，而学生却向来找不到理由反驳老师。

真是的，女的就知道帮女的，连老师也没什么两样！哼！我向来和女生做冤家，就连抬饭这点小事也要斤斤计较，如果是男的，比谁抬的重还差不多！周跃啊，你为什么是女的啊！

“真是的，”老师摇着头，一副意味深长的老板样，“你其他都好，可我就看不惯你这点，真是的！嘶——”听着老师那最后的一声“嘶——”我感到特别不习惯，甚至有些别扭，有些自卑。

这时，在我的眼角里，看见了周跃那“奸女笑”，看在眼里，恨在心里，这愤怒震惊着全世界，甚至全宇宙，两只气红的手把饭盘狠狠地一拿，“干什么，不服气啊！”周跃学着老师的样，当面傲气十足地讽刺了我一顿，“今天就麻烦你了！”

可恶，你有什么资格讽刺我！我忍着怒火，硬生生得把饭盘一把豁，靠在楼梯下，看着过往的同学一张张灿烂的笑脸，越想越窝火。饭盘，都是你惹的祸！你害得我被老师批评，害得我被周跃那小混蛋欺负……

气恼归气恼，转念一想，心情平静了很多，人啊，多尽尽义务也不错，呵呵，反正力气用完还会来的。老把义务赖给别人，自己也没好果子吃啊！如果是这样，那周跃也没好事等着他啦！

想罢，我又将视线转到教室中……

诸葛点评：

文章很有味道，我喜欢。

虽然刚开始的时候让人感觉你有点计较，喜欢和女同学抬杠，缺乏一点谦谦君子的风度等，但是后来自我的解脱实在是一个明智之举，说明你还是有风度的。文章虽然有一些生僻的自造的词语，但是仔细想想也在理。很幽默，很真实，收藏了！

佳作三：star的日记

（作者：龙游西门小学六年级　吴珺琳
网名：star）

2008年11月19日　　星期三　　天气：晴

今天下午的第一节课下课铃声响都没响，就听见第二节课的上课铃了。

“啊——？”同学们的长叹一声接着一声，其中还交杂着几位同学的小声抱怨“怎么这样啊？”“太不公平了！”

廖老师倒没什么，他抓了抓头皮，回头看了看写在黑板上的今日课程表：“没关系，下一节反正是我上的。”

“啊？科学课都改成语文课了，怎么还上语文课啊？”“下课都没了，真讨厌！”“……”同学们都在生气地抱怨着。

但是向来不喜欢上语文课的我居然说出了一句不仅让同学们吃惊，连我自己都吃惊得要命的话：“耶！太好了，下节上语文课！”

霎时间，每一个人都在盯着我，像一群饿了三天的野狼，正盯着我这只孤独无助的小绵羊。有那么一刹那，我真的感觉他们要突然一拥而上，将我撕碎。整整六十一双眼、一百二十二只眼睛都在盯着我，不过，很快就过去了，因为廖老师突然说了一句话，但大家都没听清，除了正巴望老师说一句话的我，无论什么话，都能救我。

“干，干吗？上厕所去。”我半是结巴半是下命令地对着正盯着我的同学们说。虽然想起刚刚那一幕实在令我毛骨悚然，但我的心里却是高兴得不得了，总有一个声音在我的心里快乐地唱着：“下节语文课，下节语文课……”

真的，下节语文课！我太高兴了！为什么呢？嗯——我努力在脑海中搜索着，哦！找到了！因为语文同步的第六题，叫我们写“与自己相处十分融洽的同桌转学了，我和他（她）在车站中依依惜别……”

可是，为什么会令我这么高兴呢？好像打今年我开始学写作文就对这些“写片段”、“小练笔”感兴趣起来。为什么会这样呢？我百思不得其解。但是说归说，我真的对这个很感兴趣，特别是听廖老师说要好好修改，我真的好想蹦起来高喊“万岁”（透露一个小秘密，千万不要说出去：昨天我这题没写，廖老师说拿出来检查时我才匆匆补上去的）。

哇！不知怎的，我的笔在横线上“飘动”着，发出“唰唰”的轻响。同桌对我投来疑问的目光，我瞪了她一眼：“看什么看?！没看过是不是？告诉你，这叫“飞笔疾书”（我同桌也是个很容易把字颠倒着念的人）。

我走出了座位，去找好朋友，结果他们不是对我不理不睬，就是对我冷言冷语。我恼了，对那些正对我指指点点的同学吼了几声，闷闷不乐地回到了座位，觉得自己是对的，又觉得自己是错的，两个声音在脑子里争了半天，还是一点儿结果也没有。算了，我还是“横眉冷对千夫指，俯首甘为孺子牛”吧！

想到这些，我感到轻松多了，那些难过的念头少多了，但是，增加了一些痛苦——没人愿意理我了。我的天哪，我惹了众怒了！

诸葛点评：

“霎时间，每一个人都在盯着我，像一群饿了三天的野狼，正盯着我这只孤独无助的小绵羊。有那么一刹那，我真的感觉他们要突然一拥而上，将我撕碎。整整六十一双眼、一百二十二只眼睛都在盯着我。”——这样的描写真好呀，老师佩服你！收藏你的文章！

【资料链接】

日记是有关个人生活、工作、学习等方面的记录。坚持写日记有许多好处：一可以备忘，二可以锻炼思维能力，三可以提高写作水平。许多大文学家、革命家、科学家和先进人物都有写日记的良好习惯。

日记常见的有几种：

一是备忘式的，如鲁迅的日记，只是按日作纲要式的记载，十分简略；

二是感想式的，如雷锋式的日记，多记自己的学习心得，比较详尽和完整；

三是素材式的，多为作家们所采用，常对自己的所见所闻所感作文艺性的细腻描绘；

其他还有专题式的、综合式的等形式。

究竟采用哪一种形式，可以根据自己的爱好决定。有一些文艺作品虽采用日记的形式，如鲁迅的《狂人日记》等，那已不属于应用文的范围了。

【你也试试】

你愿意写日记吗？如果你愿意的话，那么请你从今天开始，写下第一篇日记吧。

第三章　作文基本功训练

3.1　“凤头”是如何打造的?

【老师导言】

元代文人乔梦符谈到写“乐府”的章法时提出“凤头”、“猪肚”、“豹尾”的比喻,意思就是文章的开头,要像凤头那样美丽、精彩;主体,像猪肚子那样充实、丰富;结尾,像豹尾一样有力。有一个良好的开头,就等于文章成功了一半。因此大凡作家无不对文章的开头殚精竭虑的。如何写好文章的开头?它有方法可循吗?今天我们来研究这个问题。

【写作指导】

今天,我们学习的开头方法只是经常会用到的一些常见的方法,学习它们是为了让我们写作技能有所提高。值得注意的是,所有的方法和技巧对于一个成熟的作家而言都是次要的,正如一个武功高手是不会拘泥于一招一式的。因此,我们在学习技能和方法的同时,要注意融会贯通,不能一成不变,否则的话往往会陷入形式主义的怪圈。

今天老师为大家介绍这么一些开头方法:

1.借景抒情法

情与景往往是融合而产生的,所谓“境由情生”、“情景交融”就是说的这个道理。人的心境往往决定了景物的格调,你高兴时,麻雀叽叽喳喳是“唱歌”;你不高兴的时候麻雀的叫声就是“吵闹”,恨不得一石头打死它。可见很多情境都因为心情而来。

那么相反的,在作文的表现上,如果不直接写自己的心情,则可以借助于外界的事物来表现心情,总起全文,这样的开头往往很快带读者进入你文章所营造的境界。

如:《爷爷,您永远和我同在》

雨,你是上帝的泪珠么?你为何这么忧伤地吟唱?又为何如此悲伤,让细细的小雨落满地?是谁让你无声无息地哭泣?难道你也在和我一起悼念爷爷的离去吗？也在和我一道思念那爱我怜我疼我的爷爷么？

这样的开头，带领读者进入到作者忧伤的情思之中，和作者的脉搏一道跳动。开头，为全文定下了悲伤的基调，也让作者的情感得以良好的抒发。

2. 引用名言名句

在《圣者与小偷》一文中，作者是这样开头的：

在中世纪的一个教堂里，一位圣者开始了他的演讲："我之所以成为圣者，是因为我看破了钱财，我的就是大家的。"悠悠岁月，弹指一挥。在跨世纪时的一所监狱里，一个小偷开始了他的人生独白："我之所以会成为小偷，是因为我看破了钱财，大家的就是我的。"

这个开头，引用名言并进行适当的改编，让人忍俊不禁，激发读者的思考和想象，无疑是成功的。

3. 巧用书信格式

在语文学习中，有很多的主观答案存在，但是很多试卷采用的是标准答案，可以说标准答案对人的创造性思维带来了灾难性的后果，为此一名学生写了《给"标准答案"的一封信》，其开头采用的是书信的格式：

可恶的标准答案：

看到你，我实在是义愤填膺。所以，在愤怒火焰的驱使下，我写了这封信来声讨你。答案本是丰富多彩的，可是你却偏偏要戴上"标准"这顶帽子。要知道，就因为"标准"二字，发生了无数的悲剧。以下是你的三大罪状……

有些文章，采用了一个新的形式，往往带来新的感受。新瓶装的哪怕是"旧酒"，也会给人以新鲜感的。

4. 借用章回小说笔法

以下是《三国英雄开会》的文章开头：

"话说天下大势分久必合，合久必分。"当初魏、蜀、吴三国鼎立的时代已不复存在，大江东去，浪花淘尽了往昔的英雄们。而曾经的蜀国的继承人阿斗也变得"乐不思蜀"了，天下已成为"司马氏"的天下……

这样的开头，会激发我们对历史的想象，会激发我们的阅读兴味，似乎有点故弄玄虚，但不失幽默，让人有阅读期待。

5. 巧用寓言故事

以下是《郁闷》的开头：

人家都嘲笑《坐井观天》的青蛙，和他相比，我连那只青蛙也不如，你听听今天发生在我们班里的事情你就知道了。

借用大家耳熟能详的寓言故事开头，很直接地点明文章的主旨，直接地进入到故事的叙述，言简意赅，不失为好的开头。

6. 巧用解题形式

以下是《困惑》的开头：

1 +1 = ？也许你认为我的问题实在幼稚，但是今天发生在我班里的事情，你只要经历了，就不会说我幼稚了。为了把事情说清楚，我就慢慢道来吧。

开头运用最简单的1 + 1 = ？引出一件发生的事情，很有吸引眼球的效果，然后导入到一件让大家困惑的事情的记叙，结尾呼应开头，实在是一个不错的选择。

7. 改编文言文

这是作文《俺们的刘老师》的开头：

“先生姓刘，不喜功，不慕荣，爱读书，爱看球，性子倔强像头牛，不到黄河不回头，学生成绩不用愁。”

此文结构精巧，善改用文言文，在开头中简洁精炼地概括了语文老师刘先生的性格特点以及工作作风，统领全文内容，带有节奏感的韵律。

8. 以对话及倒叙方式开头。

这是作文《老师也生气》的开头：

“喂，老师好像真得生气了！”

“是啊，你看，她的脸都红了呢！”

“眼睛都瞪得好大，而且都是怒火！”

本文将原本发生在故事中间的一段对话情节采用倒叙法，放在开头，引发读者产生阅读的兴趣，在展开故事，突出主题。

【佳作展示】

佳作一：致钢琴姐姐的一封信

作者：浙江省龙游西门小学五年级　汪煜珂

尊敬的钢琴姐姐：

您好！

一个大大的身板，每天都是那么的一尘不染，打开一个盖子，便是黑白相间的88个键。用它能弹奏出美妙的音乐，时而让人们为作曲家的悲欢离合而牵肠挂肚，时而让人们走近作曲家欢乐的心境，时而让人们浮想联翩，时而……这就是你——钢琴。

也许在外人看来，你是那么的美好而富有着朦朦胧胧的诗意感，让人置身在幻想的境界里，流连其间。但是，对于我来说，你简直就是我快乐生活的压迫——

上钢琴课，刘老师说我练得一点也不好，结局自然是"老公拍扇——凄凉"，回到家里，一场"钢琴悲剧"正在上演。

"刘老师都说你练得那么差，你还有理由，真是越来越差劲了，你……"老妈正在亮着"唯她独尊"的"金嗓门"。

我自知理亏，只好默默地受着老妈那金嗓门的n次无情的"摧残"。

最后，老爸大概是看我认错态度良好，才稍稍停了停话语，我在心里暗暗高兴，心想：总算停了，要不，什么时候"山洪暴发"还不知道呢？

可是，不幸的消息还是传来了，"去，再练一个小时！"老妈斩钉截铁地说道。

哎，一看就是不容更改了，但我还是想挽回一下这个凄凉的结果，"老妈，都说我们是祖国的花朵，家长有权保护孩子的人身安全，法律更容不得家长用'狂风暴雨'来摧残孩子那柔弱的身躯呀，你看……"我用尽甜言蜜语，该柔的声音也柔了，可还是不见老妈脸上颜色有好转，依然乌云密布。这时，外边轻轻地落下了第一滴雨，哎……

好了，也不多说了，说多了你会讨厌。

总之，钢琴姐姐，我就是不喜欢你，恨你剥夺了我快乐的童年，我也只好“望乐兴叹”了，真希望你早日从人间蒸发，见不到你，我就可以永远享受睡懒觉时的幸福，踢毽子时的欢乐，看漫画书时的满足感了。

祝你：

早日蒸发，永别回来！

您的“黑丝”：汪煜珂

2008年12月24日

佳作二：致《知识集锦》的一封信

作者：浙江省龙游西门小学六年级　王紫荆

2008年12月24日　　星期三　　阴

尊敬的《知识集锦》小姐：

你好！

你可真是知识类的神啊！可是，因为你丰富的知识害了我——把关于友情的每句诗句和五字成语各抄10遍！

今天的课是咱们veryvery喜欢的，比如体育、科学、信息。可是，方老师占用了体育课和信息课，不为别的，只为让我们默写您的某些丰富的内涵！

"请大家把默写本拿出来！今天我们要来一个小测试——默写《知识集锦》里友情的诗句和五字成语！——开始！"方老师开着金嗓子，说道。

"哎——""这么烦的！——""讨厌——"……听方老师讲完，同学们都皱着眉开始长吁短叹起来。

"闭嘴!!!——"方老师大喝一声，眼睛瞪得老大，眼珠差点没蹦出来。

"再讲，把第28课抄两遍！不像话了！"方老师一只手背在后面，另一只手狠狠地指了指全班。

要知道，方老师可是说到做到，从不食言。所以同学们把刚要蹦出来的话，又都咽了回去。我最反感抄书之类的作业，所以嘴巴还在叽叽咕咕的，甚至还是些难听话。这时，同学"唰"地一声都把目光投向了我。

我突然大梦初醒般，回到了现实，知道了事情的严重性，我艰难地咽了口唾沫，手还不停地发抖，我心想：完了，完了，今天抄书是必不可少的了，我现在要是感冒就好了，咱可以找个理由，就不必面对这场灾难了！

"王紫荆！"一声刺耳的声音朝我耳边传来，我心想：你骂我可以，对我说大道理可以，但你别在全班面前说啊，否则，我这班长的面子往哪儿搁啊！有多少人会笑我啊！

方老师好像看透了我的心思，故意要跟我唱反调，而且还扩大音量，道："王紫荆，你知不知道尊重老师啊？我要你们默写是为了你们明年考试用的，你居然还这样讲！你知道尊重他人有多重要吗，古代的时候……”犹如唐僧念紧箍咒一般，滔滔不绝，弄得我头昏脑胀，我好像用面条上吊一样——吊不死；用薯片割腕般——割不断；用……心想：师傅啊，你可别念了，我的头都要破掉了！接着我开始抓耳挠腮起来。

老师把《知识集锦》翻开，接着道：“呶，把关于友情的诗句和五字成语各抄10遍！一个字都不能少啊！放学前给我检查！”方老师似乎被刚才我们这些学生气得各路血脉全部封闭，所以血液全部集中到脸部——红得好像被粉红胭脂刷过似的。她说得上气不接下气，并且唾沫满天飞。

“呼——”我长舒一口气，心想：啊呀，终于结束了这场悲剧！

敬爱的方老师呀，我们全班都尊重你，希望你不要让这可恶的《知识集锦》挑拨咱们之间三年的师生深情吧！

《知识集锦》小姐啊，因为你，我和老师“翻了脸”，你什么时候才能知道我的痛苦之处啊！你什么时候才能理解我们啊！

祝

渐渐变笨，得上老年痴呆！

王紫荆

2008年12月24日

佳作三：文具，你走什么？

作者：西门小学四(3)班　曾庆瑞　指导：诸葛建军

毛泽东说："虚心使人进步，骄傲使人落后！"这句话在我老爸的嘴上则这样来讽刺我："细心使人进步，粗心使人落后。"想起这句话，我心头之恨不时地涌了上来，我不是怨老爸讽刺我的话，而是怨罪魁祸首——肇事的文具们。

早上起来，老爸起床就千叮咛万嘱咐，我简直都快气疯了，说一遍记牢了不就成了，一次记牢说成千上万次也是徒劳，哎——谁叫我丢东西"大方"啊！吃早饭时，又是那句话，我脑子简直炸了，已经把这句话烙在心头上了，老爸还是再说了这么多遍，我不胜其烦，皱着眉头，能捏出水来了，但我勉勉强强挤出了一丝硬邦邦的笑容，对爸爸说："爸，你就别操心了，我不会掉了！"

诸葛：这样的描写真好，"皱眉"、"挤"、"硬邦邦的笑容"，细致，可感，真实！

终于，我熬过了这段时间，能在校园里安心地读书了。

……

第一节课是语文课，老师有事情，不在，所以叫我们在班里做作业，也就是说，班里乱糟糟的一节课即将来临。首先，班里几个值日班长管管还挺安静，那是因为"男人婆新人"——缪欣芸在场，作业是一堆一堆的布置，累得我够呛！于是一些调皮蛋就开始了强烈的抗议，一位同学站起来，指着缪欣芸，带头抗议道："缪头，你布置这么多作业想把我们累死啊！"（透露一小点儿，这是班里乱糟糟的前兆），接着一群人不约而同地对着缪欣芸，异口同声地说："缪头，你布置这么多作业想把我们累死啊！"于是顶撞与抗议的开始使教室变得乱糟糟。

我一向对作业多少不感兴趣，与其抱怨不如加快速度做，有史以来我都是这样想的。我拿出新买的笔埋头苦做起来，我脑子运转速度超快，再加上我的聪明才智，和我笔的高级。那速度，笔走龙蛇！完了以后，我把笔随手一扔，津津有味地看起书来。

……

第二节课还是语文课，“作业朗玛峰”又重重得压在了我身上，不用说，无情的“男人婆新人”再次布置了许多作业。

我打开铅笔盒一看：“啊，我的水笔，你就这样不翼而飞了！”

沮丧了好久，我突然回过神来，感觉沮丧没有什么用，还是去找啊！

于是我用自己的“探测仪”来搜索着地面，只见地上空空如也，啥东西也没，只有几张小纸片，我心里突然来了一次抱怨：水笔啊水笔，你走个屁，对你这么好你还不领情，忘恩负义的家伙！

但我还是坚持找它，因为它丢了就意味着我明天的烦恼，所以我死也要找到它！但我的抱怨还是免不了的，一次又一次的找不着使我火上浇油，又来了一次抱怨……不不不，应该是求情：你到底在哪啊？我的小祖宗，你别和我躲猫猫了！

但他还是不出来，我一时窝火，就自言自语道：“妈的，不找了，就算被老爸骂一顿，我也不找了！”

我终于知道了，老爸对我的千叮咛万嘱咐都是对我的爱，这是一种隐形的爱！

【资料链接】名人论写作：

▲经验积聚得多，情感蕴蓄得深，思想钻研得精，才可以写成好文章。

——叶圣陶

▲对话要看你所写的是什么人，要适合于他的身份……而尽量地使用他们的语言。

▲写文章要老实一点，朴素一点；看到什么，想到什么，就写什么；要使文章生动，我想少用形容词是一个“秘诀”。

——郭沫若

▲紧凑常常能使叙述显得更精彩。如果读者听到的是废话，他对它就不会注意了。

——列夫·托尔斯泰

【你也试试】

每个班级都是一个小社会，既有“权势显赫成绩优异”的统治者，也有“摧眉折腰低声下气”的被统治者，有油腔滑调的调皮蛋，也有默默无闻的“被遗忘的角落”……请你写一个同学，写出他的特点来。

要求：用今天学过的一种开头法开头，写400字以上。

3.2 基本功训练:抓牢一个词语,写好一段心理

【老师导言】

对作文能力提高而言,基本功训练是十分重要的。今天的训练重点是:抓牢一个词语,写好一段心理。

心理活动,往往是一个比较复杂而微妙的过程,能用自己的语言把心理表现出来,是需要一定的语言表达能力的。心理活动的表现的手法一般有两种:

1. 含蓄表现法:即通过神态、动作、语言、环境描写来含蓄地表露。如,小学课文《穷人》中,作者就是通过大量的神态、语言、动作来表现人物心理的。

如"桑娜脸色苍白,神情激动"、"桑娜一惊,从椅子上站起来"就是运用人物的神情、动作来反映桑娜因为没有和丈夫商量而收留邻居孩子的担心。也有通过语言来反映的,桑娜的丈夫回来后,丈夫说:"瞧,这样的夜晚!真可怕!"桑娜说:"是啊,是啊,天气坏透了!哦,鱼打得怎么样?"桑娜的对话显然是心不在焉的一种说法。丈夫没有回来以前,桑娜担心丈夫的安危,简直是坐立不安;此时此刻,丈夫回来了,桑娜前半句是应和丈夫说的话,后半句显然是没有思考而"胡乱"说的,这样的"胡说"恰恰反映了桑娜此时此刻复杂的内心世界,她想的是孩子怎么办?如何向丈夫说明?一句本不该问的话问出口,不是表现桑娜的"无情"——只关心打鱼而不关心丈夫的身体,而是她内心汹涌澎湃的思绪的体现。

利用环境来衬托心理,也是很好的一个方法。如:同样是对麻雀的描写,高兴的时候是这样写的:连麻雀都开心得叽叽喳喳的叫着,好像在分享我的快乐;不高兴的时候写法完全不一样了:麻雀呀,难道连你们也不理解我的内心吗?难道你们也在我最艰难的时候来取笑我?我真想找一块石头,把你们赶跑。

2. 直接表现法,就是直接进行内心的剖析,用内心独白来表达。在《穷人》一课中,这样的独白心理是很多的。如"不,没有人!上帝,我为什么这样做?……如今叫我怎么对她说呢?……",又如:"他会说什么呢?这是闹着玩的吗?自己的五个孩子已经够他受的了……是他来了?……不,还没有来!……为什么把他们抱过来啊?……他会揍我的!那也活该,我自作自受……嗯,揍我一顿也好!"这样的独白,充分反映了人物内心的煎熬:有自责,有后悔,有坚守,有担忧,但是唯一没有变的是她没有把孩子放回去,甚至这样的念头闪都没有闪一下,这就充分说明了桑娜是一个多么善良的人呀。她宁可自己挨打挨骂,但是仍然坚守自己最初的、原始的、冲动的做法。在她心里,这是一种本能的选择——也是善良的人对穷苦人的

天性的关怀和爱。仔细读这样的心理描写，让我们对桑娜生出很多的感动。这就是善良的力量，更是作者那颗跳动的心给我们创造了一个温暖的世界。

【训练内容】

抓牢一个词语，写好一段心理。

【难点剖析】

这段心理，需要有各种表现的手段。如写“着急”，那么你可以选择直接表现法，也可以用含蓄表现法，更可以两种方法合用。一般的写作，这样两种方法有机结合使用，对于刻画人物的心理是很有好处的。

【教师例段】

1. 孤独

风是这样的柔软，月色是这样的皎洁，夜是那么的静默，然而她，她，是那么的孤独忧郁！在她轻轻的颤动的胸脯下，有一颗温暖的心，在这温暖的心里有甘泉似的话语要倾泻出来。诉给月亮听吧，月亮太高了；诉给风听吧，风儿嗖嗖地去了；诉给夜听吧，夜板起沉默的死脸不理睬！只要有一头猫，一头狗，——哪怕有一个虫也好呀，她将拥抱着，述说她的荒凉之感。

评点：作者写孤独和忧郁的心情，大量的借用了环境来衬托自己的内心。同时，将月亮、风、夜进行拟人化的处理，好像他们也不理解自己而躲藏着，更衬托出自己的孤单和忧郁。情由镜生，就是这样的意思。

2. 痛苦

他一想到这一切，就觉得自己的心口上有一把锋利无情的刀子，一刀一刀地割着，血也一滴滴地流。他又觉得自己好像掉进了万丈深渊，黑暗像高山压着他，像大海淹没他，话也说不出来，气也透不过来，世界上没有任何一种痛苦可以和他此刻感觉的痛苦相比。这种痛苦是那么尖锐，那么深刻，又是那么复杂，那么沉重。

评点：作者将无形的痛苦用有形的意象来表达，把痛苦的感觉写成锋利无情的刀子在割自己的心，用万丈深渊、高山压迫、大海淹没等来比喻自己内心的痛苦，形象生动，让人很容易理解。最后把自己的痛苦概括成尖锐、深刻、复杂、沉重，可谓到位，将内心的感觉描绘得很细腻，很准确。

【佳作展示】

佳作一：怪

浙江省龙游西门小学六年级　吴珺琳　网名 star

2008 年 11 月 5 日　　星期三　　天气阴　　心情指数 7（良）

早上来到班里，刚交完作业，坐在位子上不久，廖老师就来查作业了。

完了完了，怎么办？我的心打起了小鼓，《语文同步》上还有一个括号没填呢，这还不玩完儿？于是，我想都没想，立刻从书包里抽出《同步》，草草地写了两个字。

廖老师的速度却是惊人地快，这会儿已经把手伸到坐在我前面的同学——雷毅仁跟前了。

"啊？"我险些就叫了出来，赶紧又乱添了两个字，把《同步》一盖，塞进抽屉。

可是，事出我意料之外——廖老师刚查完前面几个同学的作业后，就直径走回讲台上。嘿，我可真是福大命大。

……

中午，吃完午饭后，我回到了班里。

我草草地扫了同学们一眼，大家都在复习语文，我坐在了位置上，悄悄地从下面的抽屉中拿出《哈利波特与混血王子》，开始偷偷地看了起来。

不知不觉，廖老师走到了我身后。发现时，我吓了一大跳，没想到廖老师竟对我没有复习语文，在偷偷地看《哈利波特与混血王子》无动于衷，好像没看到一样，而是在门外"心情很好地看风景"。

……

下午第二节课的铃声即将响起，储金枭冲着一帮围在一起的女生大吼大叫（他以前从来都不这样），说是什么"做实验"（我从没想到他还有做实验这样的兴致）。然后又是陈晓疯狂的"敲桌子活动"（大概为了庆祝"跳蚤市场"即将开始吧）。

……

第二节课下课后，我又是一阵惊讶。怎么了？陈晓居然没有按老习惯在讲台上来一个"火山爆发"，然后煽动其他同学来个"黄巢起义"，反对老师的"政治压迫”？这可真怪了，如果没有医院的检查报告，我就是坚决认定陈晓是“吃错药了”。

不过，后面的一件怪事让我感到的不是奇怪，而是恐慌了。我那个超超超超超超超级爱“炫”的好朋友阴敏慧，她的作文得了95，竟没有在我们面前大说“怎么样？厉害吧？这才叫神童……”这类话，实在是——有点儿，怪了。

……

放学，我走在回家的路上，总感觉今天的事儿很奇怪：今天我做了什么？怎么好像记不起来了呢？同学们为什么都怪怪的？还有老师，老师们怎么也那么奇怪呢？……

我感到越来越恐慌，加快了脚步，在灰蒙蒙的天空下匆匆地赶回家……

佳作二："烟圣"老爸

作者：浙江省龙游西门小学五(4)班　戴晨宁

"诗圣"、"画圣"、"书圣"……大伙儿一定听说过吧！但你听说过烟圣吗？知道他是谁吗？

昨天，我和老爸正在看电视。每逢这时，老爸总会悠闲地吸着烟。忽然，他突发奇想："儿子，老爸可是一位前无古人，后无来者的'烟圣'，我会吐出各种各样的烟，怎么样，你佩服吗？"我心里想，人家的老爸当官厉害，可以吹牛，我服；人家老爸会赚钱，让我八辈子钱都用不完，我服；人家老爸是专家，是学者，著作等身，我更服；我这老爸，不上进，竟然和我吹牛吹出烟圈来了，嘿——。我说："吹吧，看你也吹不出什么花头来。"爸爸说："不相信是不？我们赌什么？"好赌的老爸三句不离本行了，哈哈。我说："如果你吐出来，我就一个星期不用零花钱。"

说干就干，老爸深深地吸了一口烟，那样子真逗！忽然，从老爸嘴里缓缓吐出一个圆圆的东西，那东西缓缓上升，慢慢地竟变成一个光环，周围还有一些烟雾环绕着，那烟雾轻轻转动着，细细看来像是仙女在跳着婀娜多姿的舞蹈，最后它化做一缕白烟轻轻飘走了。我看了，目瞪口呆，没想到我这老爸，还真是吐烟圈的高手呀！看来我的零花钱真的要完蛋了！晓得刚才不和他赌了，和老赌鬼玩我都是输呀！

"怎么样，交出零用钱吧！"爸爸显然很得意，骄傲地说。

"这次不算，有本事你再吐几个出来。"我轻蔑地说，希望第二次他不会成功，我就可以赖皮咯，嘿嘿。哈哈哈，我看你怎么办，上次是你运气，这次你一定完蛋。我心里暗自高兴。

这时，老爸的又开始了他的绝活，这次他吐了个似马非马，似牛非牛的动物，正虎视眈眈地瞪着我呢！"怎么样，我都吐出创新的牛马兽呢！"老爸得意洋洋，看他脸上的笑容，我真怀疑老爸一年到头是光练习吐烟圈的呢，不知道他一年到头那些奖状是怎么拿回来的。我的妈呀，我的零花钱呀！

老爸意犹未尽，接着龙、蛇、狗、猪……都在老爸的嘴里诞生了，让我不得不甘拜下风。

"烟圣"老爸，真绝！零花钱，再见了！老爸，下次我再也不赌了。

【资料链接】

心理描写就是对人物内心的思想情感活动进行描写。描写人物的思想活动，能反映人物的性格，展示人物的内心世界。所以，心理描写也是刻划人物思想性格的重要手段之一。通过对人物心理的描写，能够直接深入人物心灵，揭示人物的内心世界，表现人物丰富而复杂的思想感情。

法国作家雨果说过："有一种比海更大的景象，是天空；还有一种比天空更大的景象，那就是人的内心世界。"人的心理活动的复杂多样，决定了心理描写具有多种多样的表现形式。

【你也试试】

老师提供几个关键词，请你也练习练习好吗？

关键词：痛苦　高兴　伤心　惶恐　惊讶　惊喜　不安　犹豫

3.3　基本功训练:外貌描写

【老师导言】

外貌描写,也称肖像描写。即抓住人物的外貌特点(包括人物的容貌、衣着、神情、体型、姿态)等进行描写,以揭示人物的思想性格,表达作者的爱憎,加深读者对人物的印象。

外貌描写的要求是:根据需要,抓住特征,绘形传神,刻画性格,显示灵魂。

外貌描写的关键在于:

第一,进行肖像描写,据情节发展的需要去写,不需要写人就一定写肖像。有的作者不懂得这个道理,因而他笔下的肖像描写有时是不必要的。写肖像,不能眉毛胡子一把抓。有些同学在写人物的外貌时是这样写的:"他有一个高高的鼻子,有一个大大的嘴巴,还有一张爱笑的脸蛋,看上去很可爱。"可以看出,这样的外貌描写等于没有写,因为没有抓住人物最有特点的地方,有这些特点的人何止千万呀!

其次,外貌描写切忌公式化、脸谱。一般情况下,"人如其面"。然而人的内心与外貌并不一致的,外表漂亮不一定心灵美,而且,"知人知面不知心"。优秀作品中写的好人外貌不一定都是漂亮、英俊;写的坏人也并不一定都是麻子、瞎子、跛脚。如《牛虻》中的中年牛虻,就是瘸腿,面部有刀伤痕。法捷耶夫的《毁灭》中的英雄莱奋生矮小而背脊稍微弯曲。这都说明,作家即使描写心爱的人物也不是"脸谱化"地一味美化人物,而是严格地尊重生活的真实。在写批判人物时,有时常常以外形美来反衬人物的心灵丑,如《毁灭》中的反面人物美谛克,他风度翩翩,动摇变节。《红楼梦》的王熙凤美丽俊俏,却心毒手狠。

第三,写外貌一定要抓住最突出的特点。赵树理先生写的《小二黑结婚》中,对三仙姑的描写是这样的:"小鞋上仍要绣花,裤腿上仍要镶边,顶门上的头发脱光了,用黑手帕盖起来,只可惜官粉涂不平脸上的皱纹,看起来好象驴粪蛋上下上了霜"。读来令人喷饭,把三仙姑爱美但是却把自己打扮得和自己年龄极不相称的特点写了出来。外貌描写不在于多,不在于全面,而在于"抓住一点,不及其余"以突出人物的个性特点。

【写作内容】

写一个生活中印象最深的人物的外貌。

【难点剖析】

这次训练的重点是写人物的外貌,老师根据以往教学的经验给大家几条建议:

1. 你写的人物，最好选择自己最熟悉的人写。因为外貌的丑陋与否和你对这个人的了解有关。你喜欢的人再难看也会顺眼；不喜欢的人物再好看也会变得难看。因此了解的人物的外貌描写便于你写出人物的“神”——精神。而外貌描写的作用恰恰就在这儿，不是为了外貌描写而外貌描写。

2. 外貌描写要能抓住特点，不能面面俱到。

3. 适当的夸张和想象可以让人物描写比较生动有趣，但是一定要注意“度”的把握。老师以前教学中就遇到过学生为了突出某一个特点而肆意地夸张，造成夸大其词而失真的现象出现。而为了追求新奇和生动，我们学生最容易犯这个毛病。

【经典段落】

1. 鼻子短而阔，仿佛原有笔直下来的趋势，给人迎鼻孔打了一拳，阻止前进，这鼻子后退不迭，向两旁横溢。（钱钟书《围城》）

这段话是写三闾大学历史系教授陆子潇的尊容。“鼻子”形状天成，本无所谓“前进”与“后退”，也无所谓“横溢”，因为它是人脸上无知的物件，现在将其当人写，就使读者由“鼻子”悟及陆子潇的为人——他其实是个委琐小人，并无“陆放翁之飘逸潇洒”。他用了比拟的修辞方法，读了让人忍俊不禁。

2. 他虽是近五十岁干瘪男人，绰有天真妩媚小姑娘的风致，他的笑容比他的脸要年轻足足三十年，口内两只金门牙使他的笑容尤其辉煌耀目。（钱钟书《围城》）

这段话是描写历史系副教授的顾尔谦——看到你就谦恭——一位拍马专家的嘴脸。“近五十岁的干瘪男人”与“天真妩媚的小姑娘”对比，孰丑孰美，自不待言；“笑容”与“脸”本为一体，大师故意将其拆开对比，明显地带有艺术性的夸张；“辉煌耀目”用了“易色”辞格，集“褒词贬用”“大词小用”两项功能，愈显出顾尔谦那令人作呕嘴脸的可鄙。

3. 谁知道没有枪杆的人，胡子也不像样，又稀又软，挂在口角两旁，像新式标点里的逗号，既不能翘然而起，也不能飘然而袅。他两道浓黑的眉毛，偏可以跟寿星的眉毛竞赛，仿佛他最初刮脸时不小心，把眉毛和胡子一股脑儿全剃下来了，慌忙安上去，胡子跟眉毛换了位置；嘴上是眉毛，根本不会长，额上的是胡子，所以欣欣向荣。（钱钟书《围城》）

这段话专写三闾大学国文系主任汪处厚——其实处世也不厚道——的胡子，用了“比喻”“比拟”等修辞方法，写出汪处厚权欲薰心却又仕途不济，因而无可奈何的内心，给人以特殊的印象。

（选自浙江省著名特级教师赖正清老师专著《幽默奇葩》节选，特此感谢）

【佳作展示】

佳作一:诸葛老师的外貌描写

作者:浙江省龙游西门小学六(5)班 唐尧

诸葛老师真“帅”啊! 瞅瞅眼睛,挺帅的;瞧瞧眉毛,不错;再望望鼻子和嘴巴,也挺不赖! 可是,也许诸葛老师的妈妈太着急把他生出来了,还没有把整体构思好,就把所有的部位胡拼乱凑一通,结构比列完全没有凑整齐,一瞧,嘿! 比蜡笔小新的马铃薯头还要有个性。

以前,他很瘦,体型看起来像竹竿,所以大家都叫他瘦竹竿——老师自我介绍称之为“玉树临风”,我们就称之为“瘦竹临风”了;如今人到中年开始胖了起来,可是,又显老了,所以又改成“老竹临风”喽!

有一次过年一家人吃团圆饭,席间不知是谁说一家人比比谁嘴巴最大——也许是他们家对大嘴巴有特殊的审美眼光,他的三个姐姐都找了一个大嘴巴的姐夫。他的大姐夫说:“我的嘴巴大!”他的二姐夫说:“我的大!”三姐夫更是不服气,说:“肯定我的大!”诸葛老师说:“别争了,肯定是我大!”结果他们就真的找了一把尺子量了量,嘿嘿,还真的是诸葛老师的嘴巴最大! 哈哈哈!

佳作二：诸葛老师外貌描写

作者：龙游实验小学六(2)班　叶尔钰

诸葛老师真可有特点了！你看他的眉毛，又粗又直；眼睛虽小，还算有神；鼻子，还算不错；嘴巴，也还过得去。别看这几样器官挺漂亮，可是组装在一起的样子实在是不敢让人恭维，用他自己的话来说，那就是“芋头”。他在讲课时，额头上的皱纹就像几个调皮的小孩子一样跑出来。最显眼的，是他头上的头发，只是稀稀疏疏的几根了，还翘着，好像在向我们炫耀什么——也许，它和老师那“高洁发亮”的额头、炯炯发亮的眼睛可以并称为诸葛氏“岁寒三友”了吧！

佳作三：给诸葛老师画张像

作者：浙江省龙游西门小学三年级　童哲奇

诸葛老师的最佳辨认方法就是他那小西瓜般大的巨型闪着光亮的额头，好像是病菌造成的防护墙，头发种子进不去了，才造就了一个如此显眼的额头。就是几根幸存的“成年”头发也因“缺地盘”而被理发刀拦腰剪过。他的额头也不像普通人一样的标准肉色，而是带着点黄色的标准黄肉色。

一天上作文课，老师布置给我们写人，老师第一句说的是怎么写出人的特点，第二句就是：“像诸葛老师，你就可以写写我的额头……”我们心里暗暗好笑：他的额头怎么跟刚学的《家乡的光头山》似的？不过诸葛对他这个大秃额头并不反感，还说是这个大额头给他增添了好几分魅力呢！哈哈！

诸葛老师第二个最具代表性的当然是他“坚不可摧”的大屁股，千万别以为是猪屁股似的肥肉组成的，而是由肌肉块组成的肉球——结实得很！给我们上课，时不时一个大屁股一下坐下去，连坚硬木料做的桌子也被压得“嘎嘎”直响。我们一有机会见到诸葛老师的屁股朝我们“挪来”，轻者肚子笑痛到医院住院一个月，重者笑得停止呼吸（夸张）。诸葛老师对这个大屁股不像对光额头一样到处宣传，而是只字未提，由此可见，他对大屁股是明显的超级的不满。

【资料链接】

1. 描写人物外貌的词语

虎头虎脑　眉清目秀　面红耳赤　白净柔嫩　满面红光

满头银发　目光炯炯　双目如潭　火眼金睛　浓眉大眼

慈眉善目　气宇轩昂　高大魁梧　英姿飒爽　衣着得体

2. 描写人物表情的词语

眉开眼笑　破涕为笑　捧腹大笑　笑逐颜开　满面春风

洋洋得意　和颜悦色　悠然自得　容光焕发　神采飞扬

气势汹汹　神情沮丧　愁眉苦脸　没精打采　泪流满面

3. 描写人物心情的词语

心花怒放　满心欢喜　归心似箭　心旷神怡　心潮起伏

心悦诚服　心事重重　忧心忡忡　心如刀绞　悲痛欲绝

怒火中烧　心惊胆战　心慌意乱　心急如焚　心灰意冷

4. 描写人物的句子

她的脸上有一双带着稚气的、被长长的睫毛装饰起来的美丽的眼睛，就像两颗水晶葡萄。

这孩子黑虎头似的脸上，生着一对铜铃一般的大眼睛，十分精神。

他的眉毛时而紧紧地皱起，眉宇间形成一个问号；时而愉快地舒展，像个感叹号。

他那红嘟嘟的脸蛋闪着光亮，像九月里熟透的苹果一样。

他的耳朵白里透红，耳轮分明，外圈和里圈很匀称，像是一件雕刻出来的艺术品。

她那张小嘴巴蕴藏着丰富的表情：高兴时，撇撇嘴，扮个鬼脸；生气时，撅起的小嘴能挂住一把小油壶。从这张嘴巴说出的话，有时能让人气得火冒三丈，抽泣不止，有时却让人忍俊不禁，大笑不已。

李老师有一头漂亮的头发，乌黑油亮，又浓又密，她站在阳光下，轻轻地一摇头，那头发就会闪出五颜六色的光环。

我的同学萧红，梳着一条大辫子，黑亮黑亮的，浓浓的眉毛下嵌着一双乌黑发亮的大眼睛，看起来蛮漂亮的。

【你也试试】

生活中，你的身边有很多你熟悉的人，你在阅读了这些人物外貌描写的例文后，是不是也有创作的冲动了呢？那就动笔吧！

3.4　基本功训练：写对话

【老师导言】

对话描写主要有四种形式，提示语在前面、中间和后面，以及没有提示语。在写作中可以穿插运用，可以使文章的形式多样活泼。写好对话是作文做到具体、刻画人物形象的重要方面。

写人物对话要注意的是：

1. 不是所有的语言都要在作文中写出来的，应该有所选择：能体现文章的中心思想的对话要多写。如写妈妈关心你的成绩，可能在这个过程中会有很多的对话，那么是不是所有的都写呢？应该不是的，你应该抓住妈妈和你之间最重要的对话来写，反映自己的心情和妈妈的关心。

2. 语言要符合人物的个性和生活实际。个性，是每一个人都有的，但是我们的作文中的对话往往千篇一律，原因就是我们没有按照生活的原本来写，而是想当然地就写下来了，甚至是胡编乱造的，根本不考虑现实性。有一位记者在采访了一位贫困山区的目不识丁老大娘后，在他的新闻稿里写到：

大娘十分健谈，她说："还是党的改革开放政策好呀。在党的领导下，我们农民生活好了，你看房子鳞次栉比，生活就像甘蔗节节甜呢！"

我想，一个目不识丁的大娘怎么可能说出这样的"新闻稿"类的话呢，显然是不符合生活的实际，难免就贻笑大方了。写人物的语言，一定要考虑到不同人物的特点，那么你的文章才会让人感觉到真实可信。

【写作重点】

1. 对话描写的四种形式能合理地运用。要注意的是没有提示语的对话要在一定的情景中，别人知道对话对象的情况下使用，否则别人就读不懂了。

2. 对话描写要生活化。也就是说生活中怎么说的，那么你就怎么写，如果我们人为地修饰，反而会降低作文的真实性，失去生活的原汁原味。

【难点剖析】

对话的四种形式要灵活运用还是有一定的困难的。以前我在辅导学生作文中曾经出现过这样的例子，你让写人物的语言，他就专门写语言，结果一篇作文最后变成了"相声"。一篇好的生活作文，光写语言是不够的，还要注意事情的记叙，注意人物在说话时的神情、动作、心理等，也就是我们经常说的"提示语"。

如：

爸爸皱着眉头，一脸的疑惑："这是你自己做的吗？"

"不是我自己做的，还会是谁呢？"小毛头兴奋地说，脸上是神气的神色。

"那就很好，"爸爸说，"如果让别人代替，就不好了！"爸爸有点语重心长。

"你奖励我什么呢？"

"嗯——你要什么呢？"

"我要——你的爱！"

"哈哈哈哈，我的坏女儿！"爸爸高兴地吻了女儿一口。

以上加下划线的部分就是提示语。对话加上合适的提示语会让文章变得厚重、翔实。

【佳作展示】

佳作一:Q版三国

作者:浙江省龙游西门小学五(5)　班唐尧

以前,三国之间不断打仗,直到有一天,三国终于觉得要比就得公平,连通知也不通知就打仗,明显防守方要亏本的啊!所以,三国就定了一个规矩——定期打仗。于是,就像奥运会一样,大家都事先做好准备,等待战争的来临。

周瑜说:"再过一个月就要吴蜀大战了,你有没有什么办法对付蜀国?"周瑜一向以要小聪明为主,他想给蜀国来一个突然袭击。

鲁肃实在想不出什么,只好说:"在我的脑海中至少没有什么办法,不知都督有什么办法?"

周瑜想了想:有什么呢?我又不会催眠术,能把蜀国的所有人都催眠,对了!我们的国家中不是有管辂这个魔法师吗?把管辂高薪聘请为我国专门魔法师不就得了?不过听说管辂住在地下室里,很难找呀!才不管了,叫鲁肃来找,不就得了!于是,转身对鲁肃说:"鲁肃,你去把管辂找来!"

鲁肃为难了:"虽然管辂每天都要表演,但他会遁地术啊!所以每天表演的地点不一样,你叫我怎么找?"

时间过得真快,转眼就到第三天的晚上了。鲁肃板着一张脸,走在街道上,头也抬不起来,由于时间已经很晚了,他十分想睡,一抬头,咦!那不是管辂吗?便走上去说:"你不是管辂吗?今天怎么不表演了?"

管辂叹了一口气,说:"唉!现在观众的口味越来越浓了,不是不喜欢这个,就是不喜欢那个,我的工作也做不下去了!"

鲁肃看了管辂现在的情形,正中他下怀,便说:"没关系,这个工作没了,现在又有一个工作给你做,告诉你吧!我们都督要你当军事魔法师!"

周瑜也十分高兴:"看来,打败蜀国是探囊取物!主公一定会给我加薪的!哈哈o(∩_∩)o!"

到了晚上,周瑜高兴得睡不着觉,于是,叫来管辂,给他来了一个催眠术。他就一觉睡到大天亮。他万万没有想到的是——诸葛亮也是魔法师，而且，还是和管辂同一个魔法班的。他用远程读心术，知道管辂在战场上要用催眠术，于是，半夜三更召集大军，教他们用反读心术。哈哈哈！周瑜，你的日子不好过啦！

日月如梭，一眨眼的功夫，吴蜀大战就开战了。吴国的领土上，只有一个人——管辂。其他人都懒得出来了。

管辂一个人在城墙上施展催眠术。蜀国的士兵不停地念着反催眠术的咒语。

哈哈！管辂一个人在那里干着急："他们怎么还不倒啊？"所以不停地重复催眠术。

蜀国的大军就冲上了城墙，抓住了管辂。等到管辂想到为什么的时候，他已经被抓到蜀国的军营了，就这样，蜀国又多了一个城池，周瑜也减了工资。

佳作二："小屁屁"之得罪班干部

作者：浙江省龙游西门小学五年级　侯昶辉

"小屁屁"站在桌子上面手舞足蹈，唾沫飞溅地喊道："'哦雷''哦雷''哦雷'哦……"他一边唱着泰山歌，一边眉飞色舞地摆着各种难看的动作，忽然他又改歌了，"脖子扭扭，屁股扭扭，脖子扭扭，啊屁股扭扭！"突然从他的口中飞出一股极大的"激流"（其实就是"小屁屁"的唾沫！）只见这股"激流"嗦的一声从副班长的脑后越过，"小屁屁"屏住了呼吸，当看见这股"激流"从副班长的脑后越过之时，才松了一口气，突然，刚刚放松的"小屁屁"听见了一阵惨叫：

"啊!!! 谁吐的口水！我要扁死他!!! 真是太恶心了!!!"

"小屁屁"朝后一看，竟然是正班长！心想：啊！不会吧！我竟然吐到了班长！还是正的！刚才要是吐到副班长还好一点！今天真是太不走运了！唉，天命难违啊！我只好束手就擒了！转念一想，不，我一个堂堂的男子汉！怎么能说这么泄气的话呢！不行，现在还不是就擒的时候！我还有希望！三十六计走为上策！我溜！"小屁屁"转身就要跑。

忽然他听见正班长怒气冲冲地说："谁？到底是谁！给我出来！大家说说！到底是谁口水吐到了我！快说！"教室里沉静了，变得鸦雀无声。这时，全班的目光都投向了正准备开溜的"小屁屁"，"小屁屁"变得格外尴尬，呆呆地望着大家。只见正班长慢悠悠地走过来，脸角挂着一种狞笑，手一扭一扭的，骨头发出令人可怕的声音，好似一条饿了两三天的饿狼一般，似乎随时都会张开锋利的牙齿扑向可怜、无助的"小屁屁"。"小屁屁"临危不乱，准备使出最后一招——"拍马屁"！

"小屁屁"假惺惺地装出一副超级可怜的样子，嘴巴边挂着超级超级让人可怜的小厥肉，那小厥肉圆圆的，好似一个嗷嗷待哺的小松鼠！可怜得可以让铁石心肠的大男子汉，变成一个爱惜任何小动物（包括微生物）的好心"姑娘"呢！"我的好好好正班长呀！你在我心目中是那么伟大呀！你知道吗？是你成就了我呀！是你的细心的调教才使我成功（考七十分以上）呀！你就是我的'耶稣'！"

正班长似乎听了这些好好好话，开始心软……

"叮叮叮！"下课了……

【资料链接】

《孔乙己》经典语言描写：

孔乙己一到店，所有喝酒的人便都看着他笑，有的叫道，"孔乙己，你脸上又添上新伤疤了！"他不回答，对柜里说，"温两碗酒，要一碟茴香豆。"便排出几文大钱。他们又故意地高声嚷道，"你一定又偷了人家的东西了！"孔乙己睁大眼睛说，"你怎么这样凭空污人清白……""什么清白？我前天亲眼见你偷了何家的书，吊着打。"孔乙己便涨红了脸，额上的青筋条条绽出，争辨道，"窃书不能算偷……窃书！……读书人的事，能算偷么？"

众人拿孔乙己的伤疤来取笑，拿他的痛苦来取乐。通过语言描写勾画着这些人麻木不仁、穷极无聊的嘴脸，笑声里蕴蓄着一股悲凉的意味。孔乙己的一段话表明了想清白，但清白不了，又偏要争面子。可见孔乙己生活在矛盾之中而又成为取笑的对象。

对话描写不在多，而在精，关键是能够反映人物的特点和处境。这样的对话大家可以借鉴一下的。

【你也试试】

请你选择你和父母之间的一次对话，或者一次"冲突"，或者一次活动，记录人物的语言，刻画人物的个性。

3.5 基本功训练:动作描写

【老师导言】

写人写事,离不开动作描写,因为人是事的核心,没有人就没有事。而人是动态的人,哪怕是一个木讷的人,它也具备自己个性的动作。动作描写是刻划人物的重要方法之一,就是通过描写人物富有特征性的动作行为,以表现人物的性格、品质、身份、地位、处境、状态。

人的行动和人物思想、性格有关,因此,具体细致地描写某一人物在某一情况下所作出的反应——主要是动作反应,就势必显示出了这一人物的内心活动、处世态度、思想品质。成功的动作描写,可以交代人物的身份、地位,可以反映人物心理活动的进程,可以表现人物的性格特征,有时候还能推动情节的发展。

动作描写有什么作用呢?

1. 表现人物的个性

这是选自作家曲波《林海雪原》中描写杨子荣的一段话:

于是他噗嗤一笑,磕了磕吸尽了的烟灰,……慢吞吞、笑嘻嘻地吐了一口痰,把嘴一抹说道:"……你怎么知道我是共军呢?嗯?!你说说我这个共军的来历吧!"说着他朝旁边椅子上一坐,掏出他的小烟袋,又抽起烟来。

小炉匠一说出杨子荣"不是胡彪,是共军",局势十分危急。杨子荣"笑"、"磕"、"吐"、"抹"、"说"、"坐"、"掏"、"抽"等一系列动作,把他沉着冷静、从容镇定、大智大勇的性格特征活灵活现地表现了出来。要是当时他稍一犹豫或者慌张,我想后果难以设想。

2. 点明文章中心

《我的伯父鲁迅先生》中有这么一段话:

"先生,"他那灰白的抽动着的嘴唇里发了出低微的声音,"没留心,踩在碎玻璃上,玻璃片插进脚底了,痛得厉害,回不了家啦!"爸爸跑到伯父家里,不一会儿,就跟伯父拿了药和纱布出来。他们把那个拉车的扶上车子,一个蹲着,一个半跪着,爸爸拿镊子给那个拉车的夹出碎玻璃片,伯父拿硼酸水给他洗干净。他们又给他敷上药,扎好绷带。拉车的感激地说:"我家离这儿不远,这就可以支持着回家了。两位好心的先生,我真不知道怎么谢你们!"伯父又掏出一些钱来给他,叫他在家里休养几天,把剩下的药和绷带也给了他。……伯父和爸爸回来的时候,我就问他们。伯父的回答我现在记不清了,只记得他的话很深奥,不容易懂。我抬起头来,要求他给我详细地解说。这时候,我清清楚楚地看见,而且现在也清清楚楚地记得,他的脸上不再有那种慈祥的愉快的表情了,变得那么严肃。他没有回答我,只把他枯瘦的手按在我的头上,半天没有动,最后深深地叹了一口气。

写鲁迅先生救助车夫的事情,以一系列的动词描写,反映鲁迅先生那种特殊的品质,如救车夫的过程中,“扶、蹲、半跪、夹、洗、敷、扎”等动词,在结尾处,写鲁迅先生“只把他枯瘦的手按在我的头上,半天没有动,最后深深地叹了一口气”。“按在头上,半天没动,深深叹气”,这些动作表现鲁迅忧国忧民的伟大情怀。

3. 交代身份地位

不同身份的人,表现出来的动作是不一样的。下面是两段动作描写:

(1)老农搓了搓手,笑着接过香烟,仔细端详了一番,说:“好烟,好烟,大概要十多元一包吧,呵呵……”我说:“大爷,您就抽吧,不贵。”其实呀我的烟要三十多元一包,是一个朋友送的,我怕说出来大爷更舍不得抽了。大爷听了,还是没抽,把烟小心翼翼地夹在耳朵后,一晃一晃,开心地回去了。

(2)我再次走进这个森严的“衙门”时,那钱科长并没有因为我托了和他相熟的人拉过关系而改变对我的态度。当我站在他的对面时,他虽然已经知道我进去了,只是装作没有看见,埋头看着报纸,大概报纸上刊载的刚好是他最喜欢的股票行情研究之类的东西。我递过一根烟,科长才抬起尊贵的头,漠然地瞟了我一眼,接过把烟随手扔在桌子的报纸堆旁,对我说:“实在不好意思,你的事情我们还得研究研究……”

这两段话,同样面对别人“敬烟”,老农和科长截然不同的动作,很好地表现了他们殊异的地位和性格特点。

【写作重点】

动作描写不难,难就难在如何抓住典型的动作进行刻画,而不是只要是动作就加以描写。动作要有选择,不是眉毛胡子一把抓。我这儿举一个《学游泳》的动作描写的例子。

例:今年夏天,爸爸带我到南湖去学游泳。爸爸带着我骑着自行车去南湖。路上瞧见建筑工人在造房子,听到树上的蝉儿在不停地鸣叫。到了南湖,从自行车上跳下来,放好自行车,脱下衣服,走到水里,就开始游泳。吃力了,休息一会儿,再游。过了一个小时。我们就回家了。游泳真开心。

“带着”、“骑着”、“瞧见”、“听到”、“放好”、“脱下”、“走到”等动词,简直就是在记账,从骑车到看到建筑工人工作,到听到蝉鸣,都是和“学游泳”不相干的描写。到真正写学游泳却只有一句“吃力了,休息一会儿,再游。”这么简单的几个字。

对上面的文章进行修改后是这样的:

终于下水了,可不像岸上,两腿发软,身体好像飘来飘去。(入水时的感觉)我急忙紧紧地抱住爸爸的脖子，两腿夹住爸爸的腰部。（入水时的紧张）口里直喊着“我要回家”。爸爸说：“别害怕，一步一步地学，总是能学会的。”过了一会儿，我才壮着胆，两脚稍微向后伸了一下，觉得没事，接着两脚再用力一前一后地伸了几下，好像后半身浮了起来。（学习游泳的尝试和感觉）反反复复，终于学会了用脚游水。这时，我脸上露出了笑容。

删除了和学游泳无关的动作描写，着力描写学游泳的动作，来体现学游泳的感受。“两脚发软”、“紧紧地抱住”、“两腿夹住”、“口里直喊”，真实地表现出小朋友刚学游泳时的害怕心理。“壮着胆”、“稍微向后伸了一下”，体现了小朋友的小心谨慎。这样的描写才是真正抓住了重点，写出了游泳的真实过程。

【难点剖析】

1. 动作名称要准确表述。有些同学因为不能准确地表述动作的名称，所以就无法很准确地进行描写。如“我拿起碗，又拿起筷子，把饭放进嘴里”这句话，准确的表述应该是“我捧起碗，又拿起筷子，把饭扒拉进嘴里”。

2. 动作描写要注意有序性。有些比较复杂的动作描写，往往容易导致描写的层次不清楚，前后混乱，因此在写作时，要注意表达的严谨，写清楚先是干什么，接着干什么，然后怎么样。

3. 动作描写要能反映人的精神和个性等。

【佳作展示】

烟魔老爸

作者:西门小学四(4)班　童哲奇

诗魔白居易大家都不陌生了吧?我也一样!在娘胎里我就会"哇哇哇"地哼几句他的诗了。可我的世界里就突然冒出个"烟魔老爸",这可令我感到来不及适应。

自从我降临人世,就受过很多"烟魔"的洗礼了,只要他在家,屋里马上就烟雾缭绕,让人好像踩在云上,整个家成了名副其实的"人间仙境"。我大概是不习惯那魔王的"盖世神功",也害怕那吞云吐雾的机器制造的"灵霄宝殿"吧,每次见着他手伸进口袋里掏什么,我就像逃难似的躲得远远的。

这天,我正倚着椅子的扶手津津有味地看电视,"烟魔"再次来袭,令我一时间手足无措。他踏着大方步走到沙发前,一屁股压了下去,一块沙发立即凹下去一大块。随后,他一甩头,二郎腿便翘了起来,随手拿起茶几上的茶杯,掀开盖子,喝了一口茶。手伸进口袋,拉出一包皱巴巴的香烟,一手拿出随身带的打火机,红红的火苗燃起了烟草,一股蓝色的烟圈袅袅得飘起来……老爸猛吸了一口,从鼻孔里冒出一道烟柱,眯着眼开始享受那美妙的一刻。

我立即捂住鼻子,带着鼻音含糊不清地说:"老爸,到外面去吸,电视上说了几遍了,让我们吸你吐出来的东西等于在吸二手烟!"老爸弹了弹快要吸完的烟灰,用手抹了抹鼻子,无所谓地说:"你身体又不差,吸两口增强免疫力嘛!"说着,掐灭那根已经吸完的,又从口袋里掏出一根,点上,轻松地吐出一个又一个烟圈,"我上次还在书上看见这样一句话呢,我讲给你听啊:'饭后一支烟,赛过活神仙!'"

我无可奈何地耸耸肩,谁叫他"烟性不改"啊,我从心底呼唤:"撼山易,撼老爸难!"

诸葛点评:

文章很幽默,原因有以下几个:

1. 类比法:用“诗魔”和“烟魔”来类比,一庄一谐,让人忍俊不禁。

2. 比喻法:“屋里马上就烟雾环绕,让人好像踩在云上,整个家成了名副其实的‘人间仙境’。我大概是不习惯那魔王的‘盖世神功’,还是害怕那吞云吐雾的机器制造的‘灵霄宝殿’吧……”,这样的比喻,形象生动,让人产生联想,自觉期间的妙处了。

3. 准确的动作描写让人物的动态尽显眼前,可谓入木三分地写出了“烟魔”的特色,如“猛吸了一口,从鼻孔里冒出一道烟柱,眯着眼开始享受那美妙的一刻。我立即捂住鼻子,带着鼻音含糊不清地说”、“老爸弹了弹快要吸完的烟灰,用手抹了抹鼻子,无所谓地说”、“又从口袋里掏出一根烟,点上,轻松地吐出一个又一个烟圈”,刻画了老爸吸烟的“境界”之高,写出了“我”的无奈。

4. 运用巧妙的易色,如“撼山易,撼老爸难!”是巧妙地修改了“撼山易,撼岳家军难!”幽默的元素尽显期间。

佳作二:老爸学煮饭

作者:浙江省龙游西门小学四(4)班　吴立豪

我老爸整天不是睡觉就是抽烟,可我家的一家之主是老妈,每天都有他好看的,哈哈!

这天老爸一回家,就屁股往床上一坐,打开电视机。老妈这个"女武松"回来了,老爸这只"胖老虎"不知天高地厚,还拿起烟盒,抽出一根,插进嘴巴一吸一吐的,不知云里雾里了。

老妈十分想看快乐大本营了,于是瞪着大眼睛气势汹汹地用眼睛死死地盯牢老爸说:"你好的,在那里看看电视,抽抽烟,等下吃吃饭,你真会享受!给我看,你去学学煮饭,快去!"

爸爸接到"命令",不敢懈怠,大跨步地走向厨房,说:"今天就是我大显身手的时候了。"爸爸开始切生姜,只见他"捉着"(因为手脚不麻利,看着就像在捉"汉奸"),小心地用刀切了下去,刀子一斜,生姜被厚厚地切下一块。老爸也觉得太大块了,想再切一刀,可是那刀子实在是太大,不知道如何下手,比划了半天,最终还是放弃了。不过生姜实在是太大块了,好像那不是生姜,而是土豆片!

接着他开始切鸡块,只见他挥起板刀,"咚咚"有声地"砍"了起来——听那声音,就不是温柔地"切"。妈妈不放心,走过去说:"鸡腿切小块点!"结果等老妈回房间,他挥起刀,把鸡腿"剁"得像肉酱一样,放到锅里来了一个大翻炒,鸡肉变成了星星点点的小碎片。

接着是烧大白菜,老爸自信满满的,结果在烧大白菜时,竟然还放进了一大瓢醋,整个厨房是醋香飘逸呀!

……

开饭了!我嚼着老爸的所谓的"菜",心里翻江倒海:"不吃不知道,一吃吓一跳",这叫菜吗?可是为了老爸的自尊心的缘故,我边吃边说:"嗯,好吃!"老爸瞪着迷茫的大眼,感激涕零地说:"儿子,真的吗?"

诸葛评点：

动作描写能很好地反映人物的特点，文中的这段描写让我们看到了一个手足无措的爸爸：

爸爸开始切生姜，只见他“捉着”（因为手脚不麻利，看着就像在捉“汉奸”），小心地用刀切了下去，刀子一斜，生姜被厚厚地切下一块。老爸也觉得太大块了，想再切一刀，可是那刀子实在是太大，不知道如何下手，比划了半天，最终还是放弃了。不过生姜实在是太大块了，好像那就不是生姜，而是土豆片！

这样细致的动作描写是作者平时注意观察的结果，有了良好的观察并有层次地写下来，文章的趣味性就浓郁了。

另外，作者的结尾也很有趣，让老爸在“不自信”和“感激”中问话，写出了生活的情调，体现了爸爸的“可爱”。

收藏本文，谢谢！

【你也试试】

生活之中,一次烧饭、一次吸烟、一次活动、一次争吵、一次集会都伴随着人的动作,只要你观察细致,生活处处是作文。请你根据以上的辅导和案例的学习,捕捉生活中的一个瞬间,写一篇幽默的生活笔记吧!

第四章　作文教学理论探索

4.1　蹲着·坐着·躺着

——习作教学评价三种角度的思考

在作文的教学上，我一直坚持自己的一个观点：与其努力地教，不如认真地评。意思是如果在努力的“教”和“评”这两者中做选择的话，良好的评价更有助于学生作文能力的提高，这从语文学习的基本特点中可以找到佐证。语文是一门工具性和人文性高度统一的学科，如果仅仅把语文当作工具来用，那么语文教学过程就会成为一些技巧教授和肢解的技术活，教师只能是一个“匠”，而非“师”。人文性，就意味着语文学科的学习，更多的是一种学生自我学习和内化的过程，教师的作用是引领、点播、共学、激励、评价，通过这些手段，让学生感悟、理解、修行、正觉、践行，由知而行，以行促知。语文如是，作文亦然。

笔者从教以来，因为是一个文学爱好者的缘故，一直从事作文教学研究，在作文的评价方面有着自己的三个视角。不揣浅陋，权当抛砖引玉，请大家批评指正。

一、蹲着——以低视角介入

蹲着，就是将评价的视角放低。

在教学中，教完高段语文回到中低段教学，很多老师会有深深的失落感：“这些学生怎么这么差？我以前的学生写得……”如此的抱怨，很多，也很正常。当我们已经习惯喝好酒的时候，喝到家乡的水酒就会觉得淡，道理就是这么简单。

那么，如果你还是按照以前的评价要求去要求自己的学生，那么学生就会出现一种畏惧心理。有些人为什么一辈子学不会骑自行车，这往往和她第一次学车的经历有关，要么她根本就不喜欢尝试，要么就是第一次就让她摔怕了。学习也是这样，当教师的评价总是负面的，或者高深到让孩子们云里雾里的，那么大家都会有恐高的心理。

如何蹲着？

1. 把跳高杆降低,抬抬脚就能过去

学习就如跳高,把跳高杆放得很高,学生就是跳筋斗也跳不过去,势必挫伤积极性。过去我们强调"跳一跳能摘到葡萄",我倒觉得,在孩子对习作不感兴趣的时候,不妨让他"抬抬脚就能过去"。降低要求是培养学生的自信心,而自信是一种免费的助推器,可以让人的潜能超常规的发挥。

曾经教过一个学生,她妈妈见我的第一句话就是"我这个儿子一点也不会读书的"。当时这位学生很尴尬,我想他原本以为遇到一位新的老师,至少可以给他几天的好日子过,没想到母亲会说这样的话。我当时就打了圆场,我说:"你错了!我一看你的孩子就是会读书的,你看人长得帅,而且很尊重老师,这样的孩子怎么会不读书呢?"当时那孩子挺高兴的——要是我也高兴。

不过那孩子的确不会写作文——第一次写作只写了3句话,其中两句是病句。然而我没有批评他。我对他说:"你虽然只写了3句话,但诸葛老师觉得你这一句写得很好,很通顺,也很明白。"那孩子感觉很奇怪,这样的文章竟然得到了表扬,真是奇了怪了。我从他的眼睛里看出了他的疑惑。我对他说:作文并不神秘,只要你会说话,你就会写作。你就把自己说的话写下来,也就是作文。那孩子真诚地点头。之后我给他提出要求:下一次作文只要写5句话就可以了,允许有一句话不通顺。

一年下来,那孩子能写500字的作文,基本通顺,事情明白,应该说基本完成了任务。

把跳高杆降低,就是分解我们的教学任务,既然学生无法一次达成要求,那么我们不妨分成十次;既然学生没有学习的兴趣,我们不妨给他一点希望。让孩子们进步,不要让孩子第一跳就失败,这很重要。

2. 只见一点,不及其余

评价的作用是促进,而非甄别,更不是给孩子以断语。我经常和孩子们说一句话:一篇文章没有写好,没关系;十篇文章没有写好,也没有关系。因为写不好文章不会死人。你看社会上很多人不会写作文,甚至字也不认识几个,但是他们却能做好自己的工作,干出自己的事业。关键是什么?是做事情的态度。写作也是这样,如果你的写作是真诚的,是努力的,那么哪怕只有一句话,照样可以得到老师的肯定。

这话糙了,但理不糙。作文评价的一点重要内涵,就是让老师的评价,促进学生良好的作文态度养成。让学生对作文学习和训练有一个客观的认识,从而以良好的心态和积极的态度对待它。

也有一个案例。我的一个学生,长得非常帅气,尤其是有一双炯炯有神的大眼睛,给人印象深刻,以至于我上课,一讲到"炯炯有神",就会说到他。但是同样让人留下深刻印象的是他的作文。第一次批阅他的习作，竟然找出了45个错别字，这在学生中是少见的。

这样的文章，可以不及格，你甚至可以狠狠地批评他。但是，文章中有一句话让我很震撼：

我紧张极了，要是手上有一块铁，我一定能把它捏出皱纹来！

这是一种多么有趣，多么有才华的想象呀！我在班里朗读这篇文章，我抓住这句话，在全班面前大肆表扬了他。他异常激动，也许是他这样的学生第一次受到老师这样的表扬吧！

我问学生：你们说，这篇文章可以得几分？学生们异口同声的说：100+5星(5星是对文章创造力指数衡量的最大值)。我说："不！应该是80+5星！"学生们面面相觑：老师怎么会打这个等级呢？

我说："胡华生同学的作文是我朗读的，如果给你们读可能就读不懂了，因为他的作文有45个错别字！"

学生中间顿时传出惊叹的声音：啊——

"但是，老师要奖励他20分，因为我从胡华生的身上看出他在写作文的时候是认真的，是投入的。错别字的形成不是一朝一夕的，改正它是需要时间的，我愿意给他时间。但是他有杰出的创作能力和丰富的想象力，所以这20分是额外的奖励！老师希望他能够一如既往地发挥自己的创造力，能够投入地进行学习。当然希望下次的错别字，是个位数而不是45个！"我微笑地看着胡华生，微笑地说完这段话，全班响起热烈的掌声，这掌声，既是给胡华生的，也有一些是给我的。

对于小学生，苛刻求全往往是挫伤习作积极性的最大杀手，有时候"只见一点，不见其余"恰恰是老师的智慧，更是学生学习的助推器。

3.轻美文创作，重真情实感

随着传媒的不断发展，学生发表作文的多少逐渐成为衡量一位教师教学水平优劣的重要砝码之一。有些学校甚至会为每位语文教师规定发表文章的任务。就学生个体发展而言，这种日趋兴盛的以"美文"创作为主要目标指向的文学创作式作文，给学生的发展带来了负面影响。

诚然，文学创作有其优势，它可以丰富学生的想象力，激发创造力，激发学生的学习兴趣，可以丰富学生的词汇，可以提高学生锤炼语言的能力……然而，文学化的写作方式并不适合全体学生，更不可能为全体学生所接受。教师的美文化追求，势必会导致大部分的中下生在作文学习中无法体会到成功感的激励。挫败感的重复必然导致作文兴趣的衰减，甚而厌倦作文，畏惧作文。如果作文教学成了学生学习语言的畏途，就背离了作文教学的原旨了。

在平时的作文教学中，我欣赏能写出"美文"的学生，也会将这样的作文供全体同学欣赏。然而我同样注重那些普通的作文,让学生述说真情实感,反映一思一得,表达一己之见,刻画一物一人,只要是带有个体思考性的,具有真情实感的作文均是我打“星”的范畴。面向全体,重视差异,肯定亮点,是提高全体学生作文兴趣的一种朴实而简易的途径。

在语文课程新标准基本理念部分指出:“学生是学习和发展的主体。语文课程必须关注学生的个体差异和不同的学习需求。”因此作文教学的评价标准应该是一个动态的弹性的标准,它应该是能够具体到每个学生个体的发展情况以及对知识的习得程度,应该能够照顾到学生的个性差异以及不同的智力结构。如果教师的评价只是横向的单纬度的评定一个学生的写作能力,那么评价的价值取向就发生了偏差:评价的指导思想是“为了创造适合儿童的教育”,用以调整教师的教学策略以及针对不同学生的个性特点进行针对性的指导。如果评价只是“选拔适合教育的儿童”,那么这种评价只会扼杀一大批儿童,因为我们的教育的目的不是培养“精英”,而是让每一个学生都不会落后,并在学习中有所收获,从而激发每个学生的作文兴趣。

儿童有自己的“专有逻辑”,需要教师用欣赏的目光去看待。小学生在写话的时候,这样的现象很普遍。不妨举两句话作为例子:

例子一:学校来了一群法国阿姨,这群阿姨是女的。

例子二:爸爸说:“我小时候没饭吃呀。”

我问爸爸:“爸爸,你是不是吃不饱饭才来我们家的呀?”

看上面的“童言稚语”,岂一“差”字能了得的?这些都是孩子的逻辑,是孩子的思考,更是孩子的视野关注世界的结果。

让孩子有感而发,不要字字珠玑,不要妙章佳构,不要辞藻华丽,也许在平凡之中,会让孩子们获得更多的美,获得更强劲的动力。

二、坐着——以平和的心态关注

坐着,多看看,多想想,不要多做。教师是专业工作者,很多职责是引导而非包揽,是指导而非力行。所谓吃力不讨巧,的确是呀,很多时候老师就是包治百病的神医,孩子们出什么状况了,第一个到现场的就是老师。很多家长孩子不会写作文,就带到我面前,恭敬地嘱托我:诸葛老师,我这孩子就交给你了!我很感动,因为这是信赖;但我也感觉悲哀,这不仅仅是家长的观念,更是我们很多老师的观念使然。老师的教学行为,在潜移默化中给了家长一种消极的暗示:孩子的学习,是老师的责任,而非家长自己的,而非学生自己的。大包大揽的结果是苦了教师,而养了一群懒虫。

我经常对家长说:你们这样想不对,老师不是菩萨——你以为出了状况,买点纸钱烧一下就灵了?真正的“菩萨”应该是学生自己,应该是家长自己。

1. 把“批”留给老师，把“改”还给学生

作文教学的各环节中，批改是一个十分重要的过程。如果把课堂教学比作构建大厦的准备，学生的初稿形成比作初坯的形成的话，批改则是一个质检的关口。一般的理解，“批改”似乎是同一个概念，是教师行使其“权威认证”的法宝。其实，从“学生的主体性”出发，“改”应该还回到学生的手中。如上比方，教师“批”中发现了问题就如质检发现了问题后，却由“质检部门”去履行“整改翻建”的任务，显然是不合理的。然而这种不合理，长期以来在教学工作中盛行延续，不能不让人深思。究其原因，或可概括为以下几种思想作怪：一是教师担心学生不能改到“点子”上，便越俎代庖；二是教师本身观念上的模糊，将“改”的重任理解为教师本身的义务，致使以把作文改得“满脸通红”为喜为荣，甚而以此认定一位教师的教学工作态度的优劣。殊知这不仅加重了教师的教学负担，还抑制了学生作文能力的提高。语文课程新标准在基本理念部分则明确指出：“语文课程应该是开放而富有创新活力的”，需要各方自我调节、更新发展。具体实施中，强调“语文教学应在师生平等对话的过程中进行”，因此，在批改的环节中，教师应该充分地开放教学的全过程，充分意识到学生能动性发挥对作文教学的促进作用。

学生的作文能力的含义中，自改文章的能力是重要的内容。教师在批阅作文时，应该做到精批：点出学生作文存在的问题，提出适合学生实际能力的修改建议，提供必要的修改指导。学生修改后，应该对学生的修改提出中肯的评价，肯定其中的进步并指出今后努力的方向。

作文教学的评价对象和范围应该突破习作这单一的范畴，它应该贯穿于学生的整个写作过程。学生改写作文的过程，其实就是学生对知识的再学习的过程。这个过程中，学生在巩固知识的同时也在修正自己的学习所得，是一个再提高的过程。教师的评价应该是在学生的多次修正的过程中给予的，而不是单纯的在写作之后给他一个形成性的单一的评价，这就是评价的过程意识的体现。新课程改革纲要指出：“形成性评价和终结性评价都是必要的，但应加强形成性评价”。作文教学要讲究人情味儿，表现在是否尊重学生的主体地位。良好的评价带来融洽的师生关系是任何好的教材、方法所无法代替的，更主要的是它是一种效应，一种能量。走到孩子中间去，和孩子成为朋友，而不是让它成为一句空话。和孩子在课堂上，一起学习，一起进步，少一些批评，学生会轻松，少一些包办，学生会创新，少一些严厉，学生会自由……作文教学中，要让学生产生积极向上的动力，还学生主人地位显得尤其必要。

2. 把“评”让给全体，把“改”交给个体

与教师的“批”相对应的还有一个概念是“评”。教师作为教学工作的指导者和组织者，是有其权威与垄断地位。正是这种权威和垄断，是导致教师主宰课堂话

语权的潜在因素。在作文教学中,将“评”的重任归之为教师的职责之内就是表现之一。其实,“评”与“批”应该有其殊异的内涵:“批”是教师在作文教学中提出个人的观点和看法;而“评”则应该涵盖学生个体对一次训练的看法和见解,不仅仅只是教师的看法。因此,把评议的权利让给学生,不仅切合学生自己的实际认识能力和知识水平,更能够因尊重学生的主体性而激发他们参与的积极性。让学生评,他必得遵循自我的理解和训练的要求,从中教师可以通过评议发现学生的实际能力,更能通过评议巩固理解训练的要求,一举多得。有时候,这种评价甚至可以让家长也参与到其中来,更好地发现每一个学生的进步和不足。

我在评议活动中,充分尊重学生的主体性,让学生说出来、说起来。我在选择讲评的作文时,有意识地选择优、中、差作文各一篇。在教师朗读文章时,要求学生边听边思边记,记录下各人对该文章的优缺点和修改建议。之后鼓励学生各抒己见,能给文章提出问题的我就在学生的评改能力一栏中加“星”。活动形式可以采用小组讨论、相互评价等形式,让所有的学生发表观点,这样的训练量足以让学生积极地参与到作文的每一次互评互改中。综合一学期的表现,我们可以很直观地看出学生评议能力的强弱。这种能力就要体现于我自己设计的作文成绩单的“评议能力”一栏中。学生因为每次评议都能获得表现的机会以及获得加“星”的可能,积极性也因此提高。

在学生的评议中,教师的工作是在学生的作文本上记下一些合理的建议和修改的方法,让学生自己去修改。这样,一篇作文的讲评,发动了全体学生的参与,比之“教师侃侃而谈,学生默默无闻”的灌输式讲评有了很多的进步。

新课程纲要强调实施评价,应注意教师的评价、学生的自我评价与学生间互相评价相结合。作文教学的评价在方法上和技术上不是一个单纯的定量分析,而是发展到定量分析和定性分析相结合。就学生参与评价的态度以及评价的正确度等教师尽可以加以定性地分析,从而客观的分析每一个学生的作文能力和分析鉴别能力,使学生的作文能力发展成为一个立体的、多元的系统。多方面的参与评价又使评价本身变成一个开放的、多元的、持续的行为,以确保评价自身的不断完善。作文的评价重视受评价人的积极参与及其自我评价的地位和作用,也就是说,评价的最终目的不是管理和选拔,而是让受评价人学会自我评价。

3. 把“权”放给家长,把“趣”留给大家

批改之后,对一篇习作的品鉴,其实不能缺少家长这个环节。家长是学生的第一任教师,家长需要了解和关注孩子的成长过程,家长应该用心去体会学生学习的艰辛和进步,因此,老师把评价的“权力”赋予家长,不仅仅让家长了解了学生学习的甘苦酸甜,不仅仅是明白了孩子的进步与努力,同时也让家长更加权威,让家长和孩子的关系更加和谐。

也许有些家长文化水平不高,但是只要家长能够认真地去读一遍,哪怕写上一个字,写上几句鼓励的话,这对孩子的激励是不一样的。

笔者进行的网络作文研究过程中,就有这么一位家长,给了我深深的启发。

网络作文,我是借助网易的博客进行的一种作文改革,学生在博客上作文,家长在博客中关注,老师、学生在博客上评价。

我的一个学生叫唐尧,他特别的爱电脑,当然爱电脑不是爱用电脑写作,而是爱电脑游戏。家长对参加网络作文实验是心存疑惑的,怕电脑影响了孩子的学业,种瓜却得了豆。但是在我做了一番思想工作之后,他的爸爸同意孩子参加了,并表示会关注孩子的学习过程。

在教学的过程中,我发现唐尧(博客地址:http://asdfghjkl9162333.blog.163.com/)的爸爸对孩子的关注程度是最高的,每次习作结束,他都会给孩子一两句简单的评语,如:

《Q版三国》:ok!ok!ook!10分好!老爸很喜欢看你这样的好文章!

《我的玩具手枪》:很好的玩具枪哦!写得很好!有进步!老爸表扬一下!

这评语,虽然没有多少专业化的评价语言,没有什么技巧性的指导,但是这些朴实的话是暖人心的。对于孩子来说,这是鼓励,是鞭策,孩子从这么几句话中,看到作文背后的爸爸,用一双欣赏的眼睛看着他,犹如春风,滋养着他,鼓励着他。

那么,现实的作文教学中,我们的老师究竟给了家长多少"权力"呢?至少,很多教师没有真正寺学会"放权",把教学评价的重担毫无怨言地全部背负了。我们是孺子牛,但绝非铁牛——很多时候,我们要学会自我的减负,把费力不讨好的事情给一些家长做,他们做得不亦乐乎,让孩子在亲子活动中感受成功,让我们享受教学的轻松,以平和的心态关注学习的过程,一举多得,何乐而不为呢?

三、躺着——以博大的视角促进

躺着,让孩子们忙碌起来吧!——这是我在教学中的一个观点。

很多时候,老师的辛苦是自找的。为什么我们把学生看成弱智呢?为什么我们把自己当作拐棍呢?世界没有老师,孩子们就不会走路吗?也许并非如此。评价,应该着眼于过程和体验,着眼于方法和情感,着眼于孩子知识的习得经历而非习得的结果。

每一种学习的过程都是美丽的。那么习作的评价内涵究竟如何界定呢?个人认为,"躺着",就是让学生忙碌,而老师只是以博大的视角去匡正学生学习的过程,去指点学生学习的方法,让学生在自我达成的过程中学会写作,学会体验,学会自我表达。

笔者在活动作文教学实践中,始终保持"躺着"的姿态,我看,我动嘴巴,但我绝对不动手。

作文教学的目的在于培养学生的写作能力。但作文教学长期以来实行一种封闭型结构，教学过程总是在教师出题，学生写作，教师批改，教师讲评，然后再出题转入下一轮作文，几个环节周而复始。一般一个作文教学过程要用四课时，而中间批改这一步要用一周或几周，导致写、改、评严重脱节，教学周期无限延长，写作状态不断遭到破坏，教学思路时有中断；每每学生写得毫无生机，教师改得头晕脑胀；教师讲得天花乱坠，学生听得昏昏欲睡。

活动型作文教学的指导思想是打破常规的作文教学形式，作文教学不再局限于几节作文课上，而是贯穿于学生的学习、生活之中。叶圣陶先生说："作文这种事离不开生活，生活充实到什么程度，才会做成什么文字。""指导学生作文，要从内容入手。要引导学生接触自然，接触社会，指导学生留心观察和分析周围的事物，养成观察和思考的习惯。"

1. 建"场"——需要指点

活动作文，需要老师去建立一个活动的"场"。

A. 社会活动：学生作为社会的人，首先要学会关注社会，了解社会和参与社会活动。让家长带着孩子到社会中去，让孩子关注社会，了解社会。

B. 学校活动：学校其实就是一个小型的社会，引导学生关注学校的发展，关注学校的新鲜事物，关注学校的变化，可以帮助学生形成观察和思考的习惯，积累身边的素材，从而增强表现生活的能力。教师的职责，就是提醒、建议、要求、促进。

C. 情景活动：生活报告会、观点报告会、事例评点会、建议设想课等带有教师设计意图又和学生生活比较贴近的情景性活动，是教师联系社会和课堂进行作文活动的极佳的方法，而这些方法的运用，都可以由学生自己来组织。

D. 思维创意活动：儿童的特点就是具有丰富的现象力，这是我们教师教好作文的最大的帮助。活动不一定就是肢体的活动，思维的创意活动更是激发学生作文欲望和动机的载体。童话续写、合作童话、儿童小说改编以及教师提供几个风马牛不相及的词语让学生进行故事编写等，都可以很好地丰富作文训练的途径。这些活动，老师动动嘴巴，学生就会忙得不亦乐乎，可谓是小杠杆可以撬起大地球。

E. 单项训练活动：如说话课、观点课、辩论课、演讲课、异想天开课、笑话与幽默课等，单项训练学生的表达、思辨、想象、语言等能力。这些不妨也交给学生，我们看看，如果受到学生的邀请，有兴趣的话，咱们参与一下，指点一下，提升一下也未尝不可。

活动作文讲究的是"作文处处是生活，生活处处是作文"，而生活需要学生自主去关注、挖掘、反思、提升，即使教师要包办，也绝对是没有效果的。教师的责任就是评价他们在活动中的参与度，评价他们的情感、态度、价值观的改变，评价他们的过程设计和体验。让孩子在开放的活动场中，主动发展，主动思考和体验，教师只要“躺着”看看，指点指点就足矣。

2. 解“套”——给个态度

作文之难，难在“套”多，不仅仅孩子，也包括老师，有时候成为了“套中人”。作文教学和评价，需要教师去主动解“套”。教师给个态度，孩子才会有努力的方向。简单的说，所谓的“套”，有以下这些：

教师的“套”：“积极”、“健康”、“热爱祖国、热爱人民”、“热爱祖国大自然”……诸如此类的教学语言，是学生思想上无形的“套”。我认为，崇高的思想固然重要，但是生活中全都是崇高的话，生活就是一种“理想”。认识生活，就是要认识到生活中崇高和平常同在，高尚和丑恶并存，开心和苦恼共舞，阳春白雪和下里巴人混杂。我们引导学生认识的是一个真实世界。

教材的“套”：“把教材当圣经”的思想除了教师，学生更是有过之而无不及。因为它是“考试”的蓝本。因此教材的好与坏都成了学生思想的枷锁。教材的权威性代替了它原来的“教学的载体”的范畴，称其为“套”，便好理解了。

教育目标的“套”：教育不是培养“圣人”，但我们的教师或社会或多或少期望把我们的下一代培养成为“圣人”。大家都知道，这是不可能的，但我们都这样身体力行地做着。“学校十年功，社会一分钟”的悲哀或许正昭示我们在教育学生时在“价值取向”上犯了指向性的错误。

在评价的双边活动中，教师的指导思想解“套”了，我们的评价尺度就不同了；评价尺度变化了，学生的作文才会更上一层楼。

4.2 博客，最是一抹的精彩

——浅谈学生作文博客的建设

网络，是一个神奇的世界，在这个世界里，你可能迷失自己，也可以美化自己。利用博客进行作文教学，源于2005年的网络作文教学研究。当时建设了属于自己的网站《青藤阁》，后来建设了《青藤阁论坛》。从网站到论坛，交互性得到了很大的发展，极大地便利了教学活动的开展。2007年开始研究如何利用博客进行作文教学。这个转变，是基于另一个方面的思考：学生需要专属的平台，应该有自己的私密空间，而博客是最适合的。

让孩子们走近博客，学习用博客写作文，我的一些"敝帚自珍"式的"经验"写出来，供于大家，希望得到支持、呼应和建议：

一、激发情趣

有了博客，孩子就有了自己的家，才会有"当家作主"的幸福感。为了激发孩子们主动地建设自己的博客，我采用了一些"小小的伎俩"。

1．"写博吧"——这是我在传统作文评价中用到的一句话。每逢遇到学生的精品作文，我一般不写评语，只写上"写博吧！"这句短语，把所有的赞誉集中在三个字上。在讲评作文的时候，对这样的文章进行精到的点评，最后不忘记嘱咐一句："写博吧，然后告诉我写好了，我一定要收藏你的作文！"这样，孩子们的眼睛里流淌的是羡慕和幸福，营造了"写博是诸葛老师的最高奖赏"的氛围，一些没有博客的孩子也就加入到了写博的行列。

2．"真美呀！"——这是我受邀逛逛学生博客时经常赞叹的一句话。博客有很多的模板，孩子们每次修改一个自以为漂亮的博客模板，往往会在我面前"美"一回，送上我的赞誉，实际上就是告诉那些孩子们：只要你去做，我就给你肯定。

3．"接着写！"——这是我给那些利用博客进行连续剧创作的孩子的留言。我班的蒋将同学，语言天赋是不错的，但是比较懒惰。有一次心血来潮写了一集《神石》，夸口说要写十万字。我给予的是微笑，留下的话是："接着写！"在全体同学的关注中，目前已经创作了9集——虽然那孩子式的科幻作品我看不大懂，但是他的主体创造力得到了激发。

4．"谁来做？"——这是为了建设我们的班级文学社博客时说的一句话。学生有了自己的博客，但是需要有一个"核心"，那就是班级文学社的博客。"谁来做？"

一句话让所有会做博客的学生举起了手。看到那些会做的,那些不会做和没有做博客的孩子们心里会想什么呢?不用说也明白。

目前,我班80%的学生有了自己的博客,有了自己的精神家园,传统的作文已经大部分被电子作文取代,学生的创作热情高涨,我欣慰。

二、整合资源

资源的整合效应,是累积的,是会产生化学反应的。学生、教师、网络三者的交互整合,让师生的世界变得丰富多彩。

1.“你们需要积累”——这是我鼓励孩子们利用网络进行学习的话。网络,是百花园,只要你有心,多姿多彩的鲜花你尽可以采摘来装点自己的博客,丰富自己的头脑。于是,诗配画成为孩子们博客的亮点,成语、俗语、谚语的积累成为家常便饭,美文佳作成为首选品牌,名人名篇成为收藏重点。其实,让孩子们积累,不是你给他什么,而是他主动去寻找自己需要的是什么。

2.“老师更需要积累”——这是我对孩子们说的第二句话。教师,除了原有的知识储备,更需要的是学习和积累。然而我们有很多的借口拒绝学习,所以教师没有像老中医一样“吃香”,因为我们的知识结构,因为我们的眼界,因为我们对现实世界的无知。很多老师在写论文的时候,没有案例,没有学生的文章作为佐证,那就是平时一枝一叶的收藏太少,我们的积累太单调。有了孩子们的一手资料,我们在教学和写作中,需要什么就有什么,所以我感谢我的孩子们。

3.“欢迎你们‘偷’我的东西”——这是我对孩子们说的第三句话。在我的博客里,有我写给孩子们关于写作的信,有很多的教学补充资料,有很多来自身边学生的最鲜活的作文,这些就是学习资源。放着也是浪费,如果他们能够去“偷”不正是我的期望吗?主动积累,主动求知,这正是“教是为了不教”!

三、张扬个性

个性美,才是真的美。百花齐放,是思想的张扬;万马齐喑,是思想的悲哀。小学生往往会被外表的美吸引,而忽视实质的追求。对学生的引导,我有一句话:

1.“外表的美是需要追求的”——这是前半句话。很多学生追求的是博客的漂亮,改改模板,改改板块,改改颜色,增加一点娱乐性的栏目,我告诉孩子们,博客的美是需要追求的,因为它是我们的精神家园,它的美,代表了我们自己的审美追求,代表我们的品位。

2.“实质的美更需要追求”——这是后半句话。博客的生命力在于个性,有个性的文章,有个性的思想,有个性烙印的资料,有个性的生活,会像磁石一样吸引别人。如果只有外表,那么博客就成为花瓶,成为一种装饰,最后是得不到肯定的。博客吸引别人更多的是个性思想,你的点击率就是对你博客的个性和情感的最佳奖赏。

四、互动学习

博客的特点，是私密和共享整合于一体的。在这样的共享中，会有智慧的火花闪现，会有更多的互动和交流，这就是学习本身的含义。

1. 共享中提高

在蒋将的作文《扣分 And 长跑》文后，互动的交流是这样的：

623764970："是我是超跑的"应改为"我是超跑的"，"教"应改为"叫"。

冰神重出江湖（蒋将）：谢谢！

V！p 小君：咳咳、班长小人的文章就是好啊，继续赶我的文去……

冰神重出江湖（蒋将）：呵呵……唉……哀……哀唉哎……

语文老师：哈哈，不错！尤其是结尾。从文章的结尾看，好像对我的治理不太满意哦！哈哈，也难怪，谁叫我这么"暴力"呢？大家多多原谅呀！

季嫣然（叶尔钰）：文章不错哦，诸葛老师真这么"暴力"？晕！

在这段互相的交流中，有同班的学生，也有别的学校的学生，也有老师和学生的交流。这样的交流，是民主的，是平等的，是闪现生活原汁原味的，是具有鼓励性的。在这样的评价前学习，评价中思考，受到启发和激励，是传统作文模式难以做到的。

2. 批评中学习

网络的评价改变了传统教师的评价，出现了学生之间毫不留情的批评。如"你的文章太臭了！不值得一读"，虽然尖刻，但是值得我们老师思考，如果都是很理性的话，是不是很难激发学生的"斗志"？还有的评价说"你的错别字比写对的还多，呵呵"，有嘲讽的味道，但是未尝不是"忠言逆耳"。诸如此类，在毫不留情的批评中，学生是可以学会在相互的"攻击"中学习，在相互的"攻击"中学会反思，在相互的"攻击"中学会客观地分析自己的文章。这样的"攻击"，是老师不能做到的，更是传统作文评价机制上难以达到的。生活光是赞美是单调的，也许来点"文字"的战斗，学习会变得更加有趣。

3. 表扬中提升

当然，作文评价离不开老师。老师中肯到位的评价，对学生的激励作用是巨大的。在童哲齐的《"贼皮"逸事》（第一集）中，我是这样评价的：

赵大山的大脑差不多已经萎缩了，一向由自身的四项习惯脚勤（跑步不怕累）、手勤（永远敲门手都不酸）、嘴勤（报告起来喋喋不休）、耳勤（谁犯错误一定"春江水暖鸭先知"）来控制身体，俗称"四勤中尉"。

——这段描写实在是妙，表扬！！！

（1）"贼皮"要把弄得他团团转的严律进行打击，如果没有黑状大王——赵大山在旁边，简直是空想。

(2)如果有人想尝尝赵大山的人肉味,那他保证要失望了,为啥？因为赵大山即使浑身上下用刀刮、用斧砍,刮出的肉也不……

——这两句话之间需要一个过渡句,不然的话太突然了,如加上"那么赵一山究竟是一个怎样的人呢？我顺便先介绍一下他吧!"是不是更好一些？

(《贼皮逸事》http://tongzheqi567.blog.163.com/blog/static/729916702008112075027598/)

多给些赞美,多给些赏识,这是作文之道,更是教育之道。

最多精彩是博客！利用博客进行作文教学已经有两年了,甘苦酸甜,都在我的博客上,都在学生的博客上,欢迎您光临我的博客:

青藤阁网络作文教学网:http://yanzhe47.blog.163.com/

2009 年 4 月 14 日

4.3　拟出情境　写出兴趣

——小学创拟作文教学例谈

所谓创拟作文,就是教师根据教学要求或作文训练的需要,通过创设符合小学生生活、心理、思想的情境、氛围、故事、情节等,激发学生主动参与的积极性,让学生在具体可感的情境中学习作文,促进学生作文能力提高的教学策略。

创拟作文的方法很多,下面笔者结合自己的教学实践,谈谈创拟作文的主要方法。

一、拟事作文教学

拟事作文,我称之为"无事生非"。也就是没有其事而创设之事。所创设之事应该符合生活的逻辑,符合小学生的生活实际,是建立在学生生活实际基础上的,而非空中楼阁。拟事作文往往可以针对学生在学校当中的生活、学习过程中发生的事情或校内外发生的各种事情进行创拟,创拟的关键之所在是突出矛盾焦点,激发思考和辨别,并且融合一定的教育因素,这样既可以指导学生进行科学的学习,也可以指导学生为人处事的方式方法等。

一次自修课,因为上课教师有事情临时通知我代课。到了班里,发现一位学生因为同学之间的一点小事在哭。处理了这件事情之后,我灵机一动,决定进行一次创拟作文训练。

1. 创拟情境:两位已经毕业的学生闹矛盾,李红说毛灵在背地里说他坏话。而她们俩在小学里是优秀学生、班干部。李红要求我帮助她,我应该怎么办?

2. 学生发表意见和看法。(下表的前六点是学生提出的看法)

学生提出的建议和意见	讨论前人数	讨论后人数
大人不记小人过,不理她	5	2
明确告诉她,人应该讲道德	7	3
绝交	5	0
了解事情真相后在相机处理	28	35
讲和	2	4
装作不知道,让她说去	3	5
老师起到桥梁作用,进行调解	0	1

3. 四人小组讨论谈话,发表自己的意见和看法。(为每位学生提供发言的机会)

4. 再拟情境:如果你是老师,你准备和李红和毛灵说什么话?(选择一个对象)

在这个过程中,有一位学生提出了上表中的第七点意见:请老师起到桥梁作用。

5. 老师应该怎样起到桥梁作用?老师想要知道大家的主张。请每一位同学替老师写一封信,老师选择最好的作参考。

6. 教师传授写信格式。

7. 学生作文。

在这次的拟事作文教学中,我主要有以下几点收获:

1. 有机结合了写信知识的传授,水到渠成,不露痕迹;

2. 创设了具体可感的情境,学生易于接受并进入情境;

3. 让学生充分地说,始终处于"情动而辞发"的状态

4. 结合班级事务和学生的思想状态进行了适度的思想教育。

二、拟人作文教学

尽管生活中学生会遇到形形色色的人,但一到他们的笔下,往往表现出"共性太多,个性缺乏","千人一面"导致"千文一面"。如何激活学生头脑中的"生活库存",让生动鲜活的人物出现在学生的笔下呢?拟人作文教学方法值得一试。

一次写人作文训练,我是从以下几个步骤对学生进行引导的。

1. 三年前我班里有个学习成绩特差的学生,同学们经常嘲笑他,我们班里有这样的事情吗?(此过程引导学生激活生活联想,引导学生将生活的记忆通过语言的表述相互进行交流,起到激发共鸣、开拓思路的作用。)

2. 这位同学经历了以下一些事情,让他感到非常委屈:

(1)一次放学轮到值日,他活干得最多,第二天老师却批评他垃圾没有倒干净,而其他同学却没有事情;

(2)有一次家庭作业已经完成,但是忘记带到学校里。小组长硬是说他没有完成,报告老师后,老师又批评了他;

(3)体育活动课上,没有人要他参加"老鹰捉小鸡"的游戏,大家都嘲笑他太笨。

3. 设身处地:假如你是那位学生,你会对老师和同学说一些什么呢?

4. 学生讨论交流,练习说话。

5. 生活联想:我们班里有这样的现象存在吗?说一说。

6. 模拟生活情景,产生写作欲望:如果你是这位差生,你会怎样对老师说?如果你在我们班里遇到过这样的事情,请你向我反映好吗?请你在下列题目中选择一个话题,把你想说的话告诉我:

《差生不能有好吗?》《我的"诉状"》《同学们,请伸出友爱的手》等

7. 学生作文。

这次拟人作文教学，我有下列几点感受：

1. 作文素材，是生活可感之材，具有生活的深度和广度，容易激发学生生活联想，活跃学生的思维；

2. 文以载道，作文和为人合一，教育和生活交融，打破"两套话语系统"的弊端，言真情，述实感；

3. 解决学生的写作素材，不同能力的学生都有可写的素材，做到有事可写，有人可摸，有情可抒。

三、拟物作文教学

古诗有"桃李不言，下自成蹊"的名句，说明自然界万事万物都隐含有其殊异的审美特质。小学阶段描摹情景的作文训练不多，但是受到一些教材范文的影响，最大的问题就是"应套"太多，方法单一。众袭一格的作文必然带来似曾相识的感觉，学生的创造性和能动力必然被束缚。

拟物作文就是物、人交融，移人之情寓于写物之法。作文的形式往往可以采用童话故事的形式。

一次我看到校园绿茵道边的一株刚刚栽种的桂花树折了一枝，心生感慨。如果纯粹教育学生爱护花木效果可想而知，于是我借此事进行一次拟物作文训练。

1. 以事引题：折了桂花树，说明什么？（暗示主题）

2. 创拟情景：要是这株桂花树会说话，她会说什么？

3. 融情想象：有的说桂花树很痛，指责同学们的不文明的行为；有的说桂花树功劳大，这种遭遇不公正；还有的说，桂花树哭了……

4. 情动辞发：模拟桂花树说一段话。

5. 拓展思路：桂花树会怎样劝告人们？（从美化环境、大气污染、减少旱涝灾害等角度）

6. 学生作文：《桂花树的诉说》或《桂花树致人类的一封信》

这次作文训练，抓住了生活中的一个细节而展开，取得了较好的教学效果。因此教师做生活的有心人，随时捕捉训练的点，随时捕捉训练的契机，创造学生比较容易产生兴趣的教学氛围，创拟出作文教学的情境，是进行创拟作文教学的关键。符合小学生的身心特点的教学方法，创新的作文写作角度，促使学生对作文产生持久的兴趣，降低对作文的畏惧感。

创拟作文的类型很多，如还有拟景作文、拟情作文等，它们都有一个共同的特点就是入情、入境、入理：在创拟情境中引导学生入境生情；情动而辞发，做到先说后写；在写作的过程中，因为创拟的作文情境，学生的精神活动处于积极的主动的探索状态；作文教学的整个过程充分体现学生的主体意识；可以很好地解决学生没有题材可写的状况，帮助学生克服对作文的恐惧心理，使他们爱写、乐写、主动写。

4.4　活动作文浅探

教学从本质上说是一种“沟通”与“合作”的艺术。在作文教学中，这种“沟通”与“合作”显得更为重要。虽然教师对作文教学的重要性认识很深刻，但作文教学中的高耗低效现象还是比较普遍，究其原因，就是教学的“沟通”与“合作”的本质特点体现得不够。从教师角度看，“知识本位主义”很大程度上束缚了教师的创新和改革；由此，学生在作文的写作中又很容易陷入“语词主义”“形式主义”等误区。活动作文教学模式正是基于以上的想法提出来的。在活动作文教学模式中，关键在于建立开放的作文教学环境，实质是着眼于人的发展，尊重学生主体性的需求。

一、活动作文教学模式提出的思考基点——传统教学模式患了什么病？

在学生的作文中，毛病大致可以归为四点：一是缺少个性，人云亦云；二是作文主题泛政治化；三是文风成人化；四是太虚假。作文为什么成了很多学生头疼的事情呢？为什么本该思想飞扬的孩子却成了“精神缠足”者，写出的文章会千篇一律呢？反观传统作文课堂教学，可以发现它主要特点以及由这些特点派生出来的问题：

1. 教学目标上强调学生写作知识的巩固与领悟，缺乏自我的发现与创造。学生在作文写作中只是被动地实践教师所传授的知识，缺乏自我精神的抒写和个体品质的体现。

2. 教学过程中最为常见的模式是从“传授”到“运用”到“形成能力、获得知识的感受”。这种教学模式，只能够让个体情感部分融合其中，主体性体验少、不充分。这种知识学习的“他主性”，是使学生成为“精神缠足者”的重要原因。

3. 学习形式上多呈现于学生的单干，个体完成，缺乏团队协作，不能深入学习，缺乏集体思维创造，局限于课内学习。

4. 思维类型上，以集中性思维、再现图解教师传授的知识为主。这种教学，“教师有一桶水，学生只能有一杯水”，学习的局限性太大，没有自由发展的空间。长此以往，学生的创造性思维品质得不到锻炼。教师在传授知识中，永远立于不败之地，处于权威和垄断地位。

5. 从学习结果上看，学生的思想正统，作文的格式规范，但缺乏主动的见解与争议的话题，喜好引经据典，只是没有自己的东西。教师和学生自觉或不自觉地用一种“公共思维”来写作或教学，学生失去了个性语言，因此作文就远离了真实的人生和真实的生活。

6. 评价方式上,往往表现简单以分数等级来评定一个学生的作文能力,能横向比较不同个体之间的差异,不能纵向体现一个人的发展轨迹。弱化自我评价,极少成功感激励。功利成绩掩盖真实能力形成的重要性。这种评价模式更多的是着眼于好的学生,多数学生不能够得到鼓励。这种"精英教育"思想不利于学生的作文能力的真正提高。

二、活动作文教学模式提出的理论视角——能给传统教学模式带来什么观念上的变化?

顾名思义,所谓的"活动型作文教学模式",就是在作文教学中以发现生活为侧重点,鼓励学生以各种亲身经历的活动为基础,体验生活、研究生活,主动探索和发现以获得知识,在此基础上记录和表现生活的一种教学模式。

我们提出这样的作文教学模式的理论基点是什么呢?

1. 从人的发展角度看,过去我们"以学科为中心"的教育观念对受教育者本身尊重不够、研究不够。作文教学中"以学科为中心"强调作文知识的传授和习得、文本的规范、思想的正统等,常常忽视青少年心理发展规律,把他们变成了被动的知识容器,扼杀了学生的主动性和创造性。另一种"以学生为中心"的理念,虽然强调儿童与少年的天性,鼓励好奇、探索、发现和创新,注重培养解决实际问题的能力和独立的人格,但是,在教育过程中,却把受教育者供奉到中心和主宰的地位,使受教育过程脱离了人类文明丰厚积淀的肥沃土壤,滑入自然主义轨道,导致教育质量严重下降,其本质的问题仍然是对受教育者自身研究不够。教育的本质就是发展,人类文明进步是人类自身素质的体现,是人类改造世界取得的成果。只有当人类改造世界的劳动成果积累到一定程度,并且能够显著改变人们的生产、生活方式的时候,才能实现人类自身的发展。新世纪已经具备足够的积累,不但可以把教育重点移向人本身,研究人的发展,而且可以深入研究人的发展与社会发展相协调,研究在社会发展的过程中人的自我完善。因此,作文教学在新的世纪中更应着眼于人,着眼人的发展,"以人的发展为本"。应从社会信息化的特点和要求出发,加强对人类自身发展的研究,努力挖掘人的潜力,认真研究人的发展,提高人的整体素质。

2. 从学生的主体性看,"以学生为主体的教学"已经成了"儿童的世纪"的一句响亮的口号。它既不是"教师中心论",也不是"学生中心论"。怎样体现学生的主体地位?首先教学是由教师指导的过程;学生必须处于能动的、愈益自觉的学习的主体地位;教师的指导作用与学生的自主活动地位是教学现象的两个侧面,这两个侧面是教学中的矛盾关系。这种矛盾关系是不断生产、否定、再生产的。

3. 多元智力理论。多元智力理论是由美国哈佛大学心理学家加德纳教授提出的,它倡导学生的主动参与、探究发现、交流合作的学习。他认为,人的智力是多元的，人除了语言智力和数理逻辑智力两种基本智力以外，还包括其他的七种智力，它们是视觉空间智力、音乐节奏智力、身体运动智力、人际交往智力、自我反省智力、自然观察智力和存在智力。每个学生都在不同程度上拥有这九种智力，智力之间的不同组合表现出个体间的智力差异，也代表了每个人的不同的潜能，这种潜能只有在适当的情景中才能充分地释放出来。对于作文教学，学生的整个生活实践和写作的过程，都充斥着个体对待外部世界的独特认识，他们需要有一个表现自己不同智力的情景。活动作文教学中的一个最大的特点就是为学生感受生活、观察生活、体验生活提供了更大的表现舞台。最后的形成性的作文文本仅仅是作文综合活动成果的体现之一，更重要的是伴随而来的其他能力的形成。

三、活动作文教学模式的构建——给传统作文教学模式带来怎样的变化？

1. 运用个性化的语言表达生活

作文是快乐的，但快乐的获得绝非朝行夕至的。传统的作文教学存在着其合理的、科学的一面，但我们不能无视它落后的一面："应题"作文的束缚，"应体"作文的拘谨，"应命"作文的违心，"应法"作文的尴尬，"应套"作文的无奈……如何把作文的功能扩大化，让学生我手写我心，我手写我行，我手写我想，我手写我思，多元地解读生活是基础，个性化的语言是表现。

教师在应试教育模式下的作文教学，偏重于程式化、成人化、虚假性，信奉语言主义和技巧主义，把对语言的要求当作对作文的要求，追求系统的训练，没有把作文当作记录生活、思想的手段，甚至将文学创作的要求强加于学生。而这种要求久而久之会使学生疏远现实，缺乏对应社会的真枪实弹的进攻和抗御能力。教师也会以发表学生作文为荣誉，导致追求美文创作，这是教学的"精英意识"的表现，只适合部分学生，和现代生活的需求有一定的差距，这是一种装饰多于教育实用的倾向。

2. 进行自主的评价

活动作文重活动过程中的参与与多元解读，重个性化的语言表现，重学生自我评价，教师进行弹性评价或回避评价，重个体体验轻集体认同是评价方式的根本改变。因此活动型作文教学不去追求奇文美文的大量问世，但追求"写作者是快乐的、成功的"的境界。学生内动力的提高才是真正的提高。

四、活动作文教学模式自身所具有的特点——给传统的作文教学模式带来哪些实质的改变？

1. 教学目标上强调对每种知识（写作知识、科学知识、社会经验等）的综合运用，注重经验的积累，培养学生的创造性思维能力，发展对人对事的积极情感。学生在获得写作的经验的同时，其他的能力也同步获得进步。活动能力的提高带动各方面能力的综合提高。对作文知识的学习处于能动的自主的状态，情感状态处于积极的主动的状态中。

2. 教学过程中,强调活动和自我发现、多元解读,培养了学生的主体认知能力,对事物和现象的认识更加接近于事物的本来面目,培养学生的独立思考能力。将文章的"表达自我的感受"的特点强化出来,改变了"千人一面"等传统作文教学中存在的问题。

3. 学习形式:单干与合作、尝试结合,课内与课外并重,经验与实践联系,活动与写作同步。学习的过程成了一种综合的、合作的、实践和知识结合的过程。学生在尝试合作中可以多方面地汲取营养,丰富自己的认知,提高自己的实践能力。

4. 思维类型:培养发散性思维与创新能力。摆脱求同思维的束缚,往往可以带来百花齐放的效果,学生的创新能力和独立思考能力都会得到提高。

5. 学习结果:不强调正统的答案,提倡百花齐放,倡导百家争鸣,重视实践与写作的过程,学习和写作的过程就是提高的过程。

6. 评价方式:教师不评价或弹性评价,强调学生的自我评价或共同评价,并尊重这种自我评价和共同评价。在活动作文的实践中,我们倡导的评价方法是:把"批"留给教师,把"改"还给学生;把"评"让给全体,把"改"让给学生。学生在完全自主的评价氛围里可以促进他们更好地树立主体意识,着眼于人的本体发展。

4.5　网络作文课题研究

一、课题的提出

在小学的作文教学中，学生对作文普遍具有畏怯心理，表现在思想雷同、千人一面、语言干涩、味如成人，童心、童真、童趣更是无从谈起。这些表现，都说明学生对作文存在着比较严重的心理障碍。学生没有自己的思想，没有自己的语言，没有自己的个性。作文教学所应该给孩子的那种乐趣，那种发现和那些成功的激励，都被机械的训练和单一的教学、评价方式所扼杀。这些现象无疑是和新课程改革的学生培养目标背道而驰的。

那么小学生作文究竟存在哪些作文心理障碍？主要表现于三个字：畏、卑、俗。

1."畏"而远之

"畏"即"畏惧"。造成学生产生畏惧心理的主要根源是学生生活单一、思想单一、学业单一，从而造成学生在作文上的无事可写、无情可抒、无人可摹的现象。所谓的"三个单一"，主要还是教师的因素在内起作用。教师将目光局限于学生现有的生活，没有关注和深入学生的生活，没有帮助他们挖掘和发现自己生活的美，这是其一；教师教学中的按部就班、按葫芦画瓢式的教学造成恶性循环，学生对现有的作文教学内容充满抵触情绪，此其二；难以达到的作文要求和教师对作文要求过高造成学生难以达到自身的期望值，从而丧失对作文的兴趣，此其三。将作文视若畏途，学生的学习愿望难以激发。

2."卑"而避之

作文的评价机制的不完善，是造成学生自卑心理的重要原因。一是评价的尺度模糊，学生评价自己的水平没有一个标准；二是评价以单一的训练要求为基准，不能照顾个体的差异，不能"因人而论"，尤其是作文水平相对差的学生，看不到自己超过别人的可能，因此也就没有"希望"了；三是教师没有倡导自我认同和外部认同的同样重要性。教师主导了评价的话语权，教师的评价成了最后的"审判"。学生缺乏自我认同的心理基础，健康而可持续发展的个性的培养成为一句空话。

3."俗"而离之

在作文教学中，存在着教学的"俗化"想象，表现于：

思想俗：讲究正道，忽视个体情感的抒发；格式化人格，忽视血肉丰满的人物表现。

题材俗：《我的爸爸》《记一件　的事》等老掉牙的命题折磨着学生的神经，也磨钝了孩子天真易感的心灵。

评价俗:教师的思想决定了教师采用的评价标准,评价标准决定了评价的尺度。教师有怎样的评价思想,就会有怎样的评价语言。俗化的作文体系对学生认知世界改造自我是无益的,好奇心刚刚萌芽就已消亡。

很长时间以来,教师怕教作文、学生怕写作文、教师怕改作文的"三怕"现象在很多学校都不鲜见。在传统的作文教学中,老师是知识的灌输者,学生是知识的被动接受者,学生没有自主研究、探索、发现可言。如果教育对象丧失了原本的主体性,教育就成了驯兽的活动。因此,只有给学生自主研究、探索、发现的广阔空间,才能体现学生的学习主体性,才有创新可言。而"研究"和"发现"的前提,是拥有丰富多彩的资源(资料)以供学生进行研究、比较、学习、感悟、内化和升华。作文教学中常常会碰到这样一个难题:如何向学生提供丰富多彩的有助于发现知识的资源?能运用学习资源解决问题,获得知识,正是加工处理信息的创造能力的体现。所谓学习资源,我们认为,可以分成三大类:第一类是信息资源,指的是与学习有关的各种信息资料。第二类是人文资源。老师、同学甚至其他能促进学习的人,他们的思维、语言、情感、方法、风格等,都能对我们的学习有所指导和启发,可看作是我们学习的资源。第三类是技术资源。必须依靠比较优越的技术条件,才能使前两种资源发挥出应有的作用,才能使发现式、研究性的学习有效地开展。这种技术条件也可以看作是学习的资源。

培养学生具有学习的愿望和能力,让他们具有适应生活、改造生活的能力,以及具有正确的世界观、人生观、价值观和健康而可持续发展的个性是新课程改革的重要内涵之一。以计算机技术和网络技术为代表的现代教育技术在教学中的广泛应用,正在悄然引发作文的教学思想、教学内容、教学模式、教学过程的深刻变革。我们利用多媒体网络技术具有的教学信息的多样性、教学系统的交互性、教学反馈的实时性等特点,对小学作文教学新模式做有益的探索与尝试,让学生在多媒体网络技术支撑下的作文学习活动充满乐趣、情趣。基于以上考虑,我们提出以计算机多媒体技术为支撑的网络作文改革,是顺应改革需要,顺应学生学习的改革。

二、网络教学的发展现状

利用网络进行教学在我国还处于起步阶段,发展速度比较缓慢。原因有很多,一是进行网络教学的条件还没有非常的成熟,尤其是广大农村地区相对还比较落后,不具备网络教学的硬件设施;二是网络教学的理念还没有真正地深入到广大教师的心中,教师对进行网络教学还没有引起重视,教师没有具备必须的教学技能去适应这样的教学;三是人们对网络还抱有观望的态度,害怕学生在接触网络之后荒废学业。这样的认识在客观上不利于网络教学的开展和推广。

然而,抗击非典给网络教育带来了意想不到的契机。2003 年 5 月开始,高等教育出版社为各大高校提供了167门优质网络课程以及网络教学支撑环境；北京市教委就开通了“课堂在线”；东南大学在网上开展名人演讲、名人对话活动、主题文化活动，网上党校、师生讨论活动、心理咨询等活动，收到良好的效果。

在这一过程中，人们从千年以来有限教育资源基础的教育观念，转变到最近十年才出现的网络无限教育资源基础之上的教育观念，是一场前所未有的教育革命。非典之于网络教育，恰恰在于它使网络突然之间取代了教室成为教育的主要战场，为网络教育的发展提供了前所未有的动力。复旦大学博导顾晓鸣教授认为，整个教学模式甚至可能因为这一契机而改变。“产业，往往是被历史事件推动的。”晓鸣说，“一些偶然因素，也蕴含着机遇。”

但是我们应该清楚地认识到这样一点，在目前的情况下，网络教学虽然还没有被公众所认同，但是它是终生学习的需要，是开放式教学的需要，是真正打开孩子们视野的需要。这样的教学模式将部分取代传统的教学模式而成为教学的一个有机的整体。现在研究网络教学，不是不合时宜，而是一种超前的实验，为今后大范围的推广这样的教学模式打下坚实的基础。

三、课题研究的理论视角

1. 信息技术与课程的整合

信息技术与课程整合将带来的课程实施的变革。信息技术与课程的有机整合将带来革新传统的教学策略和理念。信息化环境中，老师作为知识的传授者的地位正在被削弱，学习者的主体地位被充分体现，信息技术作为教学辅助工具以及强大的认知工具，正在革新着传统的教育理念。作文教学需要发挥学生的主体地位，然而传统模式不可能给予学生真正的主体地位。而学生在拥有了更为自由的学习渠道后，教师的传道功能必然要被网络取代一部分，这有利于教学革新。

2. 建构主义理论

建构主义本来是源自关于儿童认知发展的理论，他认为个人的认知发展与学习过程密切相关。建构主义认为，知识不是通过教师传授得到，而是学习者在一定的情境下，利用必要的学习资料，获得相关的帮助（教师和学习伙伴），通过意义建构的方式而获得，学习环境中的情境必须有利于学生对所学内容的意义建构。这就对教学设计提出了新的要求，也就是说，在建构主义学习环境下，教学设计不仅要考虑教学目标分析，还要考虑有利于学生建构意义的情境的创设问题，并把情境创设看作是教学设计的最重要内容之一。网络技术的运用，有助于教师为学生创设意义建构的情景，为学生的学习提供更加可感、形象、交流广泛的学习环境。

四、研究的目标

本研究用行动实践法为主进行研究，研究的主要内容是：

——教育内容的表现形式上的研究：要实现教育信息的多媒体化。网络技术和多媒体技术的发展，使得网络能为学习者提供界面友好、形象直观的交互式学习环境，能够提供图文声像并茂的多种感官综合刺激，还能按超文本、超链接的方式组织管理学科知识和各种教学信息。这些表现形式是和传统教学中有很大不同的。

——课程内容的组织安排上的研究：要适合于个别化学习，这是它明显不同于传统课程的地方。网络是一个很好的个别化学习的环境，对于学习者来说，不论是环境，还是学习的内容，都应该满足他们自主学习的要求。

——学习方式上的研究：由网络本身的特点出发，使课程使用不受时间和空间的限制，学习者自己控制自己的学习行为，亨有充分的自由。

——学习对象上的研究：由于网络课程是开放的共享的，所以它的用户可以不分年龄、国籍、性别、种族和地域。在我们的研究中，如何让更多的学生共享网络信息资源、人力资源进行自主的学习，是重要的内容之一。

——评改模式上的研究：利用网络资源和可交互的特点，评改模式上可以进行一定的改变。由于我自办了作文教学网站（青藤阁作文教学网：http://www.zjqtg.com/），可以充分利用网站来发动更多的教师和社会力量来进行作文评改活动。学生在网站上发表的文章，可以是教师的评改，也可以发动上网学生参与评改，甚至可以由家长来参与评改。如何更好地发动大家的积极性，参与教学，使课堂教学开放化、自由化、多途径、多层面地进行，是本课题要完成的重要内容之一。

五、研究的实施

[一]研究前期的准备工作

1.调查摸底

对作文教学长期的观察以及学生在作文学习中表现出的现实的困难，让我们感到有必要对学生畏惧作文的根本原因进行一些前期的调查研究。2003年1月开始，我们设计了调查项目，面向全体社会人员，利用《青藤阁》进行了第一次的调查。时间历时三个月，参与调查的大多是关心教育的教师、学生和部分家长。具体结果见下表：【青藤阁】调查结果

= =

你觉得学生怕作文的根本原因是什么？

（1）教师教学方式的陈旧。19人，占15.833%

（2）学生作文兴趣的激发有困难。19人，占15.833%

（3）学生的社会生活的面不广。18人，占15%

（4）学生不能掌握良好的写作技巧。12人，占10%

（5）作文教学改革的力度不够。5人，占4.167%

(6)学生的阅读面不广。15人,占12.5%

(7)学生没有题材可写。27人,占22.5%

(8)其他。5人,占4.167%

共有120人参加调查。根据表格显示,学生没有题材可写、教师教学方式的陈旧、学生没有兴趣以及学生社会生活面不广对作文教学产生的影响最大,这四个方面归结为一点就是学生主体性的缺失,兴趣激发的困难。一定程度上,现行的教学方式导致了这一结果。因此,网络作文教学改革能够在一定程度上改变这样的现状,会对学生的学习方式带来比较大的变化。

2. 网站建设

2002年初,基于对作文教学的现状的思考,考虑利用网络进行作文教学。如何利用网络?借助别人的平台还是自己建设一个平台?在经过充分的酝酿后,我决定利用学校现有的教学资源,自己建设一个符合自己教学需要的平台。

2002年5月,《青藤阁》——网络作文教学网站建成。网站的设置主要有收集教学素材,收集经典教学案例,发表学生文章。这个网站为初期的网络作文教学提供了一个沟通、学习和交流的平台。

随着教学研究的深入,《青藤阁》的局限性开始暴露:批改不方便,交互性不足,不能针对各种课型进行针对性的训练等等。于是,在此基础上,为《青藤阁》建设了自己的社区——《世纪网校》。网校的设置完全按照学校的教学功能安排:有"学校的管理区"、"教学专用区"和"教学交流区"组成。"学校的管理区"主要发表学校的公告和注意事项;"教学专用区"开设了"网络阅读"、"童话作文"、"单项训练"、"网络日记"等14个栏目。"教学交流区"按照年级进行设置,将不同年级的学生作文发表于相应的年级,便于交流和学习。《世纪网校》建成后,因为其结构按照动态网站和论坛结构,极大地方便了交互性的教学交流活动,便利了教学,把网络作文教学推向了良性的发展轨道。参与的学生也越来越多,逐步受到社会各界的关注和肯定。

3. 研究队伍组建

在申报了课题之后,为了扎扎实实地开展教学研究,申报课题之初便在全校进行了广泛的宣传和发动,动员了学校一批年轻的骨干教师参与到研究活动中来。这些老师可以分为以下三个层次:

第一层次:研究的主导力量。包括学校教导处和教科室领导,对课题的整个运作进行精心的设计和规划,制定比较周密的计划,对课题研究的人员、经费、制度、考核、安排等进行统一筹划。

第二层次:研究的实践力量。除了学校教导处、教科室领导亲自参与实践外,还发动了全校在电脑网络方面有专长的老师参与实践研究。他们主要的任务是按照计划进行有层次的训练,并积累第一手的实验资料,对学生进行观察和指导。

第三层次:研究的技术力量。我校有电脑专长的老师较多,尤其是两位电脑教师在网络技术上有专长。他们是进行网络作文研究技术上的保证,也是对参加网络作文实验的学生进行网络技术培训的中坚力量。

4. 可行性论证

网络作文,就是教师和学生在网络环境下,运用网络资源进行作文教与学的过程。网络作文和网络游戏共同点是基于"网络"的背景。此外,网络游戏其他优势是否可以转化为网络作文教学的优势呢?我们不妨来做一个理论上的可行性论证。

(1)情景性营造了学习氛围

不管是《传奇》、《大话西游》,还是《仙剑奇侠传》,网络游戏一个共同的特点就是为网民提供了具体可感真实有趣的情景。这些情景和生活的真实非常接近:要吃饭,要练功,要创业;要比拼,有输赢,要疗伤……每一个人在网络中都代表了一个具体的形象,或担当指挥者,或成为攻城拔寨的先锋,游戏者为该角色的遭遇而操尽了心,也为此或喜或悲,淋漓尽致地投入其中,这也是很多人沉湎于游戏不能自拔的原因。

网络作文可以吗?网络有丰富的信息资源。举例来说:网络中有很多的漫画,教师选择一幅漫画就可以说漫画、想漫画、猜漫画、写漫画;网络中有很多的社会焦点事件的深度报道,教师可以利用这些新闻事件的图片和链接材料进行说、议、评、写;网络中有很多的 flash 制作和小电影,那些幽默夸张形象生动的材料完全可以创设出生动活泼的课堂氛围……。和游戏相比,这样的情景性逊色了不少,但和传统课堂教学模式相比,又进步了不少。教师和学生融于这样的情景之中,教与学的整合,可以发挥更好的效应。

(2)反馈性增加了学习乐趣

在玩电脑游戏时,过关斩将是要付出努力才有成效的。每一次失败你必须重新努力,而每一次努力都会得到成功的反馈,因此可以令大家乐此不疲。我们的教学是否也应及时把学生各方面表现尽快反馈给学生。通过网络,作文教学就可以达到即时的反馈:教师的教可以通过网络进行,学生在学习过程中可以对教师的教进行及时的反馈;学生的学习过程可以通过网络反馈给教师,教师马上可以通过网络对学生进行实时的辅导和帮助;学习同伴之间也可以相互反馈互相帮助,这跟传统的作文教学反馈时间长,反馈效果差形成鲜明的对比。因此,及时的反馈也正是网络作文的魅力之所在。

(3)选择性张扬了学生个性

电脑游戏的难度设计适中。既不能太简单而缺乏挑战的乐趣;也不会太难而让人望而却步。游戏时完全可以根据游戏者的口味选择游戏的内容和难度，不断激发自己成功的欲望。我们在教学中所说的主体性，恰好在网络游戏中得到最充分的发挥。网络作文的教学给学生提供了更大的舞台，学生可以在老师的指导下，选择不同的内容，进行个性化写作，使写作语言更丰富，写作状态更自由，写作氛围更轻松。有选择地写，张扬自己的个性，是一般作文教学模式无法代替的优势。在作文的评改与欣赏中，学生更可以根据自己的喜好，选择自己喜欢的作文加以评点和欣赏。

(4)远程性开拓了教育空间

传统的课堂作文教学模式中，教师的教学工作主要阵地是课堂。而网络作文教学的传媒是网络，因此这样的教学既可以利用课堂教学来完成，也可以通过网络进行远程教学。传统教学中最主要的沟通模式是点（教师）对面（学生），网络作文可以实现点（教师或学生）对点（学生）的个别交流、点（教师）对面（学生）集体交流，甚至让许多家长同时参与到学生的学业中来，关注孩子的成长，发现孩子的不足，及时为教师提供教育建议和应对性措施。

另外网络游戏的多维性、辐射性等都可以为网络作文所借鉴。网络作文教学，在教学形式上，在教学评价上以及教学过程上，具备学生接受的心理基础。因此，网络作文教学，在丰富教学手段、架构新型教学模式、建立新型教学评价机制等方面具有传统教学模式所无法替代的优势，是一种顺应时代发展，符合学生素质教育和促进学科整合的良好教学革新。

[二]网络作文教学的软硬件构架

1.硬件保证

“三网合一”是我们学校在硬件建设方面的特色。所谓“三网合一”，就是将“英特网”、“校园资源网”和“闭路电视网”进行整合，产生“1 + 1 + 1 > 3”的信息整合优势。

我校原有四个多媒体教学班，有闭路电视系统和主控室，有校园信息网、雏鹰电视台等，为了充分利用好现有的教学设备，让它们发挥作用，学校添置了多媒体网络计算机十台，和闭路电视系统结合，也就增加了十个多媒体网络计算机教室，满足了教学改革的需求。

为了让教师更好地上发挥这些设备的作用，还添置了多媒体服务器和 WEB 服务器，将我校多年来教师制作和学校购买的教育资源放在服务器中，提高了网络运用的速度，达到一点对多点，提高了使用效用。实现“三网合一”“的操作平台是多媒体服务器和 WEB 服务器，终端是网络计算机。服务器为网络提拱了信息资源，网络计算机将各种整合资源通过闭路电视网展示出来，提供教师选择使用。在英特网中，教师可以利用网络教学资源；在多媒体资源网中，我们充实了影视、课件、音乐等三方面的教学资源;闭路电视网有三个功能:一是将因特网中的资源展示在各课改实验班;二是利用雏鹰电视台、主控室等进行平行发散式教学资源利用;三是借助摄像头和网络计算机实现一点多面的教学交流活动。

2. 软件支持

为了给学生一个网络操作的平台,最初我们制作了《青藤阁》网络作文网站。网站设置了教师个人的教学、生活、研究、教学等板块,其中"美文佳作"一栏目主要是发表学生的作文为主,教师的评论放在学生文章的后面进行跟帖。在实施的过程中,我感到了它的不足:首先教师的教没有专门的地方;其次是交互性太差;其三是学生相互的评价过程过于繁琐。这些都制约了网络的使用。

基于以上思考,我在青藤阁开辟了专门的作文教学园地——《世纪网校》。整个网校的设置以学校的架构进行设计。其中主要的板块是"教学大楼"。在教学大楼内,以体例和内容进行分类,主要分成了阅读世界、童话作文、研究性学习、漫画天地、写作素材等14个栏目,这些栏目,基本涵盖了作文教学的重要领域,能满足学生学习的需要。

另一个重要板块是学生的"电子作业本"。电子作业本是学生发表自己作文的地方。学生将自己的作文发表在这里后,教师和学生可以在这里进行批改和点评,进行交互式的交流。学生根据别人的点评,可以有针对性地修改。

保证教学顺利进行的除了电脑室之外,很重要的一个软件是电子教室的监控系统。我所采用的监控系统是"苏亚星备课授课系统"。

苏亚星备课授课系统V3.0是集教案编辑、授课于一体,能够辅助教师制作电子教案、并进行授课的教学系统。电子教案一次制作即可反复使用,教师在上课过程中可以动态完善。制作出的教案内容丰富、风格独特,增强了教学的共享性、趣味性和交互性,继承了传统教学的优点而又充分提高课堂的效率,可以轻松完成课堂教学目标。它的主要功能有:

(1)备课系统:备课系统是老师将教学标准、教学思想、教学流程和各类素材(如文字、图像、声音、动画、影像、课件文件等等)进行综合处理,将要讲的内容转变为独具特色的电子教案。

(2)授课系统:将制作好的教案在网络上进行授课,授课时对教案拥有完全的控制权。教师可以自主控制授课方式和授课流程。

(3)网络控制面板:用来反映课堂学生登录的情况及对学生的操作。

(4)授课控制面板中包含了教师授课操作和对学生机发送的命令,同时还实时显示授课的状态和进度。

(5)课堂批注:在授课过程中教师可以使用批注,实现授课中的实时注释。

(6)命令消息发送:在授课过程中教师可以通过网络控制面板给学生发送命

令和消息，与学生交流。

(7)远程控制：有强制学生退出、强制学生重新启动、强制学生关机等操作。

(8)登录及设置：学生机登录后可以接收到教师的授课演示，通过设置学生机还可以自动登录。

(9)举手和提问：在课堂上，学生可以举手和提问，与老师交流。

[三]确立网络作文教学基本流程

网络作文教学的基本流程分为六个过程，具体见下图：

1. 编制教学计划：网络作文是建立在原有教材基础上的互补性的教学活动。教学的计划既要符合现有教材体系纲要，又要有自己的教学方向。在我第一期实验班的教学计划中，主要包括这样一些内容。

(1)网络写作：每周完成一篇质量较好的作文发表在世纪网校中；一个学期完成20篇作文左右，成绩基础比较好的学生达到40篇作文左右；作文的类别有：研究性学习、专题作业、散文、生活热点透视、童话、漫画作文、给材料作文等。

(2)网络阅读：学习积累20～30首古诗，能够背诵并理解含义、会改写部分古诗；保证20万字的优秀文章阅读量，教师选择推荐好文章给学生，教师进行适当辅导。

(3)网络鉴赏：推荐一些优秀的文章篇目，进行鉴赏学习。同时模仿进行10个专项训练，包括语言描写、动作描写、神态描写、心理描写等。

(4)网络竞赛：进行“关注社会、关注生活、关注学习”为主题的擂台赛。

(5)网络评价：初步学会运用网络进行互相评价的方法，养成在网络中互相评价的习惯。

2、电子备课：网络作文教学的一大特色就是可以让教师运用网络的资源进行备课。网络的资源具有很多的优势，如网络的资源丰富，网络的共享，网络的便捷等。电子备课有两条途径，一是利用苏亚星电子备课系统进行动态备课，因为它能给教师提供动态多维的操作界面，教师可以在网络中选择自己喜欢的图片、动画、声音、文字进行编辑；二是在网络中进行直接备课。这种备课形式的特点是更多的针对学生学习过程的资料的运用，也可以说是学生的“学案”。教师在备课中将自己拥有的资料呈现给学生，也可以将网络中的资源直接以超级链接的方式提供给学生。这两种备课方法，各有所长，但共同的一点是方便、快捷，可以拥有更多的资源，使教师的备课过程大大缩短，备课思路得到开阔。

3. 电子授课：该过程主要是教师展示自己拥有的素材，并运用这些素材进行一个专题训练的过程。教师通过苏亚星备课系统，将一个多媒体界面的教学环境呈现于学生面前，对学生的作文学习进行指导。之后，由学生对教师所拥有的材料进行筛选和整合，选择自己喜欢的材料，举一反三进行作文。

4. 电子作业:学生根据老师提供的作文方向以及背景资料、超级链接等,进行作文的过程。这个过程中,学生还可以运用网络强大的搜寻引擎搜寻符合自己需要的材料、图片等,使自己拥有更加个性化的资料为自己所用。

5. 交互反馈:学生在自己的电子作业本上发表了文章之后,教师和学生可以对作文进行点评,学生可以根据教师的点评进行修改。这个过程中,学生的作文文本是向全体学生公开的,所有的教师和学生都可以对文章做出评价。即时的反馈性是网络作文最大的特点。

6. 成功展示:一是评出“精品文章”. 网站本身具有文章的评价功能,作为网络版块的斑竹,有权对一篇好的文章标上“精”字,以示该文在某个方面有值得借鉴之处. 二是推荐发表文章。确实各方面都好的文章,教师可以对这些好的文章进行推荐。推荐的形式是利用电子邮件的方法进行. 三是建立学生的精品文集。在网络中出“自己的刊物”实效性高,也非常的简便。教师将自己选中的文章和学生自荐的文章“集结出版”,这对学生的鼓励很大。

[四]以实践为载体实现作文教学四个“变革”

网络作文教学将带来观念的变革,将带来教学要素的重新构建,构筑新型的教学结构,从以教师为中心的讲解传授的过程,转变为探索发现过程,转变为学生自主学习,进行协商讨论、意义建构等以学生为主体的进程。我结合本课题的教学实践,简述网络作文教学改革的四个“变革”:

1. 教师知识呈现的变革

网络作文教学将原来的教师直接的口授讲解、传授单一的知识呈现途径,转变为多样化的知识呈现途径,教师可以通过网络技术将内容传授给学习者来提高的学习效果。

在我们的教学实践中,教师利用网络的无限广阔性,让学生自己寻找学习的内容成了主导的方式。教师不必以自己为主导的呈现知识,取而代之的是学生在教师所指引的框架或范围中,自主地选择知识的学习方式,从而更加灵活、更加个性化地进行学习。

在写《地球的自述》一文时,教师所呈现的只有一个问题:工业发展给地球和我们的生活带来的是什么?这样的提示,足以让学生利用网络查询资料、筛选资料和表达自己的观点。教师不必将自己的知识结构呈现在学生面前,避免了教师的知识框框限制了学生的自由表达,从而开拓了学生自由学习的环境,自主性获得保证,学习积极性相应提高。

2. 知识来源的变革

网络作文教学使以前单一的由教师作为知识来源的局面被打破,学习者可以直接从信息化环境和数字资源中获取知识,同时,学生可以从《青藤阁》、《世纪网校》等类型的学习化社区、其他学习者、在线教师、专家等方面获取信息内容，达到最终的学习目标。

在教学《发现生活的美》一课时，教师引导是“美无所不在”，学生利用互联网的强大功能感知了很多生活中的美：9.11恐怖事件中那些被困在大楼里的人们的人性美，非典时期牺牲的医护人员的献身美……；学生通过采访企业家，发现他们身上的不屈不挠的创业的美；通过专业旅游网站和自己的生活经验发现祖国山河的自然之美……知识来源的拓宽，改变了以前单一的课堂反刍式的教学方法，极大地拓展了学生获取知识的渠道。

3. 媒体作用的变革

传统的媒体，主要是强化功能，对于课程内容和学习方式等方面没有产生作用，网络作文教学中，网络成为教师活动的体现者和学习者的认知工具，媒体作用发生变革。教师由传统的知识传授者，转变为课程的设计者，学习者学习的指导者和学习活动的组织者和参与者。学习者由被动的简单接受，转变为主动的意义建构者和积极的学习者。学习者学习方式由传统的接受式转变为主动学习和自主学习以及探究学习。

以前在运用现代教学媒体过程中，现代化的教学手段是教师的教学辅助工具，是用于帮助学生理解教师指定的教学内容的工具。这工具本身不具有教学思路的开拓，不会帮助学生获得新的、独特的感悟。网络作文教学，网络的这种教师辅助手段的功能弱化，而相应的学习的功能得到加强。学生可以利用其为己所用，从而改变自己的认知世界，形成自己的知识体系和创新思维。

在网络作文教学过程中，我们曾经实验了让学生自己到网络中寻找图片进行看图作文教学。学生在寻找了大量的幽默图片后，教师在经过征求学生意见后，相对集中地推荐学生选择的图片进行教学，效果非常的好。

其中一幅图片叫《楼上楼下》。学生在本次作文写作中，充分发挥了他们的想象力和创造力，作文效果非常好。分析原因，主要是媒体作用转变：以前是教师呈现知识的工具，如今成了学生自主选择学习内容的工具，其性质的改变促使学生主体性的极大发挥。

因此，网络之与教学，具备了三个功能，它是教师的教学工具，也是学生认知的工具，更是学生学习环境的构建工具，可以给学生呈现出一个真实的或者虚拟的学习环境，让学习者真正在其中体验，学会在环境中主动建构、积极建构，构筑自己的学习经验。网络构建学习环境，可以通过其网络通讯功能以及虚拟功能等方面体现，营造学习者有效的学习环境。

4. 信息素养的培养变革

信息素养是信息社会人的整体素养的一部分。信息素养的教育关系到人们如何立足于信息化社会这一基本点。

信息素养这一概念包涵以下几个方面:(1)传统文化素养的延续和拓展;(2)使受教育者达到独立自学及终生学习的水平;(3)对信息源及信息工具的了解及运用;(4)必须拥有各种信息技能,如对需求的了解及确认,对所需文献或信息的确定、信息检索,对检索到的信息进行评估、信息组织及处理并做出决策。也就是说,完整的信息素养应包括三个层面:文化素养即知识层面、信息意识即意识层面,以及信息技能即技术层面。

因而,依靠输入获得知识的传统教育方式已无法满足信息社会中人们对知识的渴望与不断更新的要求。因而教育人们不断地提高个体接收信息的能力,在全新的认知方法论的指导下,不断拓宽自身的知识结构,以培训信息素养为宗旨的教育方式才是社会发展的必然趋势。

网络作文教学的培养目的就是使人们通过网络技能的掌握,更好地适应信息化社会所应具有的知识结构及批判性的思维,不断地提高自身的信息素养,从而不断提高人们文化素养(知识层面)与信息意识(意识层面)的水平,通过对信息技能的教育,提高人的信息素养。

在我们的教学改革过程中,为了培养学生的信息素养,我们和实验老师(信息技术教师)开展了一系列的活动,如收集歇后语,收集名人名言,收集各种描写方法,收集美丽的图片等活动。学生在这些活动的过程中,学习了信息的收集方法,积累了自己喜欢的资料,开拓了自己的现实视野,增强了学习的兴趣,可谓是一举多得。

[五]开展网络教学示范课

一种课型的实践和成熟,需要不断的实验、验证、剖析,才能逐步走向成熟,最后被同行所接受、认同。这是一种教学方式得到推广的前提。

在网络作文研究的过程中,我们分阶段开展了不同类型的研讨课,每一次研讨的重点不同,获得的收获也不同。

1.2003年10月,开设第一堂网络作文公开课,对象是全校语文教师和县教研室特级教师赖正清老师。主题是人物描写系列之一:如何写好人物。

这是一堂网络作文教学完整过程体现的作文课。在这堂课中,我所要表达的是将网络作文教学的流程体现出来,研究这样的教学和传统的教学方法的不同点和相似点。课后对这堂课进行评价,基本得到与会教师和专家的认可。

2.2003年11月,县级公开课《写出人物的“神”》。来听课的教师主要来自于全县各学校的语文学科教师,研究重点是语文学科和其他学科的整合。组织单位是龙游县教研室,组织者是叶展老师。

在这次教学观摩活动中,我们所要解决的问题是研究网络与学科教学的整合的有效性的体现。这堂课下来,学生完成了自己的学习任务,写作的语言具有个性和独创性。同时网络的即时性、评价功能得到与会教师高度评价,认为这样的教学可以促进学生的主体性发展,发展学生的个性。

2004年3月,校级公开课:评价学生的作文。由课题组姚惠珍老师执教。这是一堂以课堂评价为主体的网络作文课。课堂呈现的作文内容来自于学生的网络作文练习。学生利用《世纪网校》的BBS结构功能,进行相互的评价和学习,同时进行语言文字的训练。

2004年4月,校级作文公开课:看图作文,由诸葛建军执教。主要研究如何利用网络资源丰富学生的认知途径,丰富学生的生活,开阔学生的思路。主要的方法是学生上网查找自己喜欢的幽默图片,教师和学生一起筛选图片,形成写作的方向,学生自由写作,最后进行点评。这次教学为全校老师示范了素材使用方面的教学过程,对老师们有较好的启发。

2004年10月,县级公开课:《发现生活的美》,由县电教中心组织,主要研究课程教学与网络的整合。教学过程中让学生在网络中寻找自己需要的资料进行作文,学习在网站中上传图片的方法。这节课,为全县语文教师提供了一种教学范例:网络+作文+图片=快乐的作文。这样的教学,学生感到作文是生活的一部分,从而淡化了作文意识,变得肯写、愿写、乐写。

六、研究的初步成效

1. 多媒体网络技术使作文教学更形象、直观、生动

作文是儿童试着用学会的语言文字,表达思想感情,反映客观现实的过程。小学生所写的作文,更多的是用儿童的眼光和儿童的语言对生活素材的描摹,而素材选取的内容应由两部分组成:表象和概念。"表象"是对以前感知过、但当前并未作用于感觉器官的事物的反映,是对过去感知所留下痕迹的再现,也就是在人们头脑中保存的关于事物的具体形象。"概念"是对以前感知过的事物(表象)的感受和看法。为了能获得大量形象、生动、具体的写作素材,关键是要有丰富的表象,这就取决于学生的观察能力。有许多学生在谈及作文的难处时,都认为作文的最大困难是"没有什么东西好写"。究其原因,主要是学生对现实生活观察不够,生活积累贫乏,在其记忆储备中找不到相应的事物表象。

网络能很好地支持音频、视频、图像等媒体信息,将文字、文本、图形、图像、动画、声音、视频等多种媒体有机集成,以图文并茂、声形辉映的完整形象展现在学生面前;虚拟现实技术可以在屏幕上实现具有实时三维效果的、近乎逼真的景象,使学生有身临其境的感觉。网络作文教学很好地开拓了传统课堂所不具备的功能,将学生学习的情景创设得更加有声有色,并且更加具有独立的操作环境。它区别于一般的利用多媒体课件辅助教学,后者主要是教师面上的使用,是一面对多点;

而网络的使用是多点对多面，学生自由选择学习的情景，自主建构适合自己学习的内在系统，具有自主性。

2. 网上学习促进学生积累作文素材

网络使学生阅读更为便捷，读写结合更为密切。阅读，一方面为学生习作提供范例，学生通过阅读范文，摸索作文门径；另一方面，也为学生习作提供广阔的文化背景。读写结合是小学作文教学中普遍采用的方法。因特网是信息的海洋、知识的海洋，并且可以实现资料共享。只要有一台上网的电脑，学生就可以得到任何一个国家和地区、任何一门学科和领域的知识信息。因特网把全球的学校、研究所、图书馆和家庭统统联系起来。通过一根头发丝般细的光纤在不到1秒种的时间里能够传输《大不列颠百科全书》29卷本的全部内容，如此丰富、便捷、开放的教育资源库，为学生的阅读提供了前所未有的便利。通过阅读，学会有目的地阅读文本，从中找出所需要的材料；学会把有用的材料下载下来；学会在写作过程中有计划地、恰到好处地运用引文，并根据自己的见解阐述引文内容，使上下文连贯，从而使阅读量更大，阅读活动更为频繁，读写结合更为紧密。

目前，我们开展的网络作文教学活动中，由电脑教师为主导的教学力量，主要指导学生收集这样一些类型的素材：

文本素材：包括学生佳作、文学作品、社会信息、作文描写等。

图片素材：包括生活图片、网络图片、自己制作的图片等。

媒体素材：包括 flash 制作、小电影等影音文件。

教学一年来，学生收集的材料数量多，角度新，对学生的网络作文学习产生了较好的作用，对他们认识社会、感受生活能力的培养有一定的帮助。

3. 运用网络技术，促进学生作文交际功能的发挥

语言文字是人们表达思想、交流思想的工具，交际性是语言文字的基本功能。作文教学是言语交际的最基本的表达训练，突出作文的交际功能有利于激发学生的写作欲望，有所为而作。长期以来，小学作文教学忽视语言的交际功能，学生在写作时不明白为什么要写作、写给谁看、写作时是不是要想到看作文的人有什么要求，而仅仅是把写作看成是完成老师任务、枯燥乏味的事。写作活动也就成了没有动机、没有激情的被动表达训练，命题作文就是一种非常典型的训练形式。这是长期以来作文教学低效乏味的原因之一。

而网络可以促进交流。教师与教师间、教师与学生间、学生与学生间可以在任何时间、任何地点就感兴趣的话题展开讨论，发表各自的看法。每位学生在写作的过程中都有充分的机会向教师提出问题，得到教师亲自的指导和讲解。教师可以通过网络为学生完成家庭作业和课外活动等提供指导，甚至学生还可以得到教师的身体语言、表情语言等信息，从情感上进一步沟通教师与学生的联系。学生可以

直接通过计算机进行写作,并可以即刻把习作发给老师、同伴或其他对象,并能得到及时的反馈。学生还可以通过网络,组成协作小组,开展合作写作。总之,网络技术使学生的习作活动更突出语言文字的交际能力,交流更实时、频繁,学生的写作兴趣更深,作文训练的效率更高。

4. 运用网络,鼓励学生自主学习

学生写作活动是个性化学习的过程。学生习作的过程是一个由内部语言转化为外部语言的复杂过程,也是高度个性化的过程。但在当前班级授课制的情况下,教师对五、六十名学生按同一要求、同一步骤和同一方法进行作文训练,把学生的习作活动约束成高度统一的集体活动,使大部分学生无所适从,既增加了学生练习写作的难度,又压抑了学生的个性和创造性。

网络教育倡导学生自主学习。教师事先将作文训练的内容、要求、方法等制作成图文并茂、声像辉映的智能软件,学生就可以根据教师的设计自主开展写作训练。学生在写作过程中遇到什么问题,可以通过网络及时向老师请教,也可以与同学开展网上讨论,发表自己的观点。在充分讨论、感知的基础上,学生开展自主性写作活动,写完后放到网上供大家学习、评价,也可以调阅其他同学的习作,取长补短,修改自己的作文。最后,可以根据需要把习作发给相关的对象。整个写作活动充分体现学生的个性。每位学生间学习的进度不同,学习的时间、地点也可以不同,学习过程中可以利用教师提供的训练材料,也可以直接从网上查找极为丰富的写作素材。在写作方式上,可以边说边写,也可以边画边写,可以独立成篇,也可以几位同学合作写,写作活动更为自由。甚至习作的形式也可以不同,或长或短,或图文并茂,或现实或虚幻……一切源情而发,学生的个性得到充分的张扬。

5. 网络作文教学的显性成果

研究活动一年以来,从学生作文写作的兴趣和老师的专业成长来看,都得到了较大的提高,主要表现于以下几点:

学生:在传统报刊杂志中发表文章 40 余篇,其中梅馨同学的《东游记》一文 10000 多字,陆小薇的《一粒米的故事》7000 多字。这些儿童小说、童话的发表,有力地说明网络作文在合作学习、学习兴趣、创作欲望等方面获得了长足的进步。在《世纪网校》,一年共发表学习专题 9300 多个,学生作文 6600 多篇,教师学生的点评 10000 多次;在《浙江写作者》网站中发表学生作文数十篇。

教师:教师本人的下水文发表十余篇,发表论文三篇,论文、软件、案例、课题获国家级二等奖 1 次,市一等奖 2 次,市二等奖 3 次,市三等奖 2 次,县一等奖 6 次。

开设网络作文公开课五堂,参与听课教师 200 余人次,讲座 2 次,参与人次 200 余人次。

《青藤阁》网站:网站在全国各类网站中排名5923名,在衢州教育网中排名全市第六;被评为衢州市教育类个人教学网站一等奖。整个网站文章总数超过10000篇,点击数达到79855次。注册用户达到2300多人。

【参考文献】

1.《基础教育课程改革纲要(试行)解读》,钟启泉等主编,2001年8月第一版第五次印刷,华东师范大学出版社。

2.《积极跟踪国际发展趋势,根据我国国情全面推进教育技术事业发展》,宋成栋,《现代教育技术》,2002年第1期。

3.《小学主体性教学理论和实践》,梅樟明主编,2001年3月第一版,中国新闻出版社。

5.江苏省电化教育馆,《现代教育技术》,2002年3月第一版,苏州大学出版社。

6.《整合——从传统到现代》,汪雅子主编,2002年4月,银河出版社。

7.《小学学科教学创新的理论与实践》,方展画主编,云南美术出版社;

8.《信息技术在学科教学中应用的理论与实践》,解月光,2001年8月第一版,吉林教育出版社。

9.《多媒体教学原则和研究方向浅探》,姚海岩,发表于《从传统到现代》,2002年4月。

10.《数字化学习——信息技术与课程整合的核心》,李克东,《电化教育研究》,2001第8期。

第五章 学生网络作文选粹

5.1 “棋”乐无穷

浙江省龙游西门小学五(2)班 徐杨凯 指导教师:诸葛建军

(一)围棋篇

在棋盘上,黑白相间,两条长龙捉对厮杀着……

黑龙盘旋着,延伸着,想尽力包围那条看似弱小的白龙。白龙反咬一口,给黑龙来了个下马威。黑龙见此情景,立刻停止进攻,加强了防守。白龙乘胜追击,扭曲着,摆动着,但还是被黑龙给守住了。紧接着,白龙又进行了第二波、第三波的进攻,但还是无济于事,都被黑龙坚固的防守化解了。黑龙振作起来,猛地进攻白龙,让他措手不及。白龙不甘示弱……

这是我们班的两大高手——汪振与蒋将的对决。在一旁观战的同学们都不禁喊精彩。

在这棋盘上,黑白双方势均力敌,实力相当,战术变化多端。渐渐地,形成了互相交错的包围圈。

棋盘虽是静止的,但沉浸在围棋中的两位高手似乎让棋子动了起来,时攻时守,棋盘上的“棋阵”令人遐想。真是静中有动,此时无声胜有声啊!

这种境界既令人想给对弈中的高手们加油打气,又想静静地观战;既令人着急,又使人激动。

过了许久,棋虽然下完了,但棋手和旁观者仍沉醉在棋局的成功的喜悦和失败的懊恼之中……

（二）象棋篇

“将军！”

“吃车！”

“挺卒！”

在这个宁静的下午，我和老爸开始了一场我们久违的激烈象棋大战。

“哼！跟我比，叫你‘剃光头’！”老爸在战前给我个恐吓，但并不使我惧怕。

“怕你不成?!”我也学老爸装腔作势，“杀鸡不用宰牛刀！（我属牛就是‘牛刀’，老爸属鸡便是‘鸡’）”

大战正式开始了，我执黑，老爸执红。（执红者先走）

老爸一炮当先，将炮口对准了我老将前的卒。我嘀咕一声：“胆大妄为，不要胡来！”于是只有将马跳上来保护小卒了。老爸也将马跳上。我准备设一个陷阱，故意作思考状，将卒挺了出去。老爸皱了皱眉头，小心翼翼地将炮走进我预设的陷阱里。我暗喜，好不容易忍住笑，走了下一步。老爸依然没有发现我的“阴谋”又一次落入陷阱。我沉住气，让老爸看不出任何破绽。正如所料，老爸在一步步进入圈套。“啊哈！”我大笑一声，将落入陷阱的“炮”扔出了棋盘外。老爸顿时傻了眼，似乎痛苦极了，“怎，怎么回事?”

……

终于到了定胜负的时候，双方只有些残兵残将。我冷笑一声：“今天不是你死就是我活！（PS：不是病句，而是我故意这么说的。）”

没过多久，双方所有将士全部阵亡，除了“胆小懦弱”的“老将”和“老帅”……

（三）感悟篇

这棋可真奇妙，它既能开发智力，又能促进友谊，还能打发时间。更重要的是两军对战却可以0伤亡，也不用劳民伤财。胜利只属于能够灵活运用战术的人！

我将继续沿着这条“棋”之路向前走去，我不会停下脚步，终点离我还很远很远——不，也许根本就没有终点。

诸葛点评：

1.“棋”乐无穷，采用谐音的手法，巧妙地玩了一回文字游戏，而且能将读者的视线很好地吸引住。题目取得不俗气，给人耳目一新的感觉。

2. 围棋篇、象棋篇的描写始终将棋盘上的对决之乐贯穿其中，尤其是在象棋对决中的细节描写（我准备设一个陷阱，故意作思考状，将卒挺了出去。老爸皱了皱眉头,小心翼翼地将炮走进我预设的陷阱里。我暗喜,好不容易忍住笑,走了下一步。老爸依然没有发现我的“阴谋”又一次落入陷阱。我沉住气,让老爸看不出任何破绽。正如所料老爸在一步步进入圈套。“啊哈!”我大笑一声,将落入陷阱的“炮”扔出了棋盘外。老爸顿时傻了眼,似乎痛苦极了,“怎,怎么回事?”)很棒!将紧张而又充满乐趣的气氛表现得淋漓尽致。

3.感悟篇的环节设计非常好,有画龙点睛的作用,但是感悟的内容写得过于简单,显得还比较肤浅,可以更为深入或者有哲理一点。

5.2 复　赛

浙江省龙游西门小学五(2)班　蒋将　指导老师:诸葛建军

(1)

我败了。

这理所当然,但我们班同学多少有些吃惊,而我则呆呆地望着窗外的太阳。直到同学叫我吃饭,我才反应过来。

……

"围棋比赛获得铜奖的同学有蒋将……银奖的有……"裁判叶老师在台上宣布围棋比赛的结果,我得了铜奖。

我走上台,站在一大堆得奖的同学里,看见我们班的同学汪振获得了金奖,我真替他高兴。

(2)

上课铃响了。

这节是语文课,师生问好后,大家安静地坐了下来,等待老师的指令。诸葛老师走到汪振的桌子前,摸着他的头,说:"你都有金奖拿啦,围棋这么厉害,读书也要厉害。至少也要比郭悦厉害。"

大家大笑,我也大笑——郭悦是我们班学习的一把手,汪振怎么能和她比呀,简直是小拇指和大腿比呀!

诸葛老师又说到了吴老师的女儿吴娴:"吴娴学了两个月就拿了银奖呢,"然后转向我,"蒋将,你学了几年啦?"也许诸葛老师听到了我那有点夸张的笑——我笑汪振的声音的确有点响,引起了他的注意。我有点后悔了——可以给任何人注意,可千万不能被诸葛注意,他经常和我"过不去"的。

(诸葛点评:这倒是事实,为了彻底打掉蒋将的傲气,我教书的一个主要任务是和蒋将"过不去",呵呵!)

这我就不服气了,说:"吴娴有三局对手都没来,是不战而胜。"

老师说:"哦,你是说她是因为运气好,而你运气差?"

我一下子嘴巴卡机，欲言又止。

老师不容我说完，就说："那你和汪振下一盘，你胜了他的奖杯给你，你输了还是铜牌。"

我不知道我此时是什么表情。废话少说！决斗！

"嗒""吧"

过了许久……

"我给你玩点阴谋！"我说。

"放马过来！"

一节课过去了……

"我输了"我说。

"知道就好，理棋吧！"

"好吧"

……

我被老师叫住了。

"蒋将，你还是不是铜奖？"

"……是的"

"回家写一篇作文，题目叫'复赛'！"

"哦。"

"明天拿来给我看看，看看是不是有药可救？"

"……"

(3)

我败了，这理所当然。但我们班同学都有些吃惊，而我则呆呆地望着窗外。

我败了，败给了自己的傲气。

但是，窗外的天空很蓝，很广阔。

我是一只小鸟。

也许……是撞在云朵里了。

(4)

第二天，我把作文交给老师看，老师写下了一段话：

"吴娴学棋才一两个月，而你呢？做任何事须记住：宁静致远，淡泊明志。在你的身上，老师看到了你长成大树的基因，但你的浮躁和傲气成了遮盖你的岩层，让你难以破土呀！"

我，默然……

诸葛点评：

这是一篇不可多得的好文章，主要有这么几个特点：

1. 散文式的叙述风格明显。记事文章比较容易落入窠臼，介绍时、地、人、事，故事的发生、发展、结局，给人千文一“套”的感觉。蒋将的文章截取生活的一个片段，用平淡的叙述语言将一段刻骨铭心的经历叙述出来，越是平淡，越是能反映事件本身折射的内涵的不平淡。这样的叙述，为文章添色不少，让人回味。

2. 文章有很多象征的手法运用，如“我败了，败给了自己的傲气。但是，窗外的天空很蓝，很广阔。”文章贵曲折，文章贵有味，这个味道就是作者对人生的洞烛，对生活的体验。作者运用象征的手法，将个人的感怀和事情的记叙有机地结合在一起，让文章的主旨变得意味深长了。

3. 善于运用短句，这是一个很大的特点，也值得倡导。短句在本文中的使用，让人感觉是一个在思考的人，在淡淡的叙述一个让自己思考的人生故事，符合本体例文章的特点。形式和内容有机的结合，会使文章变得更加的完美。

希望蒋将能够戒骄戒躁，不断努力，创作更多优秀的作品。

5.3 苦涩的快乐

浙江省龙游西门小学五(2)班 张梦婷 指导老师:诸葛建军

“龙游在哪里？龙游在浙西。”

“两山招手笑，双江玉带飞……”

你听，多么优美动听的乐曲啊，犹如海中的波浪翻腾起伏，犹如人们的心跳充满生机，犹如座座大山高高低低，此起彼伏。可又有谁会想到，这乐曲带给我的却是烦恼。

我已经上小学五年级了，初中的脚步已经向我一步一步地逼近。作业的负担越来越重，学习的压力也越来越大，在这种情况下，我还得坚持去练古筝，弹出美妙的乐曲，受不了！

每次放学，我看着其它同学成群成伴手拉手地回家了，再看看双手戴满古筝指甲的我，心里可真不是滋味儿。有好几次我都在心里想：不就是练古筝嘛，明天再练，今天回家！可是我再往回想想，父母为了培养我的兴趣特长，用自己辛辛苦苦挣来的钱给我交学费，我不练，父母的钱不就白花了嘛！刚迈出去的脚又收了回来，只好拖着沉重的脚步向琴行移去……

（诸葛点评：写出了自己真实的心声。也许这是很多小学生的苦恼，为什么会有这样的苦恼呢？希望家长们能明白呀，给咱们的孩子减负。）

我坐在琴椅上，看着台台古筝，二十三弦，心中就有说不完的苦，出不完的气。恨不得我有降龙十八掌，将古筝扔到九霄云外，心中的烦恼也随之而散。可是，这古筝也包含着许许多多人的心血啊，每一个学古筝的人，教古筝的人，创造古筝的人，都在二十三弦中注入了自己的心血，我怎么忍心破坏呢？我也是一个古筝爱好者，只是每天都要不厌其烦地弹着同一首歌曲，心中难免会烦躁起来，这种烦躁经过日积月累，才让我“恨”古筝。其实每当我静下心来，听着十个指头在琴弦上跳动的声音时，我的心里居然会有一种莫名的欢快感。是啊，古筝是一个很好的朋友，当我们孤单寂寞时，弹一首曲子，就会觉得音符是朋友，节奏是朋友，乐感也是朋友，有这么多的朋友，快乐极了！当我们高兴快乐时，弹一首曲子，那种感觉就叫人陶醉。我可以和一个如此优秀的古筝为伴，我快乐之至！

虽然练古筝是苦的，可是听欢快的乐曲是甜的，将一首曲子弹好受到老师表扬也是甜的。双份甜跟单份苦相比，我的付出是值得的！弹一首《高山流水》让人感到高山的壮观，流水的欢快；弹一首《卖报歌》让人想起童年的无限美好；奏一曲《渔舟唱晚》，让人感到夕阳夕下的无限美好！弹古筝多么快乐啊！古筝也是有情感的，因为二十三弦中拥有的是笑容悲伤，快乐开心……古筝拥有的是人类所有表情哦！

所有的快乐不一定是注入在欢笑之前，也许苦涩的味道中也能尝到几分甜啊！

诸葛点评：

读到了作者内心的苦涩，但更加看到了这份苦涩中“甜蜜”的回味。文章有这样几个亮点：

1. 引用歌词作为开头，手法新颖，又能围绕古筝乐曲的主题，直接切入主题，不拖泥带水。排比句的运用更加增添了文章的韵味，显得诗情画意。

2. 对自己内心矛盾的剖析很到位，将“练琴的苦”和“古筝的美”进行了细致的对比描写，让人感受到了作者的心情：苦涩却夹带着快乐。

3.“所有的快乐不一定是注入在欢笑之前，也许苦涩的味道中也能尝到几分甜啊！”这样的结尾显得有一定的哲理性，很耐人寻味。

这是佳作，希望张梦婷同学能继续做生活的有心人，从生活中拾取更多的写作素材，进行更多的创作。

5.4 乐在"雨"中

浙江省龙游西门小学五(2)班 郭悦 指导教师:诸葛建军

早晨,阴云密布,天空灰蒙蒙的,使人透不过气来。风儿,使劲地吹着,树枝被风吹得"咯嚓咯嚓"响。霎时间,豆大的雨点就落了下来。

风"呼呼"地刮着,雨"哗哗"地下着。近看,街道上连一个人影也没有,白花花的全是水坛子,简直成了一条流淌的明如镜子的小河,上面争先恐后地怒放着无数的水花。远看,楼房和树木都是模模糊糊的,中间好像隔了一层纱似的,这边看不见那边,那边也看不到这边。

风夹着雨星,像在地上寻找什么似的,东一头,西一头地乱撞着。雨越下越大了,很快就像瓢泼的一样,那空中的雨真像一面壮观的大瀑布!

雨更大了,房顶上、街道上溅起了一层白蒙蒙的雨雾,宛如缥缈的白纱。这时候,一阵风猛刮过来,那白纱袅袅地飘去,雨点斜打在街面的积水上,激起朵朵小水花。

想起了我6岁那年,那时,我总爱撑着伞在雨中漫步,聆听着雨的音乐。

"妈妈,天使为什么这么伤心呢?"小小的我皱起了眉头。

"嗯?"显然,妈妈没有听出我话里的意思。

"如果天使不伤心的话,那她为什么要哭呢?"我的脑袋里又冒出了一个疑问。

"傻孩子,天使是不会哭的。天使永远是快乐而又乐于助人的!这个呀,你以后就会明白的!"妈妈轻轻地刮了刮我的鼻子。

现在,我明白雨根本就不是天使的"眼泪"。

我撑着伞走到了天空下,"啪啪"的声音响起在我的耳边,犹如一首美妙动听的交响曲。我露出了一个会心的微笑,侧耳聆听着。听着这"交响曲",我的眼前浮现出了一幅幅快乐开心的画面。

突然,一个主意从我的脑子里飘过:"雨到底是什么味道的呢?"于是,我轻轻地放下了伞。雨点儿落在我的头上、身上,我仰面向上,闭着眼,张着口品着那点点雨珠。顿时,我觉得自己仿佛在细雨的浇灌下又长大了许多。

“啪啪啪”！咦？这又是什么声音呢？哦，原来是我在踩水花呢！一个个水花溅了我一身，但是我毫不在意，继续我的游戏。“啪啪啪”，“啪啪啪”……这样的声音连续不断，好听极了！

雨淅淅沥沥下着，仿佛永远不会停止……

诸葛点评：

流畅的文笔，优美的词句，使雨中美景宛若梦幻仙境般地变化多端，美丽的雨景中透着几分神秘。

在描写下雨的过程中，小作者巧妙地运用“风的变化”来贯穿始终，将下雨的过程（由豆大的雨点——瓢泼大雨——如烟、如雾、如尘的蒙蒙细雨）细致、完美的展现在读者面前。写作手法之巧妙令人佩服，可见作者已经具备了较深厚的语言文字功底。

作者在雨中“品雨味、踏水花”的嬉戏场面正体现了乐在“雨”中的文章主题，然而更加巧妙的是：这一部分的描写从头至尾都没有用到一个“乐”字，却能让读者感受到文中主人公在雨中嬉戏的无限乐趣。文笔中透着“随风潜入夜，润物细无声”的大作家风范。

5.5 第一次开车

作者:陈钟悠扬 指导评点:诸葛建军

车可是精密机械,开车可不是我们小毛孩干的事儿,但是我却有过一次驾驶经历,那是我第一次开车。

> 赏析:简洁的开头,直接点明题目。文章的开头很多不用绕弯子,或许更好,给人印象更深。

我可是汽车的伯乐,管它什么汽车理论、汽车电子问题、开车方法,通通是行家。哈哈,吹牛了! 这不,马上就有了真实的开车体验。

> 赏析:这段话说明自己敢于开车的原因,因为平时对车的研究很深。我觉得一个孩子酷爱一样东西并进行研究,是一种很好的汲取知识的途径,呵呵!

那次,我和老爸的同事去接一位哥哥,等待时太无聊,叔叔就与我开玩笑:“你不是很精通汽车吗,那敢不敢开一开?”哼,不就是开车嘛,小 case! 我那么精通汽车的人,会怕吗? “开就开!”我坚定地说。

> 赏析:在激将法的驱使下,我有了冒险一搏的勇气,看来孩子也爱面子,尤其是陈钟悠扬,哈哈!

叔叔想不到我那么坚定,只好乖乖让位。我坐到驾驶室,调整好座位,麻利地系上安全带。发动! 随着钥匙的转动,汽车发动了。我激动地松开手刹,然后挂入 1 挡。随着我的一脚油门,汽车动了! 我兴奋得不得了,我就知道这点儿小事难不倒我这个天才。

> 赏析:瞧瞧,多专业的描写!

可是没一会儿,麻烦就来了。由于我经验不足,刹车和油门控制不好,不是油门轰太大,就是刹车动作太大。路旁的人见了摇着头说:“这是哪个新手在学开车啊?”

好容易跌跌撞撞地开了半圈,来到转折的“V”形弯道。我猛打方向,又猛踩油门,结果差点撞上墙,还好我急踩刹车。我又挂入倒挡,可是油门踩太多,差点儿就让车子“打屁股”了。

经过几次历险,终于转过了“V”形弯。接下来的直道走得还算顺利。

等回到出发点,我已经吓得满头虚汗。最后我看了看时间,从开到停我用了十三分钟,而这段路给驾驶员开,也就一分钟时间。“唉,开车太难了!”我感叹着。

赏析: 这一段的描写是多么的细致,把自己第一次开车的过程写得活灵活现,心情描写栩栩如生。关键的一点:真实!

“吃教训了吧。开车可不是件容易事。”叔叔笑道。

“是啊,是啊,光有理论不行,必须要有实践经验。”我谦虚起来。

唉,懂车不一定能开好车,等我一到十八岁,就去学开车。这可是吃一堑长一智啊,我再也不敢逞能了!

赏析: 开车是不能逞能,但是我从文字中感觉到陈钟悠扬对开车的向往,对车的喜爱!

5.6 论考试

作者:龙游西门小学六(2) 张梦婷 指导:诸葛建军

“三天一小考,五天一大考。”这早已是从娘胎里出来就是被立下的“魔咒”。现在考是为了将来,而将来考是为了未来。童年的快乐,成年的梦想,都被这“魔咒”击碎了!

考试也许是一个通向成功的入口,可是你却永远找不到出口。“纸上得来终觉浅,绝知此事要躬行”,实践才能让我们更好地体验生活,体会学习,感悟哲理。适当的考试会使人增长知识,过度的考试会使人成为书呆子。白纸黑字,几道题目的确测出了你的学习水平,但同样也封住了你全面发展的机会。

老师曾让我们进行过一场折纸飞机比赛,看谁飞得远。班上许多优生也变成了这场“玩的测试”中的差生。这证明众多优生已经倾向于学习,而玩的本性却丢了。为了考卷上的红满分成为了麻木不仁的“读书机器”。分数就如魔术师,它会使金子变成石头,也会让石头变成金子。考得好成为老师面前的大红星,父母的手掌心;考得差成为老师面前的眼中钉,父母的不开心。考试随时威胁着我们的快乐和信心。

学习的面是很广阔的,考试只是其中的一点。玩和学能够并驾齐驱才是真正的栋梁,灵活运用知识才是真正的人才。

考试我并不反对,只是它的“泛滥成灾”已经破坏了众多学生的快乐,让孩子们没有了活力,变得暮气沉沉。此时父母与老师站在一条线上,得到的喜与悲都是双倍的!如果换一种方式,用生活去检验知识,让我们了解更多中国的历史,去主动探究更多数学的奥秘,这样大家对学习充满了兴趣又收获知识,岂不是一举两得吗?

我在思考,偏科的现象应该也是试卷所造成的,好考与不好考,分高与分低早已决定了你对文科或理科的选择。为国家有所贡献的栋梁之才应该是样样精通,而不是样样都懂。

论考试,论不出是非,却道出了人生的感叹与思考。考试或许就是人生,好分是喜事,差分是坎坷、曲折,困难。

一个人的才思敏捷,才高八斗,才华横溢并不是只靠试卷来衡量的,是什么?这又是一个值得研究的问题……

诸葛点评:

对于六年级的学生,能写出这么深入的文章,对考试的思考那么丰富,是出乎我的意料的。作者在文章中表现出来的成熟的思想也给人深刻印象,如“现在考是为了将来,而将来考是为了未来”、“考试也许是一个通向成功的入口,可是你却永远找不到出口”、“考得好成为老师面前的大红星,父母的手掌心;考得差成为老师面前的眼中钉,父母的不开心”等,既是生活的写照,又是作者独特的感悟,很不简单呀!希望继续努力!

5.7　一个差生的自白

作者:龙游西门小学六(2)　李徐承前　指导:诸葛建军

昨天下午,又是因为一个荒唐的理由差点“住”进了公安局,也不知是哪个混蛋写了一则“征婚启示”,害得我……哎!一言难尽。

我的一肚子苦水,难以倾诉。那时天正下着小雨,北风呼啸,我和几个同学被老师拎上了讲台“审讯”。

也许是命呀!姻缘巧合使我下不了台。也不能怪我们的吴老师,他虽然对我严格,但是为了我学习呀。科学书上被同学不小心画上的“牛皮癣”,害得我受同学嘲笑,老师的惩罚,我的运气可真不好……

也许是我活该,成绩不好,性格暴燥。不能怪我的家人,他们供我吃穿。我也曾努力过,老师也表扬过,批评也是“家常便饭”,这些我历历在目。也许我没什么前途,但是我知道谁对我好,我真的应该好好努力呀!每次吴老师语重心长的鼓励,都让我羞愧不已呀!

被吴老师“拎”也不止一次了,每次严厉之后的鼓励,每次鼓励之后的严厉,成为我的家常便饭,我的不成熟,我的淘气,成了我心中悬起的一块石头,总是落不下来。我什么时候能改改呢?

每想到那一幕,我便泣不成声。今天吴老师的批评让我很难过,但是他是我的老师,一日为师,终生为父。虽然他留我到放学,我还延误了诸葛老师的家作,但是错在我呀,我该怎样面对老师的期望呢?诸葛老师也批评我没有及时完成家庭作业,他说得没错,作业不知道而没有做,这并不是理由,不知道可以问同学、老师。不做是我的错,让我补好已是最好的选择。

也许我的表达能力不好,但是这是我的肺腑之言,请老师原谅,这次我也向吴老师道歉,也向诸葛老师道歉,我一定会努力,会反思。

这也是一篇检讨书,是一个差生的自白,也是我告别过去的宣言!

诸葛点评：

每个人心中都有一本账：我在班级中的地位是怎样的。你把自己定位于“差生”，其实不然。你的文章好像有点“乱”，因为你写本文的时候，脑袋里的确是混乱一片——这正是符合你心理的。希望你放开胸怀，多看自己的不足，你的未来是阳光，是雨露，但是不要期望永远没有挫折的考验！建议题目“差生”二字加上引号。

5.8 广告王国亲历记

作者:实验小学五年级 肖枫 指导老师:诸葛建军

晚上7点50分,书房里,传来我的吁气声,我靠在了椅子上:“总算做好了!”也许妈妈听见了我的声音,走到了我的书房里,亲切地问道:“儿子,做完了?”“嗯。”我有气无力地回答。妈妈看了我这个样子说:“儿子,休息一下,去看看电视吧!”“哦。”我一下子来了精神,躺在床上看起电视。

1频道,广告;2频道,广告;3频道,广告;……9频道,广告。我有点怒了,好不容易才看看电视,结果这么多广告!10频道,啊!总算来了个能看的。可是,不出3分钟,又传来了一个声音“广告也精彩,稍后再回来”,我恨不得把遥控器砸了。我只好放下遥控器,慢慢等广告结束……

咦?这是哪儿啊?我看了看四周,墙壁上,写满了广告:脑白金,年轻态,健康品;黄金搭档,花1样钱补5样;1,2,3,4,胃必治……我正纳闷,广播里传来声音:“欢迎各位乘客来到广告王国。广告王国,广告的家,耶!”

晕,原来是广告王国啊!吓了我一大跳。我走进大门,观察四周的样子。突然,我的眼光瞟到了一座大楼,大楼3楼,一个小男孩站在窗户边,一副要跳楼的样子。我急忙冲过去,对他大喊:“小朋友,别跳啊!”谁知他却好像没听见,背上了一个塑料袋就往下跳。他边跳边喊:“特步,飞一般的感觉!”谁知,塑料袋破了,他并不慌,而是在唱歌:“我要飞得更高!……”瞬间,他落地了,头上流了血,但是,他又大喊了一声:“创可贴,用邦迪!”

我见了这些,真是哭笑不得,掏出小灵通,拨了120。半个多小时后,救护车到了,只见医生、护士抬着担架从车上下来,那个小男孩说:“哎呀,我的头好痛,”那些医生、护士异口同声地喊:“头痛反复,用正天丸!”我都快晕了,什么时候了,还在做广告!他们把小男孩扶上担架,抬上车子,说:“担架,用霸天牌!”我看着救护车渐渐远去,叹了一口气:“这个广告王国真是的,什么时候都不忘说广告!”

我在广告王国里东逛西逛。大街上,人人都在说广告,墙上写满了广告。走到一个小巷子里时,一把菜刀横在了我的面前,我吓了一跳,以为有人要打劫,连忙蹲了下来,双手抱住头,重复说着:“我没有钱,我没有钱……”谁知,那人说了一句:“菜刀,用机令牌。”我抬头一看,一个大汉,我还没问,他就说:“个子长不高,用‘成长快乐’。‘成长快乐’,养生堂。”这回,我气不打一处来,又哭笑不得,看着那大汉憨厚的笑容,我真的快要晕了:我矮,关你什么事情呀!

走出了小巷,我又继续游览。这时,一个小姐走了上来,对我说:“黄金搭档,花1样钱补5样。”我再也忍不住了,大喊了一声:“你们广告王国怎么这样,烦不烦人哪!”众人看着我怒气冲冲的样子,并不生气,而是异口同声地说:“上火就喝王老吉!”我眼前一片黑,晕倒了。眼看我倒下了,我的头就要砸到一个玻璃瓶了,我的头呀,我要没命了呀!……

“呀——”我醒来了!我不是在广告王国里!我还活着!我摸摸自己的头,冷汗直流。我看看床头柜上,电视还是在放广告:“头屑会摧毁黑色,我信任清扬……”

我的天,无语。

诸葛点评:

你的文章是要批评电视广告太多,借用幻想的方式加以讽刺,希望戒谕生活,形式创新,想象丰富,真是好文章呀,收藏了!

5.9　此时此刻的雪

作者:浙江省龙游西门小学五年级　蔡圣辉　指导老师:诸葛建军

“三月的天,孩子的脸”。今早,天空就奇迹般地下起了雪。

下了课,操场上便是一道道“风景线”。素结“仇怨”的男女生便借雪仗来出气。男女生坚守两道防线,女生在跑道边缘,男生则在草坪中。

“嘿嘿嘿嘿,我打死你!”程城憨厚的语言和着小碎步再配上螃蟹般的姿态,来到我面前,先是用充满磁性的笑声麻醉我们,接着把雨伞一张一合,雪粒如坐滑梯一般从雨伞上滑落。

身旁的女生拿雨伞做掩护,雪粒便瞬间在我们的雨伞上“尘埃落定”。“哼,没脑子,明显就是为我们做丰厚积蓄嘛!”身旁女生把雨伞向外横扫,耳旁的风呼啸而过。似乎空气也利用阻力阻止我们对男生的“追杀”。雪粒横飞出去,来了个“低空飞行”十厘米,便不紧不慢地降落了。

这边躲开了,那边又来了,一个大雪球快而准地落在我的后脑勺。“哇,谁啊?这么缺德!”我略带哭腔,娇滴滴地喊道,眯起眼寻找着“报仇对象”。一个个都正儿八经地抡起胳膊“掷铅球”,吴双却在一旁如公鸡啼鸣般一顿一顿地笑着,带动身体大幅度颤抖。

我慢悠悠地蹲下,双眼稍夹“杀气”地监视着他,双手在地上摸索着已被“采纳”过的“雪饼”。“嘿!”我的胳膊猛力向后抡,然后在空中划过一道划线,身子配合着向前一扑。可怜我纤纤玉手根本使不上力,“雪饼”完全偏离轨道。

“哼哼,太没水准了!”吴双慢悠悠地摇着头,右手的食指和中指晃啊晃的,嘴里不断地发出“嗒嗒”声,闭上眼慢慢地回味自己技术如何高超。

不愿服输的我准备深入敌后,便挽着身旁的女生冒着“雪弹雪雨”前进了。快接近“敌军”时,吴双拾起现成“雪饼”,在地上时不时蹦跳一会儿,便开始攻击了,正中我脚。虽说“雪饼”的威力不怎么大,却能感到隐隐作痛。

“嘿嘿,怎么样?”几声冷笑加奸笑,又弯腰拾雪,上嘴唇如包饺子般包住下嘴唇,准备再次出击。此时,连向来都不敢对女生还手的张洋也出击了。他采取的是

"隐藏作战法",抓起一把雪,先是若无其事地来回走动,趁我们不备,扔掉定时炸弹一般,耷拉着下巴,往前随意一抛,又赶紧躲了起来。

说来也是,似乎那雪是矛,我则是盾,身上已是伤痕累累。看着大队男生从我眼前闪过,我有些忿忿不平:"总该我威风一回了!"我故作哭状,双手放在膝盖上,垂到地面,低着个脑袋收集"炸药"。收集够了,起身寻找目标。

"嘿!"程城吊儿郎当地晃悠来又转悠去。我窃喜有目标了,一点一点挪移到他身边,来了个"天女散花",砸在他的脖子上,雪球四分五裂。

空气中弥漫着的是快乐,伸出手握紧,抓在手中的更是快乐了……

诸葛点评:

快乐原来可以是这样的,谢谢你的文章,让我感受到了童年的快乐!

5.10　现代版愚公移山

作者:龙游实验小学六年级　肖枫　指导:诸葛建军

又是阳光明媚的一天。这天,愚公起得特别早,因为,他要见一个重要客户。“重要客户”？无需奇怪。最近,愚公开了一家“汽车公司”,专卖汽车,哪知生意越来越好,越做越大,愚公发起了大财,卖起了“宝马”、“奔驰”。而他自己,抽着烟,跷着二郎腿,在家聊QQ,什么事情都叫佣人做,悠哉悠哉。

今天,他要去做一笔大生意,可不能耽搁。愚公准备好一切后,就打开门,准备出发。谁知,一打开大门,两座大山,将阳光都遮住了一半。原来,1千年前,愚公的祖先移掉了太行、王屋两座山,两座山的山神一直记恨在心,想拿愚公的后代“发泄”。今天,他们趁玉皇大帝睡着时,买通了玉皇大帝的两个仆人,悄悄地将两座山移了回来。

“啊,这可怎么办呢?”愚公看看金表,金针告诉他,还有15分钟,“滴滴滴滴滴滴滴”,愚公拨通了一个号码。“喂,王雄,2分钟内将直升机开到我家门前来!”愚公不管这两座山的来历,只要与客户见面不迟到就行。其它的,回来再说。

“突突突突突突突突……”用不了10分钟,直升机就到了。“快到‘国际大饭厅’!”愚公一跃,跃上了直升机。“滴答,滴答,滴答,滴答,”时间一分一秒地过去,还有10秒,啊,已经到饭厅了。9、8、7、6、5。愚公在电梯里,头上渗出了汗珠。3、2,“叮,”电梯门还没完全打开,愚公就连滚带爬地进了电梯对面的包厢。包厢里只有一个空位了。

“对不起,我迟到了。”愚公走进包厢。

“不会啊,你离迟到还有1秒钟啊。”“重要客户”说,这分明是在取笑他。

……

事情虽然谈成了,但是,迟到的耻辱却像烙印一般地印在了愚公脑子里。愚公回家后,盯着那两座大山,认定就是这两座山让他受侮辱的。他既纳闷,又生气:这两座山哪来的啊？我一定要移走这两座山！愚公打开电脑,决定叫QQ上的朋友帮忙。“我家门前有两座大山,怎么移走啊?”愚公刚在QQ群发出问题,不出3分钟，就有许多人回答：

“你不是大老板吗？现在科技这么发达，用推土机、吊机……要是不过瘾，就弄点炸药什么的，嘿嘿！”

“不管它。”

……

愚公采纳了第一个人的意见。

他在网上发出公告：招聘移山员工，自备工具。工资一律一天200元。满意者，请拨电话：9393993、7979779、2626226

不一会儿，愚公的秘书的电话就快被打爆了。第二天，来了几千人，有拿扁担的，有开推土机的，有开轰炸机的，有开吊机的，有……反正，千奇百怪的东西都有，甚至有小孩带挖土玩具来。

^_^，愚公的脸上有了笑容。大家都卖力地干着。一天，一天，又一天；200，200，又200。小孩的效率也不低，50个小孩，一天能挖出好几个大坑，费用不高：50包薯片。

1个月过去了，两座大山，只剩一个小山丘。

……

这回轮到山神楞了，也知道了高科技的厉害，于是屁颠屁颠地去向玉皇大帝汇报情况。玉皇大帝说：“偷移山的事情我还没找你算账呢！还来求我……罚你下人间反思3000年！”

“啊——”山神掉到了人间，说来也巧，他正好掉到了愚公家门口，他看着告示：移山，自备工具，工资一律一天200元。山神又看了看那座小山丘，沉思片刻后，大喊：“分我个工具，我要移山……”

诸葛点评：

真是有创意又有趣的佳作。学习！

5.11 哎！老爸，爱你没办法！

作者：浙江省龙游西门小学五年级 王诗嘉 指导：诸葛建军

我的老爸，个子不高，戴着大大的眼镜，是一位和蔼可亲的中年人。如果你觉得这些特点不太明显，我再告诉你一个：哪天你走在街上，看到一个女孩拉着一位中年人撒娇，那人只好走进书店，或者走进零食店，然后用满载而归的"成果"向女孩报到的，那肯定是我的爸爸！

瞧，这不，老爸又回来了。

我一个箭步冲上前去，亲亲下巴都是胡子碴的老爸，然后开始我的"魔鬼行动"！

我拿过老爸的行李箱，打开箱子东翻西找，一无所获时，我会垂头丧气瞪着行李箱，然后又再次翻找，搞得满地都是东西。

"傻女儿，你的东西在这儿！"老爸拿着我的最爱在我眼前摇晃。

"给我！"老爸打了手势，"不好不好！""我要！"我的眼睛跟着老爸的手转。"你来抢啊！""好！最好小心点！"我冲锋上阵，几番战斗，抢到手，把东西抱在怀里，对老爸做了个鬼脸："臭爸爸，你太'坏'了"！然后嬉笑着扑进爸爸温暖的怀里。

这个时候，老爸就会摸我的头发，和蔼可亲地笑着说："星星，最近好不好？"

我还没回答，我那称得上"倾国倾城的"老妈就在叫了："老公，快过来………"哎，老妈总是和我争宠，没办法，谁让他是她的老公呢！嘿嘿！

要吃晚饭了，我坐在自行车上，等待着老爸的"魔鬼骑车功"。果然，半路，老爸对我说："星星，来点刺激吧！"我还没做好准备，车就抖起来了，我"痛苦"地尖叫了起来，一脸惶恐，"坏老爸"却在哈哈大笑。

我会报仇哦！吃完饭，老妈又不在，我就使出我的杀手锏"魔鬼式撒娇"，老爸没法了，先带我去肯德鸡溜达上一回，等我满嘴流油时，又带我进了书店。我可是大丰收哦！

老爸，爱你没办法呀，我的好爸爸！

5.12 假如我是个失学的孩子

作者:浙江省龙游西门小学五年级　丁若雪　指导:诸葛建军

寒风呼呼地吹着,我穿着单薄的衣服,呆呆地从铁栅栏的缝隙向里面看去,那些孩子可真幸福呀!我滴了一颗苦涩的泪……

我曾有一个美满的家庭,父母都有工作。我在班上成绩很好,还是学习委员呢!可好景不长,二年级的一天,爸爸被诊断患了绝症,几个月后便离开了人世。妈妈悲痛欲绝,因而长病不起。我更是承受不了,整日无心学习,作业也草草了事,成绩是一落千丈。那个曾经活泼可爱的小女孩变得沉默寡言。

这种情形持续了一个多月。正当我日渐恢复到生活中时,经济负担又无情地压来。妈妈因身体不适,被辞退了。我的学费日渐减少。虽然学校为我免去一切杂费,可仅靠妈妈的一点退休工资,还是非常困难。

终于有一天,妈妈把我喊到病床前,无奈地说:“孩子,你这学,恐怕上不成了……”

我,从此失学了。

就像鱼儿失去了水,苍鹰离开了天空,我的生活一下子变得如此空虚。为了能重新回到学校,我开始为人家看店。整日重复着同一种生活,早上五点起来,一直忙到晚上十一点半才睡。五天下来,我已脸色苍白,浑身无力,算账时也打着哈欠,以前那娴熟的算术不知跑哪去了。为此,不知挨了多少次批呢!

一次,我正在算帐,突然,一顿疲惫袭来,我不由自主地慢慢闭上眼睛,进入了梦乡——

“喂,交作业了!”我冲一个顽皮蛋大吼道。

“不交!”

我的好朋友走过来,帮我:“不交就把你告老师!”

“对,老师的惩罚可不仅仅是抄生字词哦!”

“好好好,我交我交,行了吧!”

……

突然,一声大吼打断了我的好梦,我迷迷糊糊地看到一个高大的身影,操起一个东西朝我打来。

“啊!”我一声惨叫,店里死一般寂静。

今天,是我的休息日。我倚靠在校园的栏杆上,眼睁睁地看着小朋友乱丢垃圾,却不能前去提醒他们;眼睁睁地看着女同学被人欺负,却不能去帮助她们。我跪在了校园铁栏前,渴望成为一只飞翔的小鸟。

突然,一个熟悉的身影站在我面前,我一下子愣然了——这不是我最好的朋友李彦晓吗?

我们对视着,百感交集。她半天才吐出几个字:“我们……想你!”

啊,我也想你们呢!你可知多少个夜晓,我望着星空,星光灿烂,像你们的笑脸,可我却望尘莫及……

诸葛点评:

假如自己是失学的孩子会怎样呢?作者的想象写出了对学习的爱,对学习的渴望。丰富的生活细节让这样的爱变得深刻、强烈。作文的形式创新,有时候会有意想不到的效果。收藏了!

5.13 1818 黄金眼之十二生肖新传

作者:浙江省龙游西门小学五(4)班 马欣越 指导:诸葛建军

嗨！你们好！欢迎收看1818黄金眼。我是主持人马马！唉呀,今天森林里出现了一个很怪异的事情,那就是——啊,暂时保密！想了解的话就跟我来吧！

老鼠,这种动物大家也许并不陌生吧！它就是生肖之首:十二生肖和四害居首位！牛可是一种为我们做出了巨大贡献的动物啊！(不包括得疯牛病的牛)瞧,牛奶、牛肉、还有用牛皮做的各种东西,都靠它而成。还有,有的牛还要为农民干活,可十二生肖中的亚军是它,这还不要紧,但冠军却是胆小的(如)鼠。这一个事情好忍吗？不好忍。牛又不会讲话,只能忍气吞声的,这不！“哞——”

自从老天给了小动物一种特殊功能后,森林法院一造好,牛就拿着状纸,告上了法庭。“铛！”院长一敲惊堂木:“老天的事老天办,这事,国家是没有规定的,法院也办不了。再说,老一穷,老二富,老三洗尿裤,你就让让吧！”

真是出师不利！才刚开庭,鼠方就把牛给比了下来。

老虎作为十二生肖的老三,也和牛有同感。自已虽然没有为民做出那么多的贡献,可它是森林里的头儿,大家口口声声叫它“大王”的啊！难道不是随随便便就能坐上金冠之座？再说,老鼠认为“森林之王”这个称号只是说说而已,当今的虎王也没有多少本领。于是,它见到虎王,就装温柔地说:“老弟。”这时的老虎,气得咬牙切齿,但谁叫森林法院一开庭,动物们就吵闹着要除了虎王呢？幸亏自己有两个救星:狼和狈。于是,老虎就把狼和狈叫来,对他们就:“我的铁哥们,请你将我的仇敌——老鼠给‘咔嚓’了吧！”

说干就干,老狼买来了灭鼠器,放在鼠洞前。“咔嚓”,“叮铛”,老鼠根本没夹到,原来这灭鼠器是个小玩具。狈买了除鼠剂。“嘶——”老鼠还探出门张望着,哦,这是假的除鼠剂！哎——这世道！

“狼,我们跟着老虎,也不是办法,不如去投靠老鼠?”狈审时度势说。狼一想,也是哦,虎空有威名,但不聪明;老鼠虽小,但浑身上下充满智慧。如今不是靠力气干活的时代了,关键在于智慧,要有情商,EQ！于是也动身了。到了今天,法官终于决定，把老虎判有期徒刑五年。

就这样，十二生肖变为：鼠牛兔龙蛇马羊猴鸡狗猪虎。

……好了，今天的1818黄金眼报道就到此了，观众朋友如果有什么新闻线索或者对本新闻有什么看法，欢迎你拨打由马马主持的1818黄金眼热线：0570——7881818。

祝您周末开心！88！

诸葛点评：

借助大家熟悉的1818黄金眼记者的“介绍”形式，将十二生肖排名的故事演绎得有板有眼，不容易。由此我也明白：创新，是一个民族的灵魂！对于我们学生而言，创新是学习的催化剂。

5.14　念诸葛

作者:龙游华茂外国语学校　蒋曼恬(原西门小学六(5)班)

我想,命运真的很像流水,诸葛老师便是这溪中的一颗顽石。我一路奔流,在这石子前开始转向。

小学六年级,命运之神将一名完美的语文老师赐予给我们(5)班。他就是诸葛建军,其实我们一直都亲切地唤他诸葛。他从来都是个性十足,幽默风趣,但总有突然的深沉令我们措手不及。

第一次近距离地注视他,是在与林老师相别时(我们的语文老师,在五年级结束时到杭州锻炼一年),大家都在流泪,每个人的眼睛都红肿着,那些淘气的男生也都默不作声。作为新替过来的老师,诸葛严肃地站着,一言不发。林老师离开后,我们看诸葛的目光里,竟有一丝若有若无的仇怨,可笑而幼稚的仇怨。

然而,诸葛向我们展现的,令人意想不到。他的课堂,像是聊天,而又紧扣主题;他的言语,令人笑到背气,而又意味深长;他的回忆,幼稚天真,而又叫人专心琢磨那个故事;他的思想,宏大遥远,而又深刻无比……这样一位老师,像一枚磁石,牢牢地吸引着他的学生们。

记得他说,他长得是玉树临风——东倒西歪;

记得他说,他小时侯是怎么偷猫,偷柚子,偷棉花,因为这感觉像冒险的大盗;

记得他说,他有一位多么可敬的爸爸;

记得他说,他是怎么为打老鼠而敲碎了一袋米糕;

还记得他说,作业可以不做,只要心在就行;

还记得……

诸葛为我们布置的作业不是一般的新奇,名曰"创意休闲作业"。每天一页半卷大的纸,随便在上面布置什么,可写可画,美观实用就行。这样,我们想尽花样,记录运动会、写下心声、描绘梦境、抒写梦想,七彩的蜡笔、个性的黑白碳笔、炫目的荧光笔在纸上尽情涂抹。一页页,一本本,都是我们智慧的结晶。诸葛也对它们赞不绝口,我们还专门开了一堂作业展示的公开课呢。由此,诸葛更是名声大振。我们的语文、美术水平也大有长进了。我们开始明白，原来语文不仅仅是门课，不仅仅是国语，不仅仅是我们交流的纽带，更是一门艺术，是一种生活！

诸葛的语文课，似乎60 %都关于作文。他总是"减负第一人"，余下的时间，他都让我们写一段话，比如《哭》、《笑》、《乡村》、《爸爸》、《当我遇到难题时》、《三个流泪的人》、《短信》等等。每一段话都是写作的精准核心，日积月累，我们班的写作水平遥遥领先。

深沉的诸葛，总是阴沉着脸的。有时，他就那么坐着，突出的眉骨为他深陷的眼眸笼上一层阴影，直直地看着某一个方向，不知是在思考什么。他总会忧国忧民，关注心灵问题，认为道德和素养是中国人所缺的。他也总会语重心长地将救国之重任赋予我们。

诸葛并不像园丁、蜡烛什么的，他像朋友，不，他就是朋友。他喜欢花上几节课的时间来和我们大谈人生、大谈思想；他会在语文课上将话题扯到很远很远；他竟然在《卖火柴的小女孩》那一课时感动得流泪；他会在我们墙绘大赛的途中学警察向我们敬礼；他会鼓励我们写校园小说；他会在我们伤心失望时肯定我们的表现；他还会在讲述自己的童年时手舞足蹈……

师生的美好结合就像这样。我们和诸葛愉快地相处了一年。这一年，过得太快，快到让我来不及看清自己的变化就已经过去。毕业了，我们却还没有反应过来。那天，大家都很沉默。我们机械地结束了典礼，心里却疯狂地叫喊着："时间，你过得慢一点啊！"最后的一点时间，我们签来了全班同学及老师的签名。诸葛保持着涩涩的微笑，在他和班主任的身后，同学们排起了长龙。每一个排到的同学都开心地期待。诸葛对每个同学报以微笑，然后边絮絮地祝福，边写下自己的名字。当轮到我时，我兴奋地看着诸葛舞动的笔尖，他嘴里的祝福我也来不及听。在纪念册的有些泛黄的纸页上大大地写上："北大见！诸葛建军 06·7·3"，以及一个不成型的、傻傻的笑脸——我记忆犹新。我也还记得那封面，那鹅黄色的空气里，本子上画着一辆载着梦想的单车，几丛绿，一只孤独的、空荡荡的信箱，本子边是瓶墨水，两朵笑着融化在一起的柔软的粉色花儿，斜靠着的钢笔，好像是我——是我，在这页纸上写满了小学和今天的告别，靠着休息一下，然后，明天，就写下一页了。

怎么会这么快？我问自己。似乎这两年，我只为诸葛写了一封贺卡，通了一次电话。既然自责，我又为什么不想去看望？

其实，好像，有些记忆，还是让它尘封会比较好。毕竟我不会忘记，有一颗叫诸葛的顽石，一直停在那段溪流中，让每一个经过他的人，都发生小小的偏转……

2008 年 3 月 8 日

诸葛：

这是我的学生写的作文，我到目前为止不知道是谁。（选编之前知道了是才女蒋曼恬）只是感动，所以就保存一下：》作为老师，或许将来没有什么可以留恋的，而桃李满天下的愿望，应该是每一个老师最大的愿望吧！相信退休之后能够看看这样的作文，可以给自己的儿孙讲讲爷爷的教书经历，用这样的文章在孩子们面前“吹吹牛”，呵呵！谢谢我的孩子们！

5.15　母爱犹如康乃馨

作者:龙游西门小学四年级　舒菲儿　指导:诸葛建军

母爱是无私的,母爱是伟大的,母爱是人间最纯洁的爱,是世上最美好的爱……

妈妈的爱,无处不在。在生活中的点点滴滴的小事里往往能透露出无私的母爱。

一次,妈妈烧了一桌令我两眼直放金光的丰盛的菜:令人口水都要流出来的红烧肉,营养丰富的西红柿蛋汤,还有“年年有余”、“劲爆虾”、“长命百岁”。我迫不及待地动起双筷,可是,我最喜欢的红烧肉放在我的对面,夹不到啊!妈妈似乎看出了我的心思,把好吃的菜一一夹到了我的碗里,看着碗里满满的好菜,再看看妈妈碗里那绿绿的蔬菜,我突然感觉到,一股爱的暖流在我心中流动。

也许就是小小的冲突中,矛盾中,还是能看见伟大的母爱。那一天,我在看银河剧场的“淘气包马小跳”“十二楼的流星雨”的时候,妈妈不知发了什么“羊癫疯”,走了过来对我说:“现在都几点了,还在看电视!明天要不要上学!”

不知是我惹了她,还是她拿我当出气筒:“不行,现在就给我去睡觉!”

要知道,这时可是“十二楼的流星雨”最最最最最精彩的时候,可她,却硬要我去睡觉。哼,我就不,就不!于是我跟妈妈拗了起来,还在那里一声不响,像个木头人似的看电视。

妈妈那双“恶狠狠”的眼睛似乎在说:“老虎不发威,别当我是病猫!”

我有点惧怕了,毕竟她是大人,也不是好惹的,但转念一想,班长应该有“主见”,不能受人“摆布”,于是,继续和她拗上了。

妈妈把我狂打了一顿,后又“假惺惺”地叫我去睡觉,说明天起不来。

不过,妈妈的狂殴除了 PP 有点痛,但是我上学没迟到,没在同学们面前献丑,说真的,我还要感谢这顿狂殴嘞。

呀,妈妈,您就像阳光,照耀着我这根“独苗苗”;您就像雨露,滋润着我这祖国的“花朵”;您就像绿叶,衬着我这红花,要知道,红花没有绿叶的陪衬是不美丽的;

您就像大树，而我，就像大树底下的小草，是您，为我遮风，是您，为我挡雨……

儿童节的礼物，是您给我爱的一部分；母亲节的康乃馨，则是我给您爱的承诺。相信我，我一定会好好学习的！

诸葛点评：

这是一篇比较"熟悉"的歌颂母爱的作文，但是真情实感的抒发让我看到了一个会感恩的孩子，收藏了！

5.16　砖头米奇的遭遇

作者：台州　阳光男孩　指导：诸葛建军

“太好了！太好了！我出生了！”砖头米奇高兴地欢呼起来。

还在几天前，米奇还是一堆黑乎乎的泥土，还是和好多好多的同伴粘在一起，整天在那里无所事事，最多只是与同伴聊聊天，聊一下自己的理想。

而现在的米奇已经是一块砖头了，是一块刚刚从砖窑里面生产出来的砖头。米奇惊奇地发现自己的身体不再柔软，竟变得坚硬起来，也不再是一团或一堆了，竟变得有棱有角了，颜色竟然也起了变化，从原来的黑色变成黄色。啊！一切都是那么新奇。现在的米奇又有了很多新朋友，米奇发现这些新朋友都是和自己一样的兴奋，长得也和自己不相上下。

忽然，米奇感觉自己被搬运到一列火车上，从搬运工人的谈话中，米奇知道自己将被运往四川省纹川县造房子。火车开得真快，对米奇来说，这也没什么，又不会把米奇给压坏，因为现在的米奇已经变得很坚硬了呀！而且能和那么多新朋友一路上说说笑笑，天南地北地聊天，米奇感觉快乐极了。

到了目的地，工人们把米奇和他的朋友们搬运到一个工地上。没过多久，米奇发现自己的周边又发生了变化，自己的四周被涂上一层灰黑色的、粘乎乎的东西，一问才知道，原来他们叫水泥。水泥告诉米奇，水泥对于砖头来说是一种非常有益的营养品，而且会让米奇和他的朋友们永远地连在一起。水泥还告诉米奇，不会过多久，他们也会和米奇一样变得坚硬起来的，而且还会永远和米奇在一起，为人类遮风挡雨，带去温暖。

“为人类遮风挡雨，还能带去温暖，这是多么伟大而且有意义的事情呀！”米奇情不自禁地为自己的伟大自豪起来。

慢慢地，米奇感觉自己身上的重量越来越重了，不过感觉自己的身体也越来越坚硬了。

时间一天一天地过去了，直到有一天，米奇发现热闹了起来，房间里来了好多好多的小朋友。原来，米奇工作的地方是一个学校。从那时候起，米奇几乎乎天天和一群可爱的小朋友们待在一起，听小朋友们朗朗的读书声，是米奇最最快乐的事情了。

一年年，一代代，米奇送走了一批又一批的小朋友，也迎来一批又一批的小朋友。而米奇感觉自己在不断地衰老，身体也不如年轻时那么坚硬了，一天弱一天了，边上水泥朋友有时也会因为太累而不时地冒冷汗。

直到2008年5月12日的14时28分，米奇先是感觉地动山摇，接着是一连串轰隆隆的倒塌声，老师和孩子们的惊叫声、哭喊声……

等米奇苏醒过来的时候，他发现自己的同伴早已变得支离破碎，米奇感觉自己痛得钻心，不禁叫道："好痛！好痛呀！"米奇忍着巨痛，吃力地抬起头，竟发现自己的下半身已经不知去向了，米奇又昏了过去。

时间慢慢地过去了，救护人员在不断地挖掘。此时的米奇已是奄奄一息，因为他受伤过重，加上本来就已经是年老体衰，身体怎么能经得住呢?

米奇的生命就这样结束了，他还没来得及问一下，与他日日相伴的老师和小朋友们怎么样了；还没来得及问问到底发生了什么事，怎么会一下子所有的一切都变了。

诸葛点评：

写得真好呀，佩服！以一块砖头的一生来反映"快乐"和"沉重"的话题，构思独树一帜，富有童趣和爱心。收藏本文。

5.17 蓝剑其人

作者：西门小学四年级 池佳俊 指导：诸葛建军

“耶！终于下课了，太棒了！”蓝剑看见老师慢慢地离开了教室，把憋在肚子里，憋了一节课的话终于说出口了。

“吵什么吵啦！没吵过是不是啦！真是花生——非吵不可！”他的同桌——诸葛晨玉皱起了眉头，大声叫道。

“就吵，看你怎么着！”蓝剑自封自己是“顶嘴高手”，因为他可是跟班里的“黑方老大”邱伟学了“两年”时间的“顶嘴功”的。

诸葛晨玉听了这句话，生气极了，“耶耶耶！小子，毛都没长齐，就来跟我斗，找死啊！”诸葛晨玉是班上的“麻辣女孩”之一。

“我就跟你斗又怎么样呢，我又不怕你！”蓝剑管她是什么女孩，继续顶嘴道。

“好好好，你吵你吵，不跟你斗了！”诸葛晨玉知道自己斗不过蓝剑的，于是就说道。因为，要是跟蓝剑比顶嘴，十个诸葛晨玉都不是一个蓝剑的对手；如果比“打架”，十个蓝剑都不是一个诸葛晨玉的对手。

蓝剑听了，心里乐开了花。因为，这是他连续战胜“诸葛国”100 次的“军事记录”。但他还没有停止战斗，他想等“元帅”诸葛晨玉走了以后，“诸葛国”毫无防备时，来个趁火打劫。

蓝剑站了起来，脸上露着胜利的神情，好像在说：“5——4——3——2——1！冲啊，向‘诸葛国’进军。”

只见，蓝剑把诸葛晨玉的铅笔袋偷偷地放到胡可杨的抽屉里，再把书包扔在地上，真是腊月天气——动手动脚。他边恶作剧，边想：老天保佑，不要被人发现。

“咦？我的铅笔袋呢？”诸葛晨玉看到自己的铅笔袋不见了，很着急，没有铅笔袋就等于没法做作业了！

“谁把我的铅笔袋拿到那里？”诸葛晨玉看看蓝剑，因为他有点怀疑是蓝剑搞的鬼。

“是蓝剑！我看到蓝剑刚才拿着个铅笔袋，坐在胡可杨的位置上……”毛婉媛把她刚才看到的，全部说了一遍。

诸葛晨玉听了，火冒三丈。“耶！皮这么厚的啦！（皮皇帝的妈妈——皮太厚。）”

这就是我们班“黑方老大”邱伟的“儿子”——“黑方老二”——蓝剑！

诸葛点评：

文章通过语言、动作、神态等的细致刻画，写出了一个调皮生的特点，有如见其人的感觉。

5.18　咱班的"水库"

作者:西门小学五年级　傅芹薇　指导:诸葛建军

"爆炸性新闻,爆炸性新闻,'水库'又开闸喽!"水库"又开闸喽!洪水泛滥成灾啦!同志们,卷铺盖滚蛋吧!……"

他——肖成旺。没有帅气英俊的外表,只有一张普变通通的方脸;没有令人羡慕的万贯家财,只有一间不到100平方米的小屋;没有直上云宵的发飙成绩,只有一张张感到羞耻的不及格的试卷;没有流畅优美的文笔和字迹,只有几个歪歪扭扭的"蚂蚁字"和一行行结结巴巴的句子;没有文明优雅的谈吐,只有几句肮脏的方言;没有动听嘹亮的歌喉,只有几句不成调的小曲;没有……无论是什么,他都比不过别人。思想的贫穷与泪水占据了他小小的世界,是它们将肖成旺的心灵之窗紧紧地关闭。在他的世界,再温暖的东西都像冰一样寒冷,再灿烂的微笑都是讥讽。他将自己关在黑暗中,不愿感受光明的滋味。小小的心被坚冰层层包裹,淹没在无尽的孤独中,仿佛只有泪水才能倾诉他心中的苦……

那一次,泪水淹没了他的世界。

2007年5月的一天,他的一个小玩具被老师没收了,几日后,那小玩具竟插上了翅膀,悄悄地飞走了。老师得知后,办公室里立即飘出一股浓重的焦味儿,"火光"把办公室照得像西边那一片瑰丽的晚霞,还伴随着烤肉的香味儿,弥漫在校园里,一场水与火的战争就要打响喽!

肖成旺的眼泪,用李白的名句"黄河之水天上来,奔流到海不复回。"来比喻,再恰当不过了!只要他的"水库"一开闸,咱班就在劫难逃了,不过拖地的同学可就轻松了,肖成旺的眼泪席卷过的教室,那才叫干净呢!

上课了,"肖成旺,你给我出来!"先是一声大喝,把全班60个人的魂都震掉了一半,肖成旺一愣,脸上不知是什么表情,有酸有甜有苦有辣,全都僵在了脸上,大家仿佛已经看到了他头上的小黑云,脑海早已浮现出一个哭得昏天黑地的小泪包了!

他胆怯地走出教室,接下来的就是开闸的时间喽!"哗",泪水像瀑布一样,从它的源头——眼睛里流腾而出,那气势,黄河都比不上呢!这招,老师都畏他三分哩!……

其实,他也是一个要求上进的学生。那天,我看到了皱巴巴的作文本,那几行歪歪扭扭的"蚂蚁字":

我是一个差生,老师只知道批评我,我渴望离开这样的生活,我不要批评,我也想要赞赏,我曾下定决心要考好,但是每次等待我的只有满是红叉的卷子,这是为什么,为什么?……我努力了,但是我还是不行,我希望……嗯,没有希望,只是希望大家不要嘲笑我,不要看不起我,不要让我那么孤单……

读着读着,我明白了,他的心是有血的,冷漠只是伪装;他的心灵是柔软的,稚嫩的,脆弱的,只有泪水是他心灵的最好倾诉……

让我们,一群还不谙世事的孩子们,一群责任心太重的老师们,给他一点——爱,或者其他的什么吧!

诸葛点评:

文章吸引我的,是对小肖栩栩如生的描写。但是更吸引我的是那份宽厚的胸怀,那份稚嫩的关爱——这是多么的了不起。也许,很多时候我们老师漠视所谓的"差生"的诉求,是犯了一个不能被宽恕的错误。希望这篇文章能唤醒大家:给他一点——爱,或者其他的什么吧!

5.19　吃相

作者:西门小学五年级　王亦奇　指导:诸葛建军

上帝根据不同人的性格创造出他们的不同吃相。A 型人有 A 型人的吃相,B 型人有 B 型人的吃相。

餐桌上,坐着一批不同吃相的人:

先漏油后加油型——只见她举着空勺子,挂在嘴边。手握着个空碗,紧锁着眉头思考着一个问题。想得正高兴之际,不经意地瞅了眼时钟,喊了声“完蛋”,便匆匆去打饭,随手舀了几勺子汤。她手忙脚乱,如果没有实物,单看这么一个人,简直能算得上是印第安舞了吧!专家评价:临阵磨枪,磨磨蹭蹭,对某种事情一旦着迷就有轻微健忘症。

一锅端型——餐桌的另一头,小凳子站着个“黑娃”,这小姑娘用纯正的北乡话问:“这个鸡蛋汤你们还要不要,不要多给月月了。”征求了大家的意见之后,她把自已的那碗饭像胖子下水一样倒进比她脑袋还大的碗里,脸上露出会心的笑。又抄起大勺子,也不管嘴有多大,死命往里头塞。两勺一咽,每一咽喉咙就会由上往下突起一个包。这么一碗饭汤,六勺就搞定了。此乃一锅端型。专家好评:不自私,为民解“困”,血统高贵。

食草动物型的——眼睛没有问题,不是色盲,光选择绿色食品:大白菜、卷心菜、花菜、荠菜,只要是蔬菜,都会端上就立即把它们给消灭掉。呵呵,不知道他的前世今生是什么动物变来的。

吃相是一个人露在外面的灵魂,它可以让你思考,认识人的本质。

诸葛点评:

几种吃相描写得很到位和细致,给人印象深刻。结尾很有哲理哦!收藏了!

5.20 胖，又能做什么呢？

作者：西门小学四年级　何彬　指导：诸葛建军

一提到胖，我的脑子里便浮现出了我爸爸的样子，真让我笑得合不拢嘴。想知道为什么吗？

一走进我家，一个巨大的身影映入你的眼帘，这就是我的老爸！我的老爸高高的身材，一个啤酒肚，一个大秃鼻，一双炯炯有神的眼睛，一头乌黑发亮的头发，一看就是个大胖子。

我爸爸胖，但更可怕的是他的懒！早上他是懒洋洋的，妈妈说他胖，让他去走路，他不肯；让他去烧早饭，他说这是女人干的事，男人不管。妈妈反驳他，他竟然说：你不是说女士优先吗？那就请吧！妈妈有口难言，只好乖乖地去烧早饭了。

吃完早饭，爸爸要去上班了，便对妈妈说：你将家务料理一下，晚上回来要“检查”！妈妈又好气又好笑：我什么时候要你做了？再说，男人就不可以做吗？爸爸知道妈妈是吃一堑长一智，所以不用女士优先来反驳，说：男主外女主内，呵呵，我也很辛苦的嘛！妈妈听了，真是无可奈何，只好去干家务了。

我正在整理书包，爸爸又催起来了：儿，给爸双袜！爸爸连一个字也不想多说，可以省略的就省略了，省得这么费劲！我没答应，爸爸又念念有词：要不是我，你会过怎样的生活，要不是我，你早就读不成书了！你不拿……！

我胆子本来就小，再加上爸爸这么一吓唬，胆子更小了，只好背黑锅，走夜路了！

这仅仅是爸爸早上的表现，晚上更让人吃惊！

一到晚上，爸爸又使出他的阿里巴巴经，而且是白天的5倍！我一回家，爸爸就问：今天考试了没有？考了几分？最高分是多少？……（以下省略100字）

我烦都烦死了，把试卷往他手里一塞，气哼哼地走上楼去。我以前从没观察过爸爸，这次，我终于看见了，爸爸连考试卷也不给我看一下，偷偷地打开电脑，玩起了游戏。

我把这不良现象报告了妈妈，妈妈对他说：游戏有这么好玩吗？你整天除了睡觉就是吃,吃了以后就睡觉,睡觉了以后又吃,你是要把自己的肚子吃胀,还是要把自己睡死?

……

最后,我和妈妈得出了一个问题:胖,又能做什么呢?最终答案是:胖,只能让他永远懒惰!

诸葛评点:

关注生活,关注生活中的人和事,真实细致地写出来,往往会有好的文章出现——因为来自生活的,才是最好的。本文做到了这点,刻画了一个懒惰可爱的爸爸,一个有着大男子主义的爸爸。

5.21 烟鬼

作者:西门小学四年级 方哲夫 指导:诸葛建军

达芬奇曾经说过:在十几个鸡蛋里,没有两个是相同的。没错,我们身边的人也都是这样,你就是你,他就是他。我们家里最具有特色的人物当然是烟鬼老爸了。

烟鬼最有特色的地方就是鼻子了。我感到很奇怪:奶奶没有塌鼻呀?为什么他会有塌鼻呢?听妈妈说,爸爸以前和别人打架,鼻子招架不住,被别人迎面打了一拳,鼻子后退不跌向两旁横溢了。我一想到这个就要笑。

一天,我回家睡午觉,正舒舒服服地呼吸着那空调发出的清洁凉爽的空气,不料那可恶的烟鬼来捣蛋了。爸爸从外面走进来,躺在床上,一手拿着遥控器,一手拿着香烟,享受着那天堂般的生活,似乎要和别人分享这舒服的时刻。我几乎都要晕过去了,真不知道爸爸是怎么样抽下去的。我举着一个牌子,上面写着"抗议"两字。我用那极其愤怒的语言说:方英明先生,请你把香烟熄掉,这样伤害自己又伤害他人。爸爸"噢"的一声,依然抽起烟来。我早已忍受不了这浓烟滚滚的地狱,马上打开门,落荒而逃,再也不敢踏进房间半步。

我看到广告上戒烟的方法,妈妈带着我用我自己的零用钱给爸爸买了一瓶试试。爸爸喝了这药水,有时恶心到想吐。吐完了,又想抽烟。没过几天,他又吸上了。

戒烟没有成功,又折了一大堆零用钱,我大叫一声:晕呀!

诸葛评点:

关注生活中的人,关注人的表现,往往能写好一个人的特点,也能写出生活的气息。不错,收藏了。

5.22　江城子·唯我独尊

作者:西门小学六(2)　杨正宇　指导:诸葛建军

博客地址:http://924490850.blog.163.com/

今日忽发少年狂,渺昆仑,笑泰山。风华正茂,傲气正当年。蔑视吕梁笑秦皇,亲射雕,看思汗。

我之潇洒美少年,建功业,冒青烟。蜗居小城,何日天下放眼?灵蛇舞动妙文出,笔锋动,写江南。

诸葛评点:

豪气干云,是自信,也是学习成功的关键。

5.23 “开益文学社”诗刊

作者:西门小学六(2)班 文学社社员 指导:诸葛建军

“开益文学社”创办于2007年6月,是六(2)班学生的精神家园。文学社成员创作热情很高,氛围很好,80%社员都有了自己的写作博客。以下精选部分社员诗词作品,一为展示,二为表彰。希望开益文学社社员能不断努力,在文学的道路上采撷更多的成果。

天净沙·冬

(杨正宇)

碧水玉树残霞,
炊烟香梅渔家,
皑皑雪山之下。
草木凋零,
白草枯叶冰花。

天净沙·春(两首)

(张梦婷)

绿林青草桃花,
艳阳碧水黄鸭,
溪水鱼儿玩耍。
春意盎然,
蓝天白云朝霞。

天净沙·夏雨

青山绿水农家，
雨丝飘飘洒洒，
敲打碧叶荷花。
雨珠飞舞，
清风夹雨落下。

天净沙·春晨(两首)

(郭悦)

红阳清风朝霞，
青山绿水如画，
碧空悠云无瑕。
新叶沙沙，
麻雀枝头叽喳。

天净沙·夏夜

醉月星辰明亮，
萤虫悠悠飞扬，
蝉吟蛙鸣荡漾。
晚风微凉，
青草露水芳香。

天净沙·夏

(蒋将)

灼日高山蝉鸣，
莲花绿水白云，
朵朵水花晶莹。
杨柳依依，
绿池扁舟凉亭。

小小老鼠

（方馨晨）

小小老鼠不偷米，
从来都是笑嘻嘻，
要是你把它惹急，
它就对你不客气。

小小老鼠真调皮，
拿了魔棒要打你，
“Mickeymickey”我爱你，
要说可爱你最行。

大花猫呀大花猫，
请你不要太伤心，
你若觉得很孤独，
让小老鼠来陪你。

猫哥鼠弟在一起，
团结友爱一条心。

松

（夏静涵）

挺立着
就这样挺立着
不说话
就这样无声无息

告诉我
谁泄露了秘密
告诉你
冬天就要来临

轻轻地
披上碧绿军装
昂首挺胸
为我们遮风挡雨

还有
我们之间的秘密
等哪一天
我再悄悄地告诉你

天净沙·夏

（夏静涵）

细雨轻丝飞鸟，
河岸嫩柳窈窕，
微风拂面而过。
暮然回首，
欲留清香袅袅。

Hello，老虎！

（金穗穗）

老虎，老虎，真神气，
威风凛凛天下行。
老虎，老虎，真聪明，
巧施妙计躲猎计。
老虎，老虎，好本领，
手到擒来你最行。
老虎，老虎，别谦虚，
当仁不让是第一。
老虎，老虎，我爱你，
你可千万别生气。

天净沙·夏

（余思媛）

白云红日彩霞，
瓜地其间捉猹，
麻雀枝头叽喳。
绿叶粉花，
鸭儿池中戏耍。

5.24 会耕田的猪

作者:龙游县西门小学三(1)班　楼葭儿

看到这个题目,你们一定觉得很奇怪吧,只有牛耕田,哪听说过猪会耕田的?那就听我细细地为你讲一头特殊的猪吧。

在朱克曼先生家的谷仓里,有一头牛和一头猪,它们彼此羡慕得要命。母猪总觉得牛帮主人耕田能得到很多好吃的,而自己只能落些剩菜剩饭。牛呢,又老是觉得猪舒服:“老兄啊,老兄,你不用耕田,就自由自在地吃、喝、拉、撒、睡觉,这日子多滋润啊!”

于是有一天,它俩调换了工作,猪去耕田,牛在猪栏里睡觉。

猪大摇大摆地拱着它的大嘴巴,晃着它的蒲扇似的耳朵,下地耕田去了。小动物们瞧见了,个个嘀咕着:“猪耕田,真是天大的笑话！人家都要笑掉牙!”

而猪根本就不理这些人,它想:哼！这些没知识文化水平的人,牛可以耕田,难道猪就不能耕田吗？我这可是为猪家祖宗争光呀!

它一路雄赳赳气昂昂地走着,美滋滋地想:世界第一号猪诞生了!

可是当它走到田里,一看,啊！这么多的地要耕啊！它的脸马上变了:乖乖,还不把我累死啊。可它眼珠咕噜一转:只要耕完了这片地,街上的人们就会佩服我啊,再说世上无难事,只怕有心人！如果失败了也没关系,不是说失败是成功之妈吗?

于是,它就用力地拉着犁耙,边拉边喊:“一二三,加油！超过老牛！一二三,加油！超过老牛……”

可是,地太难犁了,猪累得满头大汗,忍不住脱下犁耙,抖抖身体,抖抖小脚,往后一看,呀,什么地啊？一会平的,一会凸的。猪垂头丧气地跑回了朱克曼的谷仓,到了牛栏,一咕噜地像海绵一样倒在了地上。因为,它太累了,简直一句话也不想说了。

到了晚上分饭的时候,主人拿来两盒饭,它们俩的饭都差不多,母猪就搞不懂了:为什么给我的饭这么少呢？以前牛天天耕地,都这么多饭,我今天也耕地,为什么我的饭就要少一点呢?

原来,母猪耕的地不成样子了！主人生气了,所以才给它少一点。而牛今天没有干活,所以也就少了一点了。

看来,不管做什么事情都要注意是不是适合自己啊!

诸葛点评:

选了一个很有趣的题材,写出了很有趣的想象——这就是好孩子,有着缤纷的想象和有趣的生活,老师羡慕呀！收藏了!

5.25 家长会的前兆

作者:龙游西门小学六(2)班 王昊 指导:诸葛建军

2008年12月10日 星期三 天气:晴 (心晴:晦气)

晦气,真晦气,我都不能用语言来表达了!今天晚上,就在刚才又和晦气碰上面了,而且这次我摔个仰面朝天"倒栽葱"。

"又要开家长会!"王泽琨最讨厌、最头痛的就是家长会了,自然要多埋怨几句了。"把抽屉收拾干净!"吴老师瞪了一眼王泽琨,接着说道。

我冲上去跟吴老师说道:"老师,我的凳子坏了。"吴老师眉毛一皱:"你现在才跟我说?快点拿去给总务室老师修一修。""要是修不好呢?"我有自知之明,观察过我的"音乐凳"(因为向前摇像二胡,向后摇像萨克斯,坐下来时像打鼓,故名"音乐凳"),一边已经被磨成圆的了,一边螺丝全掉了,估计"无药可医"。晚上家长会爸爸要来,要不是怕他坐上去摔倒,干嘛我要"劳师动众"呢?"那换一张!"吴老师回答道。"哦。"我只有灰溜溜地拿去换。可是"路途遥远",一路上我的凳子尽显音乐魅力。

好不容易,终于到了总务室。我往门里望了望,咦!怎么没人?看了看边上,还是没人。林老师从办公室探出头来:"修凳子的找那个老师。""哦。"我应了一声,心里更急了。我还不知道吗?那个老师呢?说曹操曹操就到,总务主任站在我背后说:"修凳子吗?把凳子放这里,把这张拿去吧!"不知咋的,我冷汗都冒了出来,鸡皮疙瘩像月球上的环形山一样多。

等我把凳子换回来,同学们已经准备回家了,老师一声"gohome",就剩我一个人还在整理书包。我的书实在太多了,两本字典就够压死我了!我只好抱着书包往回走,速度=乌龟,走三步停一下。

回到家已经不早了,我一看钟四点十分了,家里作业做好了——无聊。想写一写日记,最好在电脑上写,好让老师给我看一看。于是我抄起电话,老爸换了新手机,不好按呀!哎!把最后的"617"按成了"817"。"喂,老……""爸"字还没说出口,就听到了一个陌生的声音。"你找谁呀?"听起来是个老太太,反正不是老爸。

“哦，打……错、错了。”我连忙挂下电话，像罪犯逃出派出所一样，长叹一口气。

再按一遍，看了好几遍才打出去，“嘟——嘟——”打通了：“老爸，我想要写作文，告诉我电脑密码。”“哦，要记牢了！是567890。”老爸说道。

我赶紧打开电脑，打进网易的地址，“哎呦”我捂住肚子，看来是便秘了（真实性100/100），急忙向WC进军。哎！一寸光阴一寸金，我最讨厌把我的时间空耗在这WC里了，这厕所真是谋财害命的东西！因为鲁迅先生曾经说过“无端空耗别人的时间无异与谋财害命”。

好不容易我终于冲出臭气熏天的厕所，回到电脑上，可是我还没来得及打开文件夹，老爸的钥匙就开始演奏音乐会。我心想“不妙！我怎么向老爸交差呀！难道说，我便秘啦？算了，我就省省吧！说了只有小强（蟑螂）会信！不过好像小强都冬眠了！要是我一定要说，那么老爸多半会说：“你当我是三岁娃娃骗呀！告诉你骗三岁娃娃要用棒棒糖！”——这可能性占百分之六十二；少半可能会说：“别骗我！你以为我好骗呀！”——这可能性占百分之三十六；有一丁点可能性会说：“我就先相信你一回！”——这可能性占百分之一点四；那完全相信我的可能性就不用说了！

要是老妈知道了，那就准会说：“最近‘法拉利’换成‘宾利欧陆’了没？”（源于网易的抢车位）

果然，老爸推门进来，鞋子都没来得及脱，就让我毛骨悚然：“写了多少了？”我按照原定程序运行——什么话都不说。妈妈这种时候是肯定要“大驾光临”的：“不知道在搞什么……。”我心里怪痒痒的，冤枉呀！要是我们家到处装上摄像头那多好！可是现在只好抱怨了！

诸葛评点：

这是一篇让我拍案叫绝的好文章，幽默有趣，充满生活情趣，真实地反应了生活的原貌。收藏了！

5.26 长发论

作者:西门小学六年级　吴娴　指导:诸葛建军

古爱因斯坦有相对论也,今吴娴又发表一长发论,述之何许?请看下文。

自上周以来,有数人对余曰:“尔之发该洗之焉!”余心中大怒,但不敢言,只得在文中一一抒发心中之感慨。

前日,赴同学之会,乃其之生日焉,其见余乐而开笑,不禁扑来,却言嗅到一股臭气。余惊,四处寻找臭之所来,半晌,同学大声云:呀,是尔之发臭!尔哪日曾洗头焉?余尴尬不已,支吾作答:前几日,前几日。心中怨言:近日大雨,水甚冷,手触之即寒,锥心也,哪敢洗头焉?心中闷闷不乐也。

近日,又有同学李某,其故意嗅余发,面露嘲讽之色,笑曰:尔发近日定未曾洗,臭也!尔嗅吾之发也?余上前轻嗅,不禁乐而开笑,心里云:不过如此,彼此彼此。但见李某面露愠色,缄默不语。

昨日,又有同学向余讨教,余连连逃避,唯恐其又提及余之发。

是日回家,母催促之:几日未曾洗头,快去洗也!余无奈去洗之,洗时心中不禁想之:吾之发虽不长,但日日洗也烦恼,不如剃之以光,省时省事也。但为何唯女之留长发,而男者却随心所欲?不如变为男,可消除头发之烦恼也!此时想小时之望留长发,不禁不屑而笑。此时,母在外催之:完也?速来耳!余匆匆擦完头发,正欲走出小间,忽瞥见镜中自己,浓眉阔唇,倒有几分男相,心想之,莫非医生观错焉?但看自己,身着女装,留短童发,至今仍进女厕。

叹之曰:唉,吾终究仍为女孩身耳!

诸葛评点:

虽然有点拗口,但是小学阶段能写文言文,着实不易呀!

5.27　我的爸爸

作者:浙江省龙游西门小学三(1)班　吕遇安

我的爸爸长得不高也不矮,只能算是中等个儿。他最大的特点是黑黑的,一看到他就会联想到非洲黑人,好像刚从非洲回来一个样。爸爸因为爱吸烟,笑的时候,那牙齿黑得能把人吓死,真像一个个用黑笔画出来的方块字呢。

爸爸虽然貌不惊人,但是读书很厉害。他虽然中师毕业,但是却参加法律专业的自学考试,获得了本科学历。后来参加全国律师资格考试,获得了浙江省第一名的好成绩。后来又有一次去参加全省公务员考试,只是简单地看了几天书,就去考了。妈妈说爸爸一定考不上,没想到竟然又考了一个全省第一名。爸爸想到省教育厅,结果没成功,所以这次考试是白考了。我真想跟爸爸学学,将来也像他那么能干。

读书能干,但是爸爸干活不能干,在家里很懒惰。早上,他看见扫把倒在地上也不会管。洗衣做饭根本就不会。妈妈说:“他什么也不做,就像一头懒猪。”连妈妈也拿他没办法,平时对我凶巴巴的妈妈,对爸爸只有摇头的份了。

其实,爸爸的懒是有原因的,因为他在学校里很忙呀!我每次看到他,不是在打电话,就是在开会;不是在听课,就是在和老师谈工作……要是在家里,他有那么勤劳,那该多好呀!我想妈妈一定会眉开眼笑的。

我有一个朴素的爸爸,虽然他很普通,但是他很爱我,我也很敬佩他!

诸葛点评:

三年级的小孩子对爸爸的发现还是很朴素的,爸爸的黑、懒惰和读书考试厉害、工作勤奋都在他的眼睛里呢。吕遇安的语言很朴实,立足于把事情说清楚,作为日常的作文而言,这样的写作很扎实,也很有必要。希望继续努力!

5.28 和诸葛老师摔跤3

作者:西门小学六(2)班　叶新龙

你怕老师吗？当然啦！我也怕;那你敢打老师吗？明知故问,当然不敢！告诉你,这次我就和副校长老诸葛“打”了起来。看看老诸葛瘦小的身躯,只有一副骨头一张皮的样子,忽然激起了我和他“斗一斗”的想法:就他那样摔跤根本不是我的对手,就趁这次春游闲着,把他打倒,我就可以在六(2)班扬名立万了,哈哈!

于是我就去找老他:“诸葛老师,敢不敢和我比摔跤?”我满脸坏笑,我知道,他是老师,为了面子不大可能和一个学生摔跤比赛,我得用激将法。

“来来,冲过来!”没想到老诸葛一点也没有犹豫,爽快地答应了,好像还怕我不和他摔似的。事后我才知道,他真的就是这样想的,不愧是诸葛亮的后代,用了反激将法,可惜当时我不明白。

“呀!”我大叫了一声就向他直冲了过去,就像勇猛的老牛——我不敢说自己是狮子,因为我的动作的确有点笨拙,以为靠力气可以解决战斗。

老诸葛敏捷地一闪,双手紧紧地抓住我的肩膀,然后有力往后一拉,只听见“啊”的一声,我被老诸葛重重地摔在了地上。我努力要爬起来的时候,他一个饿虎压身,重重地压在了我身上,使我不能动弹。旁边看好戏的同学连忙开始了数数:1、2……10!

我输了！但是我不服气!

我知道我是太嚣张了,俗话说得好,骄兵必败,只要这次不骄傲就行了,我肯定能把老师摁倒,哈哈！——此时我进行着自我总结,信心满满的。

第二回合,吴老师为了激励我的信心,说:“叶新龙,只要你能把诸葛老师放倒,我就给你五颗星!”我一听瞬间就兴奋了起来,脑子里冲出了一股热血:五颗星,要是做作业想得到是多么难呀！机不可失,时不再来,我猛地又冲了过去。

老诸葛扭身一闪,把脚一擀,我猝不及防,摔了一个四脚朝天。他又一个饿虎扑食,把我压在了地上。我又尽力想把他推开,就是做不到。平日里看他是“弱不经风楚楚可怜”的样子,今天是怎么了？难道是我低估对手了？时间一分一秒地过去，我又迎来了一场失败！耻辱呀，耻辱！我还有什么脸面对六(2)班的哥们呀！

之后我和老诸葛又比了三场，可场场都是输的——虽说我每场都在努力，可结局一点也没变，我成了孔夫子搬家——尽是输了！

……

这次的比赛，我深刻地体会到，每个老师离我们并不“远”，取决于你是否能和老师用心沟通。和老师摔跤，虽然输得很惨，但是摔出了我们的“兄弟之情”啊！

诸葛评点：

“每个老师离我们并不“远”，取决于你是否能和老师用心沟通”这个说法很对，很好。本文作者选择了春游的一个瞬间，反映的却是师生之间的情感。不错，收藏了！

5.29 小萏萏的日记(6岁)

2008-11-25的日记

我觉得当班长很好。班长带头我很舒服。虽然我当班长很好,可是也要带好头。如果小朋友不听话的话,我就会把他拎出来。小朋友听话的话,我就不会拎出来。如果他们跑的话,我就会告诉老师的。

2008-11-25爸爸的采访:

爸爸:你带的是什么头呀?

儿子:带拉小便的头。

爸爸:那叫你拉尿队长好不好?

儿子:不好。

爸爸:那你做班长,是不是就是带拉尿最威风?

儿子:是的。

爸爸:为什么了?

儿子:因为带头很舒服。

诸葛评点:

这是儿子平时的日记,很有意思,但是毕竟小,所以说的话有点不连贯。但是我觉得,作为家长,注意鼓励孩子说话,哪怕幼稚一点,记录下来,对于孩子是多么有意义呀。平时我鼓励他讲故事我听,然后我记录下来,这样训练时间长了,提高了说话能力,将来作文也就没有什么难的了。

龙游西门小学网络作文优秀学生博客地址

诸葛老师:http://yanzhe47.blog.163.com/blog/

诸葛乐懿:http://changfapiaopiao61.blog.163.com/

杨正宇:http://924490850.blog.163.com/

唐　尧:http://blog.163.com/ly54001/

宋文辉:http://blog.163.com/swh7010697/

王　昊:http://blog.163.com/q13375706506/

吴　娴:http://blog.163.com/wuxian19970702/

林宇轩:http://blog.163.com/ly7268989/

蒋　将:http://blog.163.com/sytljj-2008/

叶新龙:http://blog.163.com/xyz19970315/

王亦奇:http://blog.163.com/ly7019513/

曾庆瑞:http://blog.163.com/mike1999903/

吴立豪:http://blog.163.com/wulihao880/

童哲奇:http://blog.163.com/tongzheqi567/

池佳俊:http://blog.163.com/chi19990726/

胡可扬:http://blog.163.com/hukeyang123/

侯昶辉:http://blog.163.com/3839.4399.7k7k/

叶尔钰:http://blog.163.com/beijing2004huan/

刘　艺:http://blog.163.com/ly9970713/

吴超逸:http://blog.163.com/lywcy1346799/

连云豪:http://blog.163.com/lyh7926026/

张梦婷:http://blog.163.com/zmt7027917/

王紫荆:http://blog.163.com/wzj824030339/

蓝梦瑶:http://499135233xiao.blog.163.com/

吴珺琳:http://592875910.blog.163.com/

傅芹薇:http://f.qw2008.blog.163.com/

楼葭儿:http://loujiaer123.blog.163.com/

陈钟悠扬:http://blog.163.com/qq894732957/

誉　誉:http://blog.sina.com.cn/zhugeziyu0386

六(2)班的追梦文学社博客:http://blog.163.com/yydxx62/

第六章　诸葛乐懿作文选集

诸葛乐懿简介：

西门小学四(2)班学生，校凤梧文学社副社长。

我是一个很平凡的小丫头，不漂亮，但还算可爱；成绩也不是非常出众，但是还算努力；会跳舞，没有什么可值得炫耀的成绩；会写毛笔字，却难登大雅之堂……。对于写作，和爸爸学习了一段时间了，写了一些文章，希望将来能和他一样，写出一些好的文章发表。

我的博客地址是　http://changfapiaopiao61.blog.163.com/　希望大家光临指导！

6.1　一个爱哭鼻子的小女生

人家说，遇事要冷静，可她遇事不但不冷静，还经常闹翻了天，大哭起来，要是旁人不知道的，还以为她家里出什么事了呢！结果一问，她却回答说："呵呵，我哭从来就没原因，想哭就哭呗！要不会很难受的！你们遇事也要经过脑子，我莫名奇妙为什么哭，当然是想哭了！"

她的脸上除了鼻子小，其它的眼睛、嘴巴都很大，大概是为了协助她哭的时候能更好地发挥吧！

她常常用哭把老爸搞得晕头转向。

一次，老爸捧着一碗饭，兴高采烈地来到她面前，说："来吃饭！"

可是，她皱着眉头说："不吃，我不想吃！"

老爸说："就吃一口，要不会饿死的？"老爸把老脸都豁出去了，就差跪下来求她了，她就是不吃。

爸爸沉下脸来，说："你不吃是吧，看我打你！"

她一听，知道爸爸只是吓唬她的，不过刚好借这个机会，大哭起来，甚至整个人都坐在地上了。老爸真的气极了，左一巴掌，右一巴掌，左一腿，右一腿（虽然很轻），心里说："打死你！"这样一来，她哭得简直要把玉皇大帝都惊动了——要是有玉皇大帝的话。

她一边哭，还一边大声地说："我没有你这个爸爸，我不要你这个爸爸！"

她爸爸听了这些，伤心得眼泪在眼眶里打转。

这次"地震"可不是唯一的一次哦！还有一次，她把脚摔破了，哇——的一声哭了起来。老爸见了，急忙把她抱到了办公室，可她还是大哭不止。老爸怕丢脸，赶紧把门关了起来，旁边的老师给她拿来了医药箱，叫她擦药她却不肯，说是一定要家里的药才管用。不管大人们怎么劝，她还是一边哭，一边大叫——好像她的腿破了，只有家里的药可以治疗似的，真是一个倔强的小女孩呀！爸爸没办法，只好打电话告诉她妈妈，把她从学校里拉了出来。妈妈来了以后，看了看药名，然后问她："你是不是要家里的药？"她满脸泪水，点了点头。妈妈温和地说："这就是家里那种药,你赶快擦了,不要耽误了学习。"

她一听,只好擦药了。

爸爸在一旁看了,叹气说:"看来,妈妈比我有威严呀!"

你们知道这个小女孩是谁吗?说了那么久,其实那个小女生就是我哦!抱歉了,请你不要外传我的"革命家史",目前,我已经改了88.8%了,谢了!

6.2　漫画老爸

走到三楼的楼梯上，不经意地从楼梯栏杆间往下看，看见一个烟雾腾腾的办公室，不禁想起了以前看过的恐怖片：莫非是着火了？

突然，门"吱扭"一声打开了一条小缝，还传出一阵说话声。一会儿露出一个皮鞋的尖尖头，随后走出来一个不高也不矮，挺着一个有点发福的大肚子的老师。

吕校长刚好从这个办公室经过，那老师冲校长咧开嘴笑了笑。不笑没要紧，一笑呀，那一嘴巴的黑牙齿，就像白墙上写了一个个黑字。那牙齿是人间能得几回见的稀有物品，我都怀疑，他是不是吃墨汁长大的。这几颗黑牙要是掉了，我想送进博物馆做标本的待遇是毫无悬念的。

再看这老师的脑门，我忽然感觉一晕：那头顶是金光四射，就像太阳霞光万丈！这样的形容虽然有点夸张，但我想来想去，除了这样的形容再没有什么恰当的话能表达对他高脑门前秃顶的形容了。可是那校长还是一个劲地和大肚子老师聊天，我真佩服校长的眼睛，那么强烈的"紫外线"照射也呆得住，那视力是相当的好呀！

再往上看，大肚子老师除了脑门前草木依稀，后面的植被保护还是比较良好的。也许是因为前面的水土不好，再加上每天的"黑烟"的熏陶导致的吧！

我刚想回头上楼，又看见大肚子老师的眼睛成了细细的月牙，一看就是一个和领导、老师关系不错的人，呵呵，这年月会笑也是本领，会说更是功夫！

总的说，大肚子老师面部各部分零件虽然运转良好，但是极其"丑陋"，总体加起来能称得上是个"芋头"，还是芋头里面最难看的一个。不过，人不能因为自己的长相而过度自卑，要是有一个地方特别优秀就可以了……

"噗通——"正当我想入非非神游万里的时候，我的脚踩了一个空。大肚子老师一惊，抬头一看：咦？那个被我称为"大芋头"的，竟然是我的爸爸！

啊，逃命哟！我老爸看见我就要用那胡子四周站岗的嘴来亲我的呀！

闪人咯！

6.3 “小屁屁”的故事(儿童小说)

第一集:“小屁屁”的由来

翠光小区,第四栋,六楼,住着一个小帅哥,他有雪一般白的皮肤,黄黄的头发,一双能说话的眼睛,长长的睫毛,穿上小洋装,简直像一个外国人。人们见了他这么帅,都说他妈妈生了一个混血儿呢!

要说这个孩子帅还不是最大的特点,他最拿手的本领就是“马屁神功”,这功夫在他妈妈的肚子里就显示出来了。他在妈妈肚子里时,从来不踢肚子,安安静静地待在里头,害得妈妈晚产,最后要剖腹!

再大一点,一天,妈妈带他出去玩,一走出家门,他就“呵呵呵”地笑,妈妈笑着说:“我的宝贝要喝奶了!”于是掏出牛奶,插好管子就让他喝了。门口的老爷爷一看奇怪地说:“他在笑,你怎么知道他饿了?!”

妈妈笑笑说:“他呀,一饿就笑,而不像其他的小孩只会哭,怕我不给他吃在拍我马屁呢。”

老爷爷笑了笑,说:“这个孩子真是奇怪,人家喝奶是哭的,他怎么是笑的?”说完,也呵呵地笑了起来,还不住地摇头。

因为他太会拍马屁了,妈妈和爸爸给他起了个小名:小马屁。

人家听了,都说这个名字不优雅,应该换一个。爸爸到底是学习理科的,没有多少诗词的积累,抓耳挠腮,就是想不出适合孩子的名字,想了半天,忽然一拍腿,眼睛里发出了亮光,对妈妈说:“我最喜欢摸儿子的屁股,不如我们给他换个名字就叫‘小屁屁’吧?”

妈妈是个没有主见的人,一直听爸爸的话,见老公这么开心,就鼓起掌来,说:“嗯,这个名字好,叫起来顺口,就叫这个名字吧!”

小屁屁一听,就嘿嘿地笑了,好像很喜欢这个新的名字——这么小,还不会说话,小屁屁就会马屁神功了,让爸爸得意地想:嘿嘿,没想到我们生出一个这么聪明,这么会拍马屁的孩子。

“小屁屁”不知不觉地长大了,果然,就是一个马屁精。

有一天，老师在上课，小屁屁在下面数翻斗圈，口水都要掉下来了，只听见老师在上面大叫一声："5－6号，起立！"把"小屁屁"吓了一跳，翻斗圈洒了一地。他刚要去捡的时候，老师走了过来，一把把"小屁屁"拎了起来，气呼呼地说："你上课玩翻斗圈，我没骂你，我提醒你你也当作耳旁风，罪加一等，下课到我办公室来一趟！"

"叮铃铃、叮铃铃"下课了，"小屁屁"老老实实地来到了办公室。老师马上开口："你怎么上课玩翻斗圈，不怕成绩下降，考试会考不好，爸爸妈妈都要骂你，这不是恶性循环吗！说说你的感想！"

"小屁屁"低着头，一副好汉做事好汉当的样子，郑重地说："上课玩翻斗圈，不是男子汉的作为，我向天发誓，上课再也不玩了，再玩，我自己抽巴掌！老师教得对，你真是世界上最好的老师，以后我再也不上课不认真了！"说完满脸的笑，像春天来临一样。

老师一听，原本严肃的脸开始放松了。"小屁屁"一看有机可乘，老师好像听了我的话很受用，于是乘胜追击，继续拍马屁，拍得老师暗自得意地想：学生认为我那么好，要让他们都喜欢我呀！于是说："看在你那么认真的态度，今天就饶了你，回去吧！下次——"

老师还没有说完，"小屁屁"就说："没有下次了！老师，我保证！！"他说得斩钉截铁，不容置疑。

老师点点头，脸上开始有了笑容。

"小屁屁"高兴地说："再见，老师！"就飞一般的跑了出去。

第二天，上课，又出现了玩翻斗圈的现象，老师无奈地惩罚了他：绕操场跑5圈，没想到他趁老师不注意，躲进厕所"享受"起来……

哎——这就是鼎鼎大名的"小屁屁"呀！

第二集　爸爸的拐杖

（一）

"老公，去洗菜！"妈妈在阳台上大喊！

"NO，我反对，我这个千刀斩（游戏里的怪兽）还没打完，哈哈，血快没了！"老爸一口拒绝。

老妈像是火山爆发，涨红着脸，说："你就是给我滚过去也行！！"

老爸真是个厚脸皮，装作一副害羞的样子说："哦，我好怕怕，你这是虐待老公的行为，小心我拨打110！"

老妈听了，气不打一处来，只好"冬瓜刮不动拿茄子开刀"了，大声地叫道："小屁屁，你给我出来，你帮妈妈洗菜！"没想到，小屁屁和爸爸是一个模子里出来的，说："NO，我反对，我还有一个CS怪兽没有打完，你想要害死我呀？"老妈更生气了："哼，瞧我不打你一顿，你就不知道我的厉害！"

“小屁屁”也学他老爸的样子说:“我也好怕怕哦,你要是打我,警察会把你抓走哦!嘿嘿——”说完,一脸的坏笑。

老妈听了,也和他来点微笑——我的妈,我从来就没有看见过那样僵硬的笑,哪怕是死人看见了也会活过来的。

这时老爸的怪兽打完了,刚想抽个烟休息一会儿,就被老妈叫到了房间里。妈妈第一句话就是:“家里禁止抽烟,小心我给你一张黄牌。”这一对看来天生就还是仇家呀,见了面就要吵架。爸爸不耐烦地问:“我的老娘呀,你有什么事情就快点说,拐弯抹角干什么嘞!耽误我打怪的时间了。”这时老妈的态度变得很好了,脸上浮出了一些媚笑——爸爸看了,说:“你,你要干嘛?”爸爸不怕妈妈骂,最怕妈妈笑,正所谓笑里藏刀呀!

妈妈诡异地说:“孩子他爸,我和你商量个事情。你把耳朵凑过来。”

老爸犹豫了一会儿,心想:今天怪怪的,莫非生气到要咬我耳朵?算了算了,不想这么多,冤家宜解不宜结,就把耳朵凑了过去。出乎老爸的意料,妈妈在老爸的耳朵旁叽里咕噜地说了一大堆。刚一说完,老爸说:“什么?你怎么想出这样的歪点子来,我不干!”

妈妈还是第一次求爸爸:“你就当帮帮我吧,否则的话我真的要把你休了。你看我多累呀,有你这个‘皇帝’已经够我受了,现在我们的儿子已经成为‘太子’了,不教育是不行了!”

爸爸听了妈妈的话,觉得还满有道理的,就答应了妈妈的要求。

(二)

第二天早上,妈妈一大早就把“小屁屁”叫到了自己的房间,一副神秘的样子,她朝门外看了看,然后轻轻地掩上门,让小屁屁坐下来。

“小屁屁”感觉很奇怪,这妈妈今天是怎么了?于是问:“妈妈,你叫我有什么事情呀?”

妈妈说:“你轻点。”然后故意停下来听听动静,然后说:“妈妈想和你商量个事情,你一定要保密。”

“小屁屁”心想:哎呀,妈妈什么时候学会商量事情找我了呢?算了,听听看什么事情,只要不是坏事就好。坏事找我商量我可没有这么好神气。于是说:“说吧,我洗耳恭听。”

妈妈这才说出正题:“我们换个爸爸好吗?这个爸爸太懒,整天就知道吃饭睡觉玩电脑,一点也不关心这个家。我给你找个新爸爸,他有钱,有汽车,还有大房子,还关心家。”

“小屁屁”听了心想:有钱、有汽车、有大房子的爸爸也搞外遇?那还不如我现在的爸爸,再说总归是自己的爸爸好,我可要阻止妈妈换掉这个爸爸。于是不管三七二十一，说："妈妈，你不要换爸爸了，爸爸懒，我给爸爸做事情。你叫爸爸做的事情，我都做，好不好?"

妈妈听了，心想：呵呵，我的计划要成功了！就说："只要你一直帮爸爸干活，我就不换新爸爸，你说好不好?"

"小屁屁"连忙说："好，好，我赞成！"小屁屁长吁一口气，心里暗道：好险好险！

（三）

之后的日子，"小屁屁"成了爸爸的"拐杖"：

"老公，给我洗菜！"

"我来，我来，不要叫爸爸！"

"老公，帮我拖地。"

"我来，我来，不要叫爸爸！"

……

第三集 钓条大鱼回家

"小屁屁"从小就爱吃鱼，特别喜欢吃妈妈烧的炖鱼，每天放学一回到家，就喃喃着说要吃炖鱼。要是不给他烧呀，可以哭几个小时。爸爸妈妈都怕了他，爸爸天天拿着鱼竿去钓鱼，简直成了一个"渔夫"。家里人天天吃炖鱼，一看到炖鱼就想吐。可"小屁屁"不会，一直说炖鱼好吃，真是奇怪。

有一天放学，他一回到家，把书包扔到沙发上，朝着厨房说："炖鱼，我来了!!"他连鞋子都没有脱，跑进了厨房，把锅打开一看，什么也没有，空荡荡的；又打开菜罩，还是什么也没有。小屁屁失落极了，眉头都快挤出水来了，小嘴巴撅着，往沙发上重重的一躺。妈妈听见动静，从房间里走出来，看见小屁屁不高兴的样子，奇怪的问："咦，我的小宝贝今天怎么了？谁惹你了?"

"小屁屁"一脸的不满，说："今天怎么没有我要吃的炖鱼?"

妈妈听了，笑着说："原来如此，那就是炖鱼惹你生气了？放心吧，爸爸已经去钓鱼了，马上就要回来了。到时候给你炖条大鱼，让你吃个够。"

这是，铃声响了，"小屁屁"以为爸爸回来了，高兴地跑过去，嘴里还说："爸爸，您回来了!"一打开门，原来是收水费的王奶奶。"小屁屁"失落地对妈妈说："妈妈，交水费。"

王奶奶奇怪地想：今天是怎么了，"小屁屁"以前看见我都是很高兴的，今天怎么不理我呀？就问："小屁屁，见到王奶奶不高兴么?"

小屁屁说："不是。我只是想爸爸了。"

王奶奶好像看透了"小屁屁"的心理，笑眯眯地说："你是想你爸爸钓的鱼了吧?"

这时候，楼底下传来了爸爸的声音。"小屁屁"像是刚从笼子里放出来的小鸟一样,飞快地跑到楼下,把爸爸钓来的鱼拿了回去。爸爸看见王奶奶,说:“王大妈,今天吃炖鱼,和我们一起吃吧。”

王大妈和蔼可亲地说:“我呀,还要收水费呢,就留给小屁屁吃吧!”

妈妈烧炖鱼的时候,“小屁屁”不停地用棍子玩弄那些养在水桶里的鱼。一边玩他一边想:要是我自己能够钓到一条大鱼,那该多好呀。于是,他跑到爸爸那里,撒娇地说:“爸爸,你教我钓鱼吧。”爸爸严肃地说:“不行,你太小了。万一你掉到水里去了呢?我和你妈妈都是旱鸭子,可没法救你。等你长大一点,爸爸再教你。到房间看电视去,别来烦我!”小屁屁无奈地走开了,但是他不达目的不罢休,想自己做一副鱼竿。不过这时候他又想到一件事情:去河边的路我不认识,该怎样去呢?他犹豫了一会儿,忽然想到小区里面还有一个人工鱼池,里面的鱼都是大眼睛小身子的,不知道能不能吃。可是没有鱼竿怎么钓鱼呢?于是他钻进了卫生间,把爸爸的鱼竿取下来仔细观察,他拿了一根竹竿;把毛线绑在竹竿上,再把泡沫条绑在线上;再拿来一根逢衣针,可怎么办,小屁屁只好把爸爸的鱼钩取下来绑在线上。现在万事俱备,只欠鱼儿上钩了!

“吃饭了!”妈妈这一说,把小屁屁吓了一跳,‘啪’的一声,鱼竿掉到了地上,妈妈听到动静,走了过来,幸好小屁屁反应快,妈妈推进来之前就把鱼竿放好了,妈妈上上下下,左右都看了一遍,没发现什么,说:“炖鱼烧好了,出来吃吧!”

小屁屁乖巧地说:“谢谢妈妈!”就跑了出去。

第二天,爸爸妈妈都没醒小屁屁就起床,想到管理员叔叔会不会让他钓,就在挎包里放了几瓶酒,因为管理员叔叔喜欢喝酒。一切准备就绪,小屁屁穿好鞋子,背起背包,拿起鱼竿,就出去了。

来到人工鱼池,把鱼饵搞好,就一直钓,一直钓到一些老人晨练的时候,这是管理员叔叔来了,小屁屁赶紧把鱼竿往后藏,管理员叔叔说:“别藏了,我都看见了!”

小屁屁可一点都不慌,因为他早就有计策了,说:“不是不是,我是想看看鱼儿会不会喝酒。”说着拿出酒,做出往外倒的样子。

管理员叔叔急忙拦住,说:“鱼儿不喝酒的,给叔叔喝。”就从小屁屁手里拿过酒,说:“这的鱼儿要吃别的,你家左边有家鱼铺,他可能会送你一条。”

小屁屁听了,高兴地一蹦三尺高,赶紧往鱼铺老板哪里跑,果然得到了一条大鱼,心里想:回家我要好好炫耀一番了!

其实老爸都知道了,抢先一步回到了家,要听听小屁屁怎么炫耀!

小屁屁回到家,说:“你看,我钓的鱼!”说着,骄傲地举起了鱼。

爸爸妈妈依着她,说:“小屁屁真厉害,比爸爸厉害!”

小屁屁有点得意了,说:“要不是鱼铺老板那里有,我还想自己钓一条呢!”

“哈哈 o(∩_∩)o…哈哈”爸爸妈妈笑死了!

小屁屁这一次吹牛没有成功！

第四集　我要消灭老鼠

爸爸以前是军队的射击行家，有奖状为证！

这天晚上，老爸把奖状拿出来看。奖状包裹得可严实了，三层布，三层纸，拿出来一看，竟少了一个角，明显是老鼠咬的，老爸气得龇牙咧嘴，叫来妈妈和小屁屁，严肃说："我们家要进行灭鼠行动了！"

老爸一个晚上都在写计划。第二天早上，老爸老早就起来了，进行他的 A 计划，去商店里买了很多老鼠胶，其实是一块纸板，很黏，老鼠一碰到就粘上去。爸爸把老鼠胶摆好就拉拉窗帘睡觉去了，睡着了还翘着下巴，翘得半天高，做梦一定在想：老鼠胶上全粘着老鼠，个个都在挣扎！

到了吃完饭的时间，妈妈一喊"吃晚饭了"，把爸爸从睡梦里拉了出来。爸爸把脚往地上一放，本想穿鞋子，不料，一个黏黏的东西粘在了爸爸脚上，爸爸怎么甩都甩不掉，他揉了揉惺忪的眼睛，一看，吃惊地问妈妈："老婆，我的鞋子怎么变成老鼠胶了？"

妈妈眉头一皱，撅着嘴，不耐烦的说："谁知道啊！"

小屁屁走过来一看，笑得差点摔了个倒栽葱，捂着肚子说："爸爸，我看你的鞋子准是被老鼠掉包了吧！"

爸爸来到老鼠洞门前，果然看到了鞋子，穿好了鞋子，一只老鼠跑了出来，在爸爸面前跳起了迪斯科，把爸爸气得眉毛变成了倒八，头发竖了起来，决定实施 B 计划。

第二天早晨，爸爸又去商店了，买了一大堆老鼠夹子，回到家把老鼠夹子放到每个角落，连冰箱后面都放了起来。爸爸有很大的烟瘾，妈妈不让他抽烟，他就把香烟放到厕所里，每次犯烟瘾就跑到厕所里抽。

一天晚上，爸爸的烟瘾又犯了，偷偷起来了。这次他很谨慎，先看看鞋子有没有变成老鼠夹。他来到厕所，来到放香烟的小抽屉一看，咦，只剩下一个空壳了。爸爸沮丧地走了出去，刚想坐下来休息，发现地上放着一个老鼠夹子，老鼠夹子上有几根烟。爸爸的烟瘾太重了，就伸手去拿了。虽然他很小心，一只老鼠跑了过去，把他吓了一跳，"吧——"的一声，把他的手夹住了。"哎呀——"房间里传出了惊天地泣鬼神的惨叫声……

第二天早上，爸爸手上缠满了白色的绷带，幸好受的伤不是很严重，过几天就好了。小屁屁坐在椅子上，笑眯眯地看着爸爸。爸爸似乎看出了小屁屁心里想的，用恳求的语气对他说："我的好儿子，你有什么计策把老鼠给灭掉。我奖励你一顿肯德基好不好？"

小屁屁骄傲地说："外加十块德芙巧克力！"

老爸白了小屁屁一眼，为了报仇，只好硬着头皮心甘情愿地被“敲诈”了。小屁屁叫爸爸把耳朵凑过去，叽里咕噜地说了老半天。

第二天早上，爸爸老早就起来了，一脸的坏笑说：“我都已经好几年没有玩枪了，今天跟你们好好玩玩！”说完，在抽屉里摸出一把枪，装进去一颗小石头。这时候刚好有一只小老鼠跑出来，东张西望的，显然不知道危险已经在面前了，看见了爸爸，在他面前扭起了屁股。爸爸见了，心态很平和，瞄准了那只老鼠的耳朵。“啪——”一颗石头从小老鼠的左耳朵进右耳朵出，小老鼠顿时一命呜呼了。连着几次，老爸都是百发百中，几乎所有的小老鼠都被打死了。最后只有一只老老鼠最厉害了，它会声东击西，看起来是老鼠的头领。这时候小屁屁出场了，他分析了一下，老鼠回去必须要经过写字台，再跳下去回到自己的洞里去。于是小屁屁写字台下放了一桶水。老鼠跑过写字台的时候，小屁屁大喊一声：“啊！老鼠！”老鼠受了惊吓，措手不及，掉进水里淹死了。

爸爸见了，夸奖小屁屁说：“我的儿子真厉害，一下子就搞定了讨厌的老鼠，呵呵！”说完一脸的骄傲。

小屁屁“谦虚”地说：“要不是老爸你把那些小的先消灭掉，解决这只大的还没有那么容易呢！再说，没有聪明的老爸，哪有聪明的儿子，这是遗传呀，呵呵！”

老爸听了，像吃了蜜糖似的，笑开了花，激动地说：“不仅仅奖励你巧克力和肯德基，还要带你和妈妈到黄山一日游！”

小屁屁一听，心想这次马屁拍得蛮成功的嘛，还奖励一日游，我小屁屁真是一个天才呀！

第五集：华山“论剑”

“吔——吔——，我胜利喽！”小屁屁站在华山山顶叫喊道。

妈妈也在一边竖起了大拇指，说：“我们家‘小屁屁’真厉害，比爸爸厉害，回去奖励你一顿肯德基，爸爸回家罚扫地一个星期！”

老爸差点摔了一个倒栽葱，‘嘣’的一下就赖在了地上，而且还气喘如牛，怎么拉也不起来，还说：“你们就算把全国举重冠军叫来，我都不起来了！！！”

这是怎么回事啊？故事就从山脚下开始说起了！

一天，‘小屁屁’一家来到华山，一看，华山那么高，小屁屁不禁打了一个寒战。这时全家人的眼睛发出了亮光，原来他们看到了缆车售票处，但爸爸说：“男子汉大丈夫，这么点高，就难得住我，那也太不男人了，我不坐缆车了！”

小屁屁听了，想：爸爸都不坐，我坐了岂不是显得我没爸爸勇敢了，不行，我硬着头皮都要答应，于是说：“爸爸都走路，我就陪着他吧，也不坐缆车！”

妈妈不相信地问：“‘小屁屁’你说的是真的？我可要坐缆车了！”

“当然是真的，君子一只眼，什么马都追不上嘛！”小屁屁昂着头，神气地说。

爸爸听了,笑得都要瘫倒地上去了,说:“咱们家小屁屁的名句还很丰富,君子一言,驷马难追都给改编成君子一只眼,什么马都追不上了!”

妈妈也差点笑过气去,说:“不笑了,不笑了,小孩子说错完全可能的嘛。可以走了,下一批就是我坐了。”

父子俩一下子就冲了上去开始爬山,‘小屁屁’身轻如燕,迈着凌波微步一下子就冲到了前面;爸爸身重如牛,老半天才赶上小屁屁。小屁屁对老爸说:“老爸,你敢和我挑战爬山吗?”爸爸说:“只要你敢挑战,我就敢应战。我数一二三就开始!”于是开始数:“一、二、三——跑!”他们两个飞快地向前冲。刚开始还是精神饱满,冲得飞快,到了后面就像泄气的皮球,越来越慢,到最后干脆就拿来走了。小屁屁气喘吁吁地对老爸说:“老爸,你扶一下我。”

老爸有气无力地说:“哦,我的小祖宗,你这是和我比赛吗？哈哈!”老爸可得意了。

小屁屁一边走一边想:哼,想让我走到底,这是不可能的。我总有办法让你背我。于是在心理盘算起来三十六计,想了老半天没有一个适合的,只好用自己的马屁术了,真是千穿万穿,马屁不穿呀！于是他对老爸说:“老爸,你真是一个伟大的爸爸,到哪里都带着我。不过我今天实在是走不动了,你背我一段吧,到妈妈那里,我让妈妈奖励你一个星期不用洗碗,每天一个小时玩电脑,一个小时看电视,你说好不好?”

老爸听了,心想:你这小子说得满有道理的,现在一时的辛苦换来这么长时间的快乐,于是立马把小屁屁背上了肩。小屁屁得意洋洋地哼着歌儿,笑了。

一直背到最后一段路了,小屁屁用心痛的语气说:“老爸,看你这么多汗,肯定累坏了吧。你休息休息,我自己走吧!”

爸爸如释重负,说:“是呀,你是应该下来了,老爸实在背不动了,快断气了!”说着,把小屁屁放了下来,整个人顿时变得精神抖擞。一看,儿子消失在台阶的尽头……

山顶上。

妈妈看了,很惊讶地说:“儿子,是你自己爬上来的吗?”

小屁屁说:“哈哈,是,也不是。”

妈妈满脸疑惑,说:“怎么说呢?”

“哈哈,我用计策让爸爸背我上来的。这就是所谓的‘劳心者治人,劳力者治于人’。爸爸就是劳力者呀!”小屁屁神气地说。

“啊——”爸爸听了,晕!

第六集:奶奶的宝贝罐头

暑假里,“小屁屁”到奶奶家玩,看到奶奶刚好在吃午饭,而且还有奶奶煲的汤。他一进家，就拿了个碗，盛了饭吃了起来，宛如一头肥头大耳的动物在吃东西，根本顾不得形象。

他吃得热汗直流，满嘴流油，不住地拿脏手擦嘴巴，一边满意地说："好吃，真好吃——"

奶奶听了就跟喝了蜜似的，笑得合不拢嘴，说："乖孙子，奶奶煲的汤好喝，就是因为，煲汤的锅好，他是你爷爷的爷爷留下来的呢！"

"小屁屁"对奶奶这个话题蛮感兴趣的，决定去看一看。他来到厨房，一看，眼睛瞪得比铜铃还大，嘴巴张开就合不上了，原来，那个锅就是小摊上买的，两块一个，到处都是，哪会是什么古董呀。他心想：奶奶是不是得了老年痴呆症了，是告诉她呢，还是不告诉她呢？如果告诉她了，奶奶可能会心脏病发作，如果不告诉她，她就不会心脏病发作，但会继续老年痴呆，算了算了，我还情愿奶奶老年痴呆！

第二天早上，小屁屁一睁开眼睛，就说："奶奶，我要喝你煲的汤。"

奶奶吓了一跳，不过一下就回过神来，笑嘻嘻地说："好，乖孙子，你再睡一会，等下奶奶叫你！"

没过多久，汤就煲好了，除了爷爷外出没有回来，全家人都上场了。一个小时过去，汤也喝了一大半，只剩下一点了，"小屁屁"不耐烦了，整个头都钻了进去，"咕嘟!咕嘟"，全喝完了，刚想要探出头来，发现自己的脑袋卡在里面了，着急得在地上奔来奔去，不住喊救命。奶奶也着急得不知道如何是好，拿出菜油在他的脖子四周涂了一层油，本以为可以拿出来的，但是小屁屁的头实在是太大了，根本就拿不出来。就这样，爸爸奶奶着急了一个小时，小屁屁在那里喊救命，奶奶在拼命地想法子，因为奶奶舍不得把罐子给砸掉，又心疼孙子卡在里面，怪可怜的。

爸爸更加着急，在奶奶的身边不住地转，奶奶刚想出一个法子，被他重重的脚步声吓了一跳，脑子顿时变成了一团浆糊——原本脑子就不好使。

"咚——"响起了敲门声。爸爸连忙去开门，原来是邻居家的小胖，他说："我听说村东头有一个叫做包治百病的老头，什么事情他都能解决，你们去问问看，有没有法子不伤罐子也不伤了小屁屁。"

奶奶病急乱投医，飞一般地冲出家门。可是刚出去又冲了回来："孙子都没有带去，我给谁看病呀！"

他们三个人来到村东头，找到了"神医"，把小屁屁往前一推，让神医看看，说："神医，你看看有什么办法把我孙子头上的罐子取下来，既不伤我的孙子，也不让我的罐子少掉一点。"

"神医"抹了抹胡子，说："办法倒是有，不过要收点小费，十块钱。"

奶奶赶紧从袋子里摸出十块钱。神医连忙说："好吧。"他拿来一块大石头，朝罐子打去，顿时罐子破成了石块，小屁屁的头也从罐子里"解放"了出来："啊，终于呼吸到新鲜空气了。”神医笑眯眯地说:“你看,罐子一块都没有少,你的孙子也安然无恙,呵呵——”

奶奶伤心地叹了一口气,说:“我的罐子呀!”

这时候,爷爷也赶到了,笑眯眯地说:“呵呵,这罐子破了,没关系,以前的罐子早被我打破了,这个罐子是我从街上买来的,只要两块钱,o(∩_∩)o...”

……

第二天,小屁屁还要奶奶煲汤喝。奶奶又给他煲了满满的一罐。小屁屁边吃边说:“奶奶,这罐比以前都好吃呢!”

奶奶听了,笑呵呵地说:“真的吗?”

“当然是真的喽,要不我的头不会受伤了,都怪奶奶煲的汤太好了。我又是一只小馋猫,嘿嘿……”小屁屁说完不好意思地笑了。

奶奶更是笑成了一朵老菊花!

这马屁精的马屁技术真是炉火纯青呀!

6.4 爱如丝,爱有影

“慈母手中线,游子身上衣。临行密密缝,意恐迟迟归”,世界上所有赞美母亲的诗歌中,我最爱的就是这首。是呀,母亲的爱像寒冬里的一杯热茶,温暖着我的心窝;母亲的爱又像是一块纯洁的水晶,把所有的热量都默默奉献给了我。

冬天的夜里,狂风大作,雪花飞舞。我发了高烧,妈妈急得冒冷汗,赶忙帮我披上小棉包,准备带我去医院,刚踏出家门,不禁打了一个寒战,但她毅然地走出了家门。走到半路,北风猛烈地吹着妈妈的脸,好像硬要和她作对似的。医院离我家不远,只有七八百米的距离,十几分钟就到了,可现在看去,却显得那么漫长,妈妈整整走了二十分钟。等妈妈走到医院,我却早已进入了梦乡,在梦里里,我见妈妈甜甜地朝着我笑,哄我睡觉……

第二天早上,我睁开朦胧的眼睛,看见妈妈正在帮我洗着毛巾。在这么寂静的早晨,我突然看见,妈妈的脸上多了几条皱纹——不知这几条皱纹是不是和多年来给我洗衣做饭有关?此时此刻,不禁有很多的愧疚涌上我的心田。

妈妈的爱,不仅仅是我生病时才有的感觉,它时时出现在我的生活每一个细节之中。

我呀,有一个“老毛病”,不知不觉地就会骨头痛。妈妈知道了,可着急了,又是查资料,又是问医生,医生说是人长大了,营养跟不上,韧带会拉到。自打听了医生的话,妈妈天天给我煲汤喝,我每天都津津有味地喝汤。从妈妈手里每天都有不同的美味佳肴出炉,吃得我厌了为止,而且,我搞不懂妈妈为什么要天天煲汤。直到一天,我实在是憋不住了,问妈妈:“妈妈你为什么天天要喝汤啊?”

妈妈听了,温和地说:“你不是老是说骨头痛,喝了骨头汤,补充营养,这样,你不就好受了,你可要多喝点了!”说完露出了温柔的笑容。

我顿时感到有一股暖流直冲我心田。

爱如丝,爱有影!天下儿女,何时能真正了解妈妈的爱呀?“谁言寸草心,报得三春晖”,我又何时才能报答妈妈的爱呢?

爸爸点评:爱是无声的,但却是有形的,一次生病,一次次的煲汤,在母亲眼里似乎是应当,但是女儿却敏锐地捕捉到了,有一颗敏锐感恩的?!

6.5 "怪才"夏浩

第一集 "小耗子"其人

耗子,你们听过没有?嘻嘻,有一只小耗子可不是"吱吱"叫的耗子,他是一个小不点,原名夏浩,绰号"小耗子",职业:地下党(专门在桌子底下玩的美称)。

他呀,长得高不高,矮不矮,胖不胖,瘦不瘦,蜷成一团你都能把他当做纸盒子给卖咯!但是,你可别小瞧这只"耗子",他曾经说过这样的"名言":我身体不强也不壮,但我人小鬼很大!

"小耗子"的确是很机灵的,稍微动一动脑筋,学习嘛,对他而言是小菜一碟,但是他聪明劲儿,用反咯!

有一次,他得了一个第一(倒着数的),他妈妈被老师叫到办公室好好地"教育"了一通。你想想,她妈妈再小也是一个银行营业部的经理,平日里都是她教训别人,这为了儿子就没少被老师教育,从一年级到四年级,十个手指头都掰不过来了。想到这,火气直往脑门子迸,随手抄起扫把,准备把受老师的"气"往夏浩身上撒。你知道,夏浩是多灵光的人呀,往桌子底下一钻,一个前滚翻,忽悠一下逃走了。妈妈是愣怔在那儿半天,没想到儿子和《水浒》里的时迁成拜把子的了,只好悻悻地说:别以为你逃得出我的手掌心,我不给你洗衣服不给饭吃,看你的能耐!

呵呵,他老妈能否把他拎回来是一个问题,舍不舍得让他挨饿又是一个问题呀!

但是,我们的"小耗子"可不是每天都不认真的,认真的时候,你肯定没有见过,要不,我再介绍一段他的光荣历史。

有一次语文课,"老顽童"言老师正在仰头颂诗:"人生自古谁无死,留取丹心照汗青……。"此时,夏浩已在桌子底下认真地玩起了反斗圈,只见他左手和右手正在激烈地"交战":一会儿左手打,一会儿右手打,嘴巴里喃喃自语,不知道说些什么。看他的表情,一忽儿是遗憾,一忽儿是高兴,那两个小酒窝总是可爱地趴在那小小的脸上——那也许是真快乐吧。

老师说:"我要请一位同学来说说,这首诗表达了作者怎样的感情?"老师随口叫了一个学号:38 号。

这是老师为了防止一些顽皮生不听课的法宝,为了防止老师的突然袭击,很多调皮蛋只好对自己的“业余爱好”忍痛割爱了。不过,这次老师的法宝好像法海和尚的碗,被钻了一个洞,不灵光了,半天也没有看见人站起来回答。大家面面相觑,谁这么大胆呀?

“38 号是谁?”老师的声音高了 8 度。

“是……好像是……夏浩。”班长站起来,不是很肯定地说。

“是夏浩。”夏浩的哥们李杰肯定地说——到底是哥们,就是了解。

“夏浩呢?”

一看夏浩的位置,怎么不见了人。全班同学习惯地全部弯下身子,在桌子底下寻找了起来。就这样,大家发现了那夏浩,正在左手和右手“互博”,玩反斗圈哪!

老师被气得不轻,真想一脚把他给踢到操场上去,但是考虑到“体罚”这个敏感的词语,言老师对桌子底下的夏浩说:

“你,你给我写 3000 字的检讨书!”

“好,好,你写吧!”没想到夏浩好像根本不认识老师似的,随口回答——据事后了解,夏浩已经忘记是老师上课,还以为是自修,以为是班干部要罚他,所以就这样说了。嗨,这夏浩呀!

夏浩对自己的深度评价是:捉弄同学是我的品格,爱吃鸭蛋是我的人格,做坚贞不屈的“地下党”是我的风格,哦 yes!

夏浩作为“地下党”究竟有过怎样的惊人之举呢?请看第二集《“小耗子”的作业本》。广告 50 秒,请接着收看!

第二集　“小耗子”的作业本

“李芳,下课后你把《语文同步》收上来,捧到我的办公室来。”“老顽童”言老师利用中午休息时间把一到四单元通通复习了一遍,又是听写又是抽背,搞得全班同学累得连眼皮都不想抬一下,一个个都趴在桌子上,好像那头有千金重一样。言老师也讲得口干舌燥,终于下课了,一边整理教本,一边吩咐课代表李芳。

“哦,知道了。”李芳一向对言老师忠实得像宠物狗,言老师叫她向东,她不敢往西的。

言老师满意地点了点头,掉头就走了。办公室那诱人的龙顶茶香引诱着言老师——大家都知道,言老师就爱茶,而且就爱龙顶。他曾经说过:什么碧螺春,什么龙井茶,唯有家乡的龙顶是他的最爱呢!

“哎——”李芳叹了一口气,收起了作业本。对她来说,这个本子是多么重呀!每次为了收齐本子都得花很多的时间。可是她心里想:我既然当了课代表,就得干活呀,这也是责任心啊!

没过多久,李芳就收好了作业本,一数,原来六十本作业,现在只有五十九本了。李芳急了,怎么又少一本。于是连忙又再数一遍,还是五十九本。可李芳就是不信这个邪了,就十本十本的数,"十,二十……九?不对还是少一本!"李芳急得脸上写满阴云,只有两道眉毛成为倒过来的彩虹,估计这会儿把她带到悬崖边,她会不假思索地跳下去。她朝全班同学问:"谁的作业本没交?"

"……"只有桌子在发出奇怪的声音,有的人还朝李芳翻翻白眼或吐了吐舌头。

李芳见没人理她,干脆就点名了:"点到名的请举手!吴娴——"

"交了——"这回答后面的"了"字明显拐过好几个弯的,是抗议呢。

继续点:"叶新龙!"

"给了!"

……

点完了,全班人也站起来了,还是没有发现谁没有交。

突然,李芳注意到了一个死角,那是"小耗子"夏浩的位子,一个被人遗忘的角落。夏浩素有"地下党"美称,于是她毫不犹豫地向他的位子走去,低下头一看,却只有冰冷的地板和几个破破烂烂被遗弃的反斗圈。李芳冲着别人的桌子底下喊:"夏浩——"

可是没有夏浩的影子。

全班的人例行公事似的朝自己的桌子底下瞅了瞅,有气无力地说:"没——有——"

突然,她听到老师的大讲台桌下有声音,于是大家都朝那儿涌去。一看:

他正专心致志地玩着反斗圈,估计这会儿是右手赢了左手,他正捧着右手兴高采烈地在"表扬"呢!

哎——衰呀!

第三集李芳肯定要告状,夏浩会受到怎样的惩罚,夏浩会有怎样的惊人之举呢?总之,谁也预料不到。广告也精彩,稍后再回来!

第三集 老师"晕"了

"叮铃铃——"愉快的下课铃响了。舒缓一天的疲劳,大家收拾书包准备回去。言老师提提眼镜,拿起《语文同步训练》的作业登记单,不由地皱起了眉头,朝门口的路队喊:

"还有谁的同步训练没有交?嗯——"

那最后的一个"嗯"字带有威严,带有责备。交了作业的人听了,没什么,要是没有交作业的,听了毛孔一定会放大几倍。

李芳听了,气不打一处来,脸红红的。看来今天要受老师的责备了,这个该死的夏浩,只会害人不会保佑人。她低着头走到言老师的身边,说:"老师,是夏浩没有交。他试卷一个字没有写,同步也没有做。一节课都在桌子底下玩游戏机,还让我们全班找他老半天呢。"

老师的眉毛动了动,大跨步地迈到夏浩的"老鼠窝"前,一伸手到桌子底下拎起夏浩,"和颜悦色"地说:"夏浩,放学了。到我的办公室喝杯茶?"

老师说的是反话,可夏浩不这样认为,听了,从容地点点头,懒洋洋地站起来,伸了个懒腰,一声不响地径直走向老师的办公室。言老师看了,无奈地跟在后面——好像这会儿犯错的是老师而不是他。

到了办公室,老师熬了半天的茶瘾发作了。言老师最钟爱绿茶,哦,不,准确地说最钟爱绿茶中的开花龙顶。他曾经在班里说过:中国茶的历史悠久,各种各样的茶类品种,万紫千红,竟相争艳,犹如春天的百花园,西湖龙井、洞庭碧螺春、黄山毛峰、庐山云雾、六安瓜片、君山银针、信阳毛尖、武夷岩茶、安溪铁观音、祁门红茶被称为中国十大名茶,有些品尝过,但是根本不及家乡的开化龙顶茶,茶姿窈窕,茶香清幽,茶色碧绿,真是茶中上品。

我们对茶一窍不通,都觉得言老师怪怪的,那稀苦的东西有什么好吃的,真是老寿星吃药——自找苦吃呀。

只见言老师随手拎起一个热水瓶,又顺手指着一张椅子,对夏浩说:"你坐下。"夏浩也还不客气地坐了下来,挂着个二郎腿,得意洋洋地坐着。

老师拿出茶杯,放上自己最爱的龙顶,刚要倒上热水,这时候夏浩忽然开口说:"要冷的,不要热的!"——他还真的以为老师要让他到办公室"喝杯茶"了!

言老师听了,气得都想把热水瓶扔在地上,可是一想,扔了还得自己买,于是就没有扔,勉强挤出一丝笑容,问:"夏浩啊,你为什么不做作业呀?"

夏浩挥了挥手,说:"这么简单的题目,用脚趾头都能做出来的。"看他说这话的神态,可不是吹牛,也许在他那古怪的脑子里,真的就是这么认为的,谁又能猜透呢?如果你能猜透,夏浩也就不是我们眼里的夏浩了。

老师听了,呆了好一阵子,似乎被噎住了,过了好一会儿,才缓缓地说:"既然这么简单你为什么不做?"

这时候,在夏浩的嘴巴里,突出了一句惊天地泣鬼神的名言:

"这么简单的题目,我不屑做!"

"轰——"老师当场"晕倒"!

不做作业的后果会怎样呢?老师会怎样处理这件对于夏浩来说是屁大点的事情呢?故事因期待而精彩,请看第四集。

第四集　妙计取胜

"知了——知了——"也许是太阳睡得时间太充足了,精神十足地放着光,连知了也是疲倦地哀号着。

四年级教学楼的过道上，言老师正夹着皮包走着。他穿得挺多，里面是白衬衫，外面套了一件黑色的西装，还系上一条红黄相间的领带。再仔细看，他脖子上和额头上都是豆大的汗珠。他不时地去松领带，嘴里不停地抱怨：这该死的天气预报，说什么今天是阴天到多云的，还19度呢，真是活见鬼了！

突然，言老师的眼睛被楼下一年级小朋友在玩的反斗圈吸引了，一忽儿也想起自己的班里，反斗圈已经风起云涌了。特别是那个夏浩，都变成"地下党"了，看来不采取一定的惩处是不行了！

终于，老师到了班里，一看简直以为到了疯人院似的。谁也没有察觉到背后有一颗"地雷"正在看着他们。言老师用力地拍了拍桌子：砰、砰……

同学们像多米诺骨牌一样，一个接着一个安静了下来。言老师严肃地说："现在，我们班有很多同学一下课就往地下钻，最严重的要数夏浩了！"

这时，言老师的目光投向了夏浩那个冰冷阴森的"老鼠洞"，眉头紧锁，原来夏浩没有露面。老师怒气冲冲地问："夏浩呢？夏浩到哪里去了？"

全班同学听了，不由自主地把目光投向夏浩的桌子底下。老师似乎明白了眼神的意思，大步地走向夏浩的桌子，习惯性地把手朝桌子底下一掏一提，夏浩就给揪出来了。

夏浩一脸的迷茫，望着言老师，眨巴着眼睛，手里还紧紧地握着一把大大小小花花绿绿的反斗圈。老师见状，气都不打一处来，这里天天讲不准玩反斗圈，他还躲在一边玩。更可气的是见了老师还这么不知道自己错了，把老师的面子……这么想着，言老师真有点火气涌上来了，一把抓住反斗圈准备予以没收。夏浩一激灵，才明白老师的目的，连忙死命抓住，那双绿豆般的小眼睛愤怒地瞪着言老师——在夏浩眼里只有反斗圈而没有老师了！

言老师一使劲，夏浩也更加使劲；言老师更加使劲，夏浩急了，几乎将整个身子都趴在老师的手上了，嘴巴里骂骂咧咧地说："这是我的，呜呜——，这是我的，呜呜——"不知道情况的人听了，还以为开了一列小火车呢！

原本严肃的言老师被夏浩的行为给逗乐了，但是脸上可不能显示出来，否则教师的面子就没有了，心里暗暗想：难怪说玩具是孩子们的天堂，看看，这夏浩要和我拼命了！于是装作更加用力的"抢"的动作。

这会儿呀，夏浩可真的急了，要是没有了这些宝贝，这日子还有味道吗？急中生智，他突然对着门口大喊："校长好！"

言老师吓了一跳，当意识到自己受骗上当后，那夏浩已经像过街的老鼠一样，逃之夭夭了！

言老师愣在那里：嗨，竟然还有这样的学生，我这辈子是倒了八辈子的霉了！

欲知后事如何，广告过后回来，可不要走开哦。

第五集　考前谈话

“我的天哪，又要考试了！又要统测了！烦都烦死了！”从教学楼里传来一阵哀叹声，你们肯定想不到这话是言老师说的吧，可是它的确出自言老师的金口。

再看看办公室的言老师，眉头紧锁，目光呆滞，没有一根放松的神经，心理还愤愤地想：怎么办哪？我们班已经考了一次第二名了，马上就要倒数了，平均分被人家超过了一点，再不努力，我就又得享受校长的口水浴了。怎么办？怎么办？

言老师一边叹气，一边在脑子里找着有谁的功课还可以提升一下的。可是班里大部分的同学已经没有什么后劲了，突然，他好像忽然在一堵白色的墙壁上发现了一个黑点——夏浩！

夏浩呢，现在正在垃圾堆里找反斗圈呢。不知道他哪里听来的消息，二年级一班的班主任刚好整顿了班里的反斗圈大王，把收缴来的反斗圈全部扔进了垃圾堆。夏浩可是不会暴殄天物的，于是垃圾堆成为了这个小耗子的常住地了。

这时，言老师刚好拿了一袋垃圾，准备丢到垃圾堆里。低头一看，发现那角落里好像有一个人，仔细一看，不正是夏浩吗？言老师有点气恼，这夏浩，怎么这么不争气，就要大考了，还在垃圾堆里干什么都不知道。刚想伸手打过去，可马上换了一个角度想：这么好的机会和夏浩交谈，又何尝不好呢？

于是，老师轻轻地拍了拍夏浩，轻轻地叫道：“夏浩，夏浩。”可夏浩耸耸肩，继续专心致志地找那些免费的反斗圈。

老师见了，又勉强地耐着性子说：“夏浩，别找了！”说着，摸摸夏浩的头。没想到夏浩竟然狠狠地一脚踢了过来——夏浩一向讨厌别人摸他的头，再说他此刻专心致志的，还以为是高年级的同学呢。

言老师又气又疼，真是哑巴吃黄连有苦说不出，可是又没有好的办法，就在随身带着的包里拿出了一叠反斗圈——也是在班里收缴上来的——递给夏浩。夏浩忽然看见一叠反斗圈，吓了一跳，抬起头一看，是言老师，脸马上红了起来，奇怪地盯着老师看。

言老师变得比什么时候都温柔，说：“没事儿，老师想和你谈一下。你告诉老师，你这次考试准备考几分呀？”

夏浩满不在乎地说：“你想让我考几分？100 分除外。”

言老师被他的“大话”给镇住了，又好气又好笑地说：“你别吹牛了，要是你考得起 85 分，老师这儿还有很多的反斗圈，全部奖励给你，怎么样？”

夏浩听了，可是极度的不满，嘟着嘴，满脸的不屑，说：“85？太低了，我到时候考个 95 分给你看看！”

言老师望着远去的夏浩，呆在那儿半天没动。

夏浩究竟能考几分呢？言老师会受到校长的批评吗？请看下集《意外惊喜》

第六集 意外惊喜

“大家抓紧时间复习，就算还有一秒钟也要珍惜！”从四(3)班的教师里飞出来一句惊天地泣鬼神的叫声，那是从言老师的嘴巴里发出来的。

是什么东西让言老师如此的惊慌方寸大乱呢？

答：是考试！

是的，看看表，离考试只有三分钟了，怪不得平时沉着冷静的言老师在这时也着急得脸色发白。

可考试有什么好着急的呢？说来话长。上次校长到实验小学去参观，和那校的校长不知怎么的就达成了一个两校联考的协议。这不，这次是第三次联考了，前面两次双方各领先一次。失败的那次和实验小学的分差只有0.09分，每个学生只要多考0.5分就超过实验小学了。为此校长下了紧急动员令：这次无论如何都要超过实验小学，否则……嘿嘿！

校长的笑有点暧昧，所以作为教研组长的言老师责无旁贷，所以“紧张”成为言老师最近一段时间的主题词了。

班里的学生，一个个正在与时间赛跑呢，他们有的在奋笔疾书，有的在喃喃自语，不愧是言老师教育之下的高徒呀！不过，这些人中，不包括一个人，他就是夏浩。

可言老师这会儿也急晕了，也顾不得那墙角的桌子底下的“小耗子”了。

“现在正式开始考试，请非监考老师退出所在班级。”广播里传来了教导主任姚老师的通知。在言老师听来，那比敲响丧钟更加让人恐惧。可没有办法，只得“依依不舍”地退出了班级。

不一会儿，考试的铃声响起来了，每一个班都变成了“死海”，偶尔能听到凳子的移动声和低微的咳嗽声。夏浩呢，也正在奋笔疾书，不管平时怎么样，毕竟他还是有一点脑细胞的，对于轻重缓急还是明白的。

夏浩低着头，也不知道他在写什么，只看见他的笔杆不停地挥动着，嘴巴里还发出低低的喃喃声，像是在自问自答；有时还在草稿本上胡乱的涂鸦，然后又开始奋笔疾书。时间，对于夏浩来说是多么的重要，只是这时间的重要性对于他而言，是为拥有更多玩的时间而预备的。

过了四十分钟，一旁的同学还在咬笔杆看天花板，可夏浩的手忽然就停了，把笔一扔，用他的无影手拿了英语书把试卷给盖住了——他已经竣工了。

让夏浩呆坐着可不是简单的事情，不一会儿他的凳子就开始唱歌了，一会儿尖锐，一会儿低沉，一会儿断断续续。监考老师用眼睛狠狠地一瞪，夏浩还算知趣，身子一软，又钻到桌子底下去了——夏浩的名声大，监考老师早有耳闻，也就装作没有看见了。

等收卷时，夏浩已经用他的水彩笔给桌子的两条腿做好了纹身。

……

试卷批完了，六年级的胡老师把批好的试卷还给了言老师。言老师的心跳骤然间加快了：班里究竟考得怎么样呢？言老师一把抓住了试卷，胡老师本来准备说点什么的，看他的着急样，也就不说什么就走了。

言老师边翻边自言自语："王一奇，98 分，还好还好！"

"陈钟悠扬，96，还好！"

……

这样看了 20 来张，言老师露出了微笑，看来还是不错的。不过最令人担忧的夏浩的试卷不知道在哪里。想到这儿不由的加快了翻卷的速度，直到最后一张，才是夏浩的。

言老师放开试卷，看到一个"1"字：完了，完了，这家伙根本就没有做嘛，难道竟然考了个十几分吗？

再翻，看到了一个"0"：完了，竟然只有 10 分。

正在泄气的时候，整张试卷都出现在言老师的面前：100 分！

"啊？"言老师瞪大了眼睛，那绿豆眼显得格外有神，嘴巴半天也没有合拢，露出了满口的黑牙：这难道不是在做梦吗？

欲知后事如何，请您收看第七集《别侮辱科学》！

第七集 "别侮辱科学！"

"踏、踏……"从走廊传来一阵脚步声，听起来是冲着四(3)班来的，全班同学都习惯性地吊起嗓子，可是，噩梦还是来了。

没错，走廊上的就是言老师，他走到门口，习惯性地托了托眼镜，又喝了一口开水清了清嗓子，然后冲着同学们说：

"今天的作业是同步训练的 15 ~18 课，作业本 14 ~ 18 课检查，没有做好的补好，"老师缓了一口气，马上接上，"生字表中 1 ~18 课的生字，你不会写的每个抄写 5 遍并组词。"

顿时，台下是一阵轻微的叹息声，大家都敢怒不敢言，因为台上的可是一只"老虎"呀！

刚刚送走言老师，还没缓过劲来，数学李老师好像掐准时间似的来到了班里。李老师能说会道，满脸笑容，态度是相当的好。但是他那能说会道的嘴巴里倒出来的都是作业："今天中午的作业是 2 单元的测试卷自己做好，另外加 100 道口算训练。同学们哪，要抓紧时间呀！"李老师苦口婆心地说，我们不知道是应该高兴还是悲伤，是要感谢老师还是大哭一场呀！

大家的头都低下了，情绪也低落了，脸也没有笑容了，嘴巴自然是封闭了。做呗，咱们学生有力量，再多作业也搞掂，呵呵，新时代的儿女们，因为未来是属于我们的，我们没有理由违抗老师的好心好意呀！

一片静默中，只有笔在唰唰地响，偶尔有几声轻微的叹息。

突然，从那个小角落里发出了一阵翻书声和轻轻的说话声。李老师刚想走过去，一想，那夏浩刚刚在统测中获得了优秀的成绩，一只脚凝固在了半空。不久，他便转身出了班门。班里还是一片沉寂，只能听见翻书声和轻微的咳嗽声。

“哈哈，这些科学家真是天才呀！这些理论真是有趣！”

这些话惊动了一旁的陈钟悠扬，他微微地皱了皱眉头，抬起头，看了看夏浩。夏浩仿佛被图画上的黑洞吸引了进去一样，两个小眯眯眼瞪得滚圆滚圆的。

陈钟悠扬叹了一口气，心里想这会儿作业不做，等下又收不起来了，就对夏浩说：“夏浩，赶快做作业，第一节下课老师要检查的。”

“别烦！”夏浩挥挥手，“老师是什么？老师就像蚂蚁，自己累死累活还要我也累死呀！”

陈钟悠扬无奈，只好摇摇头不说什么了，自顾自地做起作业来。

过了半个小时了，陈钟悠扬又忍不住了，对夏浩说：“快点做作业，要交的。”

夏浩好像没有听见，什么也没说。陈钟悠扬见再提醒也没有用，也很知趣，也闭上了嘴巴。

……

忽然夏浩抬起头来，眼睛里变得空空洞洞的，迷茫地问陈钟悠扬：“你说，除了黑洞，宇宙中还说有什么洞？”

陈钟悠扬想逗逗夏浩，随口说：“泥洞！”

夏浩忽然之间变了脸，眉头一皱如山峰，两眼一瞪如电筒，气愤地说：“你，你别侮辱科学！”

说完，竟然挥起拳头，向陈钟悠扬的肩膀狠狠地打了一拳。

陈钟悠扬遭到袭击，可是一点准备也没有，等到反应过来，班里顿时传出了一阵阵惊天动地的响声：

“嘣嘣——”

“咔嚓——”

“哐当——”

“呜呜——”

就这样，班里的两张桌子歪嘴了，一张凳子壮烈而无辜的牺牲了，两个人的脸变成了不对称图形了……（欲知后事如何，请听下回分解。）

第八集　弈棋之争

“老言呀，这么认真呀！”一旁的李老师看言老师喃喃自语，在嘀咕着课文，不由地说。

“哪里呀，这不是上公开课吗，上不好，失面子，都有年纪的人了，怕被小青年笑话呢，还是要好好准备的，呵呵……”言老师谦逊地说。

突然，纪律班长李天匆匆地跑过来，脸涨得通红，眉毛皱成了倒挂的彩虹，说：“老师，夏浩和陈钟悠扬打架了，在做作业的同学也就光看打架了……”李天本想讲下去，没想到言老师打断了他的话：“你，作为纪律班长，我让你做是干什么用的？难道什么事情都要我管吗？我马上要上公开课了，你去吧！”

李天去的时候是兴致勃勃，回的时候是满鼻子的灰啊。这个言老头，怎么今天变成这样呀？带着疑惑，李天灰溜溜地回到班里。

言老师还是拿着课本，在喃喃地念着：“弈秋，通国之善弈者也，使……”嗨，这李天来的不是时候，其实言老师早就想收拾夏浩了，只是今天的公开课已经是火烧眉毛了，也没有时间去管这事了。

……

公开课开始了。

言老师踏着上课铃声走进了教室，师生问好后，按照常规进行了初读、精读直奔中心，对着同学们说：“请大家快速地再次读课文，然后告诉我，你觉得哪个人值得大家学习？”

话音刚落，大家都读了起来，后面听课的老师听了这朗朗的读书声，不由地点头称赞：这老言教的班有点样子！

读完了，老师问大家：“谁想好了？”

大家都举起了手，诸葛建军说：“老师，你的讲解已经让我们充分地明确了本文的中心，我觉得应该向第一位专心致志的同学学习。因为他有良好的态度，不半途而废，自制能力强，我们应该向他学习！”

诸葛建军讲完，心满意足地坐了下来，等待老师的表扬。

果不其然，言老师头仰着，眼睛看着天花板好一通的表扬——好像表扬的是天花板而不是诸葛建军。

姜美俊站起来说：“老师，我觉得应该向第一位学习，因为他有明确的学习态度，才会有学习的深度；有了学习的深度，才有考试成绩的高度；有了考试的高度，才会有名牌大学的兴奋度！”

言老师听了，赞不绝口。后面的老师也自然惊讶得合不拢嘴了。

……

正当大家沉浸在公开课的“高潮”时，桌子底下发出了冷冰冰的“呵呵呵呵”四声奸笑——好像四颗原子弹击中了他们脸上幸福的鲜花，那些鲜花顿时萎缩了下来。

言老师知道是夏浩，就问：“夏浩，你有什么想法？”

夏浩不紧不慢地说："我觉得第二名学生不学围棋有他的原因，肯定是自己不想学被父母逼着学的，所以学不好。而学习射箭，是他自己的爱好，所以学习的时候心不在焉是有原因的。"

言老师听了，觉得言之有理，但是还是眉头一皱，说："但是，古代是琴棋书画样样要学的呀！"

夏浩轻蔑地说："但是，上了战场，你还在下棋，还在弹琴，你会成为别人的手下败将的！还不是射箭能派上用场？"

言老师被说得哑口无言，但不甘拜下风，继续问："当时考状元都是考文科的呀！你怎么说？"

夏浩依旧腿不软，心不跳地说："那也有考武状元的，再说，到了战场，那些当文官的还有一个屁用呀！还不是等着被活捉吗？哈哈哈……"

老师被说得面红耳赤，一边听课的老师不由地鸡啄米似的点头，赞赏的眼神激励着夏浩："老师我再问你……"

后面的问话就不一一写了，据说，课后听课的老师表扬的不是言老师，而是夏浩；而言老师的课被评为一等奖，也是因为夏浩！这世界，真是阴差阳错呀！

是真的阴差阳错吗？

6.6 意外的收获

作者:诸葛乐懿(龙游西门小学四(2)班)

2008 年 11 月 3 日　　　　星期一　　　　天气:阴雨

“咚咚咚”房门外传来一阵敲门声,我伸了个懒腰,不情愿地打开了门,一股寒气径直冲了进来,让我不禁打了一个寒战,一看爸爸回来了。他一进门就对我说:“和我去学英语,这个学期辛苦点!”

我却满脸的不情愿,向后退了几步,心想:哼,我可不想辛苦,我现在唯一的愿望就是躺在床上舒舒服服地看电视,不去不去就不去!于是我跺了两下脚,说:“不不,我还是去写字好了。”

没想到这回老爸可是铁了心肠,不吃我这套,板着脸,一脸严肃地说:“要去的,跟陈老师学英语不是很好?你不要死板。”说完看了看手机,说,“快,要迟到了!”

听爸爸那么一说,我心情不禁浮躁了起来,只好跟他去了。

一出门,就看见小雨朦朦胧胧地覆盖了整个城市,让城市像浸在乳白色的牛奶中。我和爸爸骑着摩托车在雨中,不久,就来到了青少年宫的门口。我迫不及待地跑上楼去,想看看学英语的地方究竟是怎么样的。从门口不时传来嘈杂的喧闹声。可想而知,那些人是多么的兴奋!听到他们的喧闹声,我更想去看看到底是怎样的。

来到班级的门口,我就看见了座位上坐着经常捉弄我的夏天雨,还有我班里的姜琦俊,还有一位舞蹈队的同学。我来到 miss 王的跟前,叫了一声老师好。老师给我安排了座位,并给我取了一个好听的英文名字:alise。我高兴地坐到位置上,做好了上课的准备。

这时候 miss 王给我一张纸,并叫我把它读熟练。老师说,读熟了就奖励五颗五角星。我一听,心里好高兴啊,五颗五角星啊,可不少了呢!这些单词我已经全部掌握了,要我读出来简直就是小菜一碟,别想逃过我的手掌心!于是我立马读了起来。不一会儿,我已经读得滚瓜烂熟了,便叫 miss 王来给我过关……

没过一分钟,我就全部通过了。Miss 王大惊,对另一位老师说:“乐懿读得真好,她基本上掌握了音标的开音节和闭音节!”我一听,心里暗暗高兴:哈哈,五角星要到手了!

这时开始上课了,同学们都坐在位置上,等着老师发话。

老师发话了:“我们来单词接龙,从第一大组开始到第二大组,再轮回来,反应力要非常快!我听了,心想:这么简单,我早就会了!哈哈。

的确,我果然没有吹牛,老师还奖励给我一颗五角星呢!

……

放学了,我一共得了 16 颗五角星,我可得意了!回家的路上,我嘴里还哼着小曲,心里充满了喜悦!我忽然明白:学习如逆水行舟,不进则退;学习如攀登高峰,每向上一步,就会看见新的风景!

爸爸,看我的吧,嘻嘻……

后 记

历经两年,一本“书”的形态终于出现在自己的面前,多少有点激动:好像那怀孕的女子,产下一子的感觉。

其实,我有自知之明,我不是专家,也不是学者,更不是教授,只是一名普普通通的教师,因此所谓的“书”是难以登上大雅之堂的。然而因为一直有一个愿望——写一本书——的缘故,终于还是动手写作。虽然期间更多的是学生的作品,但是这些作品都是在我的指导下学生的创作,多少也有我的心血之所在,所以就自我原谅了。

这本书能够面世,应当归功于我的学生,因为他们在学习中,写出了一些好的作品,但是发表的渠道毕竟太少了,所以我愿意以此为基础,加上自己的辅导体会,构成了本书的主体。如果没有这么优秀的学生,我的“书”会在哪儿呢?

我要感谢我的同事们。西门小学是一个有着优良传统的学校,大家一起和谐相处,互相扶持,互相砥砺,很多老师在业务上的钻研给我启发,给我帮助。他们在日常的教研课上,作文教学一直是重点和亮点。正是由于这些,我的“书”的降世,才变得更快,更好一些。

我感谢浙江省龙游西门小学的校长吕立同志。也是在他的鼓励下,我才下定决心让“书”成形。吕立曾说:做一个有一流业务专长的副校长,很幸福。的确如此,在这么繁杂的事务中,给我减压,给我空间,是一种精神上极大的鼓励。

我感谢龙游县教研室领导和专家们,知道我有写“书”的想法后,都是积极地鼓励我,支持我。商祝泉老师的谆谆教导,我的师傅赖正清老师平时在业务上的严格要求和兢兢业业的指导,都是我成长的动力。还有一批领导兼朋友的师长平时的鼓励和支持,让我有了不断前进的动力!

当然,我更要感谢龙游县教育局的领导们,是他们的努力为龙游教育营造了一个改革出创新的环境,奠定了良好的氛围,为每一个教师的成长创造了很多的条件。这些年来,教育局对科研的重视,让每个学校的发展,让每个教师的成长来得更快,更好。

……

要感谢的人很多,要感谢的话很多。希望一本带有个人烙印的所谓的“书”,能为教育,能为孩子,能为学校的发展作出微薄的贡献,心里就有安慰了。

诸葛建军

2009 年 5 月 15 日

后记